Henning Rosenkötter

Neuropsychologische Behandlung der Legasthenie

BELTZ

PsychologieVerlagsUnion

Anschrift des Autors:
Dr. Henning Rosenkötter
Entwicklungsberatung
Sozialpädiatrisches Zentrum
Erlachhofstr. 10
71631 Ludwigsburg

Herausgeber der Reihe „Klinische Praxis und Rehabilitation":

Prof. Dr. Franz Petermann
Dr. Petra Warschburger
Zentrum für Rehabilitationsforschung
Universität Bremen
Grazer Str. 2 und 6
28359 Bremen

Umschlaggestaltung: Dieter Vollendorf, München
Satz, Druck und Bindung: Druckhaus „Thomas Müntzer" GmbH, Bad Langensalza

© 1997 Psychologie Verlags Union, Weinheim

ISBN 3-621-27405-7

Inhalt

Kapitel 1 _____

Einleitung

Im deutschen Sprachraum wurde die Legasthenie erstmals 1885 und 1886 durch den praktischen Arzt Oswald Berkhan in Braunschweig beschrieben. Der Budapester Neurologe Paul Ranschburg führte 1916 die Begriffe „Legasthenie" und „Leseschwäche" ein. In seiner Monographie „Die Lese- und Schreibstörungen des Kindesalters" publizierte er 1928 eine Vielzahl empirischer Daten und zahlreiche Kasuistiken. Erstmals entwickelte er ein System zur Unterscheidung verschiedener Legasthenieformen und -schweregrade sowie Hypothesen zu den Wahrnehmungs- und Verarbeitungsdefiziten von Legasthenikern. Das Interesse an einer Grundlagenerforschung und an der Fortentwicklung von Behandlungskonzepten scheint seither in mehreren Phasen abgelaufen zu sein.

Vor gut 20 Jahren gab es in Deutschland eine intensive Auseinandersetzung um das Thema „Legasthenie". Besonders im pädagogischen Bereich wurden große Anstrengungen unternommen. Unterstützt durch einflußreiche kulturpolitische Konzepte und durch Fördermittel wurden sogar zusätzliche Lehrerstunden bewilligt und betroffene Kinder einzeln und in kleinen Gruppen gefördert. Leider waren die Erfolge trotz aller Anstrengungen so gering, daß sich Divergenzen in der Ursachenforschung und Unklarheiten in den Zielsetzungen der Therapieansätze ergaben und daß sich teilweise eine kollektive Resignation breit machte. Dies ging soweit, daß namhafte Forscher die Existenz von Legasthenie als einer spezifischen Lernstörung negierten und daß in der Folgezeit Begriffe wie Legasthenie oder Schreibleseschwäche aus dem Wortschatz und aus der Themenliste der Pädagogen getilgt wurden, nicht selten (Ursache oder Folge?) unter dem Eindruck entsprechender kultusbürokratischer Erlasse. Störungen im Schreibleseerwerb wurden dann häufig als Folge sozialer oder psychischer Ursachen gedeutet und damit aus den Händen der Pädagogen gegeben/genommen. Bis heute noch darf es in vielen Schulen keine Kinder mit Legasthenie geben. Die betroffenen Kinder werden dann als schulleistungsschwach, unkonzentriert, psychisch auffällig und oft auch als faul apostrophiert.

Dieser westdeutsche Weg führte in eine pädagogische Sackgasse und schlimmer noch: in eine gewisse Isolation. Kaum wurden die Fortschritte in der neuropsychologischen Forschung zur Kenntnis genommen, kaum die Entwicklung der Konzepte im angloamerikanischen Raum und die intensive Beschäftigung mit diesem Thema in der ehemaligen DDR. Erst in den letzten fünf Jahren kann man ein Umdenken und eine Öffnung beobachten. Recht zögernd und skeptisch werden in der pädagogischen Arbeit und in der Fachdidaktik Ansätze aus benachbarten Wissenschaftsbereichen angenommen und integriert.

In der Medizin, in der Neurobiologie und in der Neuropsychologie können wir in den vergangenen Jahren einen großen Wissenszuwachs über die Entstehung und die Grundlagen der Legasthenie verzeichnen. Auch außerhalb der Schulen wurden interessante Behandlungsansätze entwickelt, die aus den Bereichen der Psychologie, der Neurolinguistik, der Augenheilkunde, der Hals-Nasen-Ohrenheilkunde und der Neuropädiatrie stammen. Das Ziel dieses Buches ist es, die grundlegenden Forschungsergebnisse verständlich darzustellen und daraus ein differenziertes und interdisziplinäres Förder- und Therapiekonzept abzuleiten, das sowohl Pädagogen und Psychologen als auch alle in der Legasthenietherapie Tätigen anwenden können. Besonders großen Wert wird auf eine Früherkennung und Frühbehandlung und auf die Einbeziehung der Eltern in den Förderprozeß gelegt.

Im ersten Teil dieses Buches werden die theoretischen Grundlagen der Neuroanatomie, Neuropsychologie und Lerntheorie auf einem aktuellen Niveau dargestellt. Im zweiten Teil werden aus diesen Grundlagen neue Förder- und Therapiekonzepte abgeleitet und zu einem Programm zusammengefaßt, daß lerntheoretische, verhaltens- und familientherapeutische und neuropsychologische Konzepte integriert.

Kapitel 2 ———————————

Definition der Legasthenie

2.1. Eine Störung der Schreib- und Lesefähigkeit

Die Legasthenie ist eine Störung der Schreib- und Lesefähigkeit. Eine Schreib-
und Lesestörung kann bei Erwachsenen auftreten, die ihre bereits als Kind erworbenen Schreib- und Lesefähigkeiten infolge einer Verletzung oder Erkrankung ihres Gehirns oder infolge psychosozialer Fehlentwicklungen sekundär
verlieren. Im engeren Sinne sprechen wir in diesem Buch jedoch nur von den
Störungen im Schreib- und Leseerwerb bei Kindern und Jugendlichen als einer
angeborenen Entwicklungsstörung. Im angloamerikanischen Schrifttum entspricht diese Unterscheidung der „acquired dyslexia" und der „developmental
dyslexia", nicht jedoch der früheren Unterscheidung in „deep dyslexia" und
„surface dyslexia" (siehe hierzu: K.E. Patterson et al., 1985). Ob erworbene
Schreiblesestörungen (z.B. bei Erwachsenen nach Schädelhirntrauma oder nach
Hirninfarkt) und „Entwicklungs-Dyslexie" des Kindes in ihrer Symptomatolo-
gie wirklich sehr unterschiedlich sind, ist unvermindert Diskussionsgegenstand
der Legasthenie-Forschung. Während z.B. John C. Marshall (1989) die Gemeinsamkeiten dieser beiden Dyslexie-Formen betont, stellen Uta Frith (1985)
mit ihrem Entwicklungsschema und John Morton (1989) die Veränderungen im
Entwicklungsprozeß in den Vordergrund.

Als *Synonyme* für Legasthenie werden im deutschen Sprachgebrauch die Begriffe Leserechtschreibstörung (LRS) und Schreibleseschwäche (SLS) am häufigsten benutzt. Ranschburgs Begriffe „Familiäre Wortblindheit" und „Infantile
Leseblindheit" sind heute nicht mehr gebräulich. Im angloamerikanischen
Schrifttum findet man folgende Bezeichnungen: Congenital dyslexia, developmental dyslexia, developmental agraphia, specific reading disability, developmental reading disorder.

Eine pragmatische Definition der Legasthenie gab die **Kultusministerkon-
ferenz 1978**: Sie sprach dabei von „Schülern mit besonderen Schwierigkeiten
im Lesen und Rechtschreiben". „Besondere Maßnahmen sollen für Schüler
vorgesehen werden, die die Ziele des Lese- und/oder Rechtschreibunterrichts
der Jahrgangsstufe 2 noch nicht erreicht haben, sowie für Schüler der Jahrgangsstufe 3 und 4, deren Leistungen im Lesen und/oder Rechtschreiben über
einen Zeitraum von mindestens drei Monaten hinweg schlechter als ausreichend bewertet werden." Die Anwendbarkeit dieser Definition im Schulall-

tag darf nicht darüber hinwegtäuschen, daß hiermit Legasthenie als eine spezifische Entwicklungsstörung negiert wird.

Im Bereich der neurologischen und der psychiatrischen Forschung und in der Neuropsychologie sind die Definitionen des *Multiaxialen Klassifikationsschemas* und international die Definition des *Diagnostischen und Statistischen Manuals Psychischer Störungen* richtungsweisend.

Das **Multiaxiale Klassifikationsschema (MAS)** (Remschmidt, 1986) bezeichnet den Komplex der „Umschriebenen Lese-Rechtschreib-Schwäche" als Störung, „deren Hauptmerkmal eine ausgeprägte Beeinträchtigung der Entwicklung der Lese- und Rechtschreibfähigkeit ist, die nicht durch eine allgemeine intellektuelle Behinderung oder inadäquate schulische Betreuung erklärt werden kann."

Im **Diagnostischen und Statistischen Manual Psychischer Störungen (DSM-III-R)** (Wittchen, 1987) wurde die Legasthenie als eine *Entwicklungsbezogene Schreibstörung (315.80)* beschrieben. In der neuen Fassung (**DSM-IV**) (Saß, 1996) wird sie als *Störung des Schriftlichen Ausdrucks* 315.2 (F81.8) und als *Lesestörung* 315.00 (F81.0) folgendermaßen definiert:

A. Die mit individuell durchgeführten standartisierten Tests gemessenen Schreibleistungen (oder funktionelle, kriterienbezogene Überprüfung der Schreibfertigkeiten) (bzw.: Tests für Lesegenauigkeit) liegen wesentlich unter denen, die aufgrund des Alters, der gemessenen Intelligenz und der altersgemäßen Bildung einer Person zu erwarten wären.

B. Die unter A. beschriebene Störung behindert deutlich die schulischen Leistungen oder die Aktivitäten des täglichen Lebens, bei denen das Verfassen geschriebener Texte erforderlich ist (z.B. das Schreiben grammatikalisch korrekter Sätze und inhaltlich strukturierter Textteile). (bzw.: Leseleistungen benötigt werden)

C. Liegt ein sensorisches Defizit vor, so sind die Schreibschwierigkeiten wesentlich größer als diejenigen, die gewöhnlich mit diesem Defizit verbunden sind.

Motorische Koordinationsstörungen werden in diese Kriterien explizit nicht aufgenommen. Ausdrücklich einbezogen wird jedoch die Möglichkeit eines Zusammentreffens einer Lernstörung oder leichten geistigen Behinderung mit einer zusätzlich erschwerenden spezifischen Leserechtschreibstörung. Das bedeutet, daß Legasthenie unabhängig von der allgemeinen Lern- und Verarbeitungsfähigkeit der Kinder auftritt. Allerdings ist es möglich, daß gleichzeitig noch eine andere spezifische Lernstörung (z.B. eine Dyskalkulie) vorkommt.

Der DSM-III-Begriff der entwicklungsbedingten Schreiblesestörung darf nicht zu dem Mißverständnis verleiten, daß sich diese Störung im Laufe der weiteren Entwicklung ohne aktives Zutun und Lernen verliere. Er unterstreicht vielmehr die Tatsache, daß sich eine Legasthenie erst in der Entwicklung eines Kindes manifestieren kann. Aufgrund der spezifischen hirnorganischen Ursachen kann der Manifestationszeitpunkt für Legasthenie in der Regel nicht vor der Einschulung liegen, vor dem Zeitpunkt der Konfrontation des Kindes mit Buchstaben, es sei denn, das Kind versuche, bereits vor der Einschulung lesen und schreiben zu lernen.

2.2. Eine angeborene Entwicklungsstörung

Die Legasthenie ist meistens eine angeborene Entwicklungsstörung. Bei einem relativ geringen Prozentsatz (12%) spielen ursächlich Faktoren eine Rolle, die zu einer perinatalen Hirnschädigung führen können (z.B. Sauerstoffmangel oder Durchblutungsstörungen kurz vor, während oder in den ersten sieben Tagen nach der Geburt). Hingegen spielt eine familiäre Disposition eine entscheidende Rolle. Zumindest bei 60% aller Kinder mit Legasthenie hat ein naher Verwandter eine Schreibleseschwäche. Eine Überlappungsgruppe zwischen perinataler Hirnschädigung und genetischer Disposition soll etwa 15% ausmachen. Für die genetische Determination spricht auch die Knabenwendigkeit (sechs- bis achtmal mehr Jungen als Mädchen sind betroffen) und in der Zwillingsforschung konnte man bei eineiigen Zwillingen eine Symptom-Konkordanz von bis zu 100% finden (Warnke, 1990).

In den Familien von Kindern mit Legasthenie scheinen Sprachentwicklungsstörungen und Lateralisationsstörungen unerwartet oft vorzukommen (Geschwind, 1985). Hingegen konnte eine ungewöhnliche Häufung von Linkshändigkeit nicht bewiesen werden. In einzelnen Studien geht man davon aus, daß bei Legasthenikern überproportional häufig allergische Erkrankungen und Erkrankungen des Immunsystems vorkommen. Galaburda (1993) hat hierin einen Hinweis auf einen immunologischen Teilmechanismus in der Genese der Legasthenie gesehen. Da bisher kein Genlokus auf den Chromosomen von Legasthenikern determiniert werden konnte, geht man zur Zeit eher von einer hormonell oder stoffwechselbedingten intrauterinen Entstehung aus.

Legasthenie ist international anzutreffen. Sie wird in allen Ländern der Welt etwa gleich häufig beobachtet. Sie scheint in Ländern mit relativ lautgetreuen Sprachen etwas seltener aufzutreten (im angloamerikanischen Bereich eher etwas häufiger als im deutschsprachigen Raum), und sie scheint auch in Ländern, in denen die Schrift bildhaften Charakter hat (z.B. in manchen Ländern Asiens), seltener zu sein. Allerdings ist dieser Unterschied statistisch nicht so bedeutsam wie früher angenommen. Tamaoka hat über die japanische Kanji-Schrift berichtet, in der piktographische Schriftzeichen benutzt werden, die in der Regel Wortbedeutung haben. Er weist aber auch darauf hin, daß darin viele phonetische und semantische Elemente vorkommen. Darüber hinaus haben viele Kanjis mehrere Bedeutungen durch unterschiedliche Aussprache. Daher ist der Prozentsatz der von Legasthenie betroffenen Kinder gleich hoch wie in Europa, die Legasthenie betrifft im Schwerpunkt lediglich andere Ebenen: Bedeutung der Schriftzeichen und Textverständnis (Tamaoka, 1990).

Von der Kanji-Schrift muß man etwa 3000 Schriftzeichen beherrschen, um eine Zeitung lesen zu können. In Japan gibt es neben der Kanji-Schrift noch ein anderes Schriftsystem: die Kana-Schrift. Sie besteht nur aus 69 Zeichen, die Lautbedeutungen besitzen. Die Unterschiede bezüglich der graphischen Komplexität der Kanji-Schrift und der Lautzuordnung der Kana-Schrift scheinen sich darin widerzuspiegeln, daß die beiden Schriftsysteme unterschiedlich verarbeitet werden: Kana-Zeichen werden besser in der rechten Gesichtsfeldhälfte verarbeitet, kanjiartige Schriftzeichen in der Tendenz besser in der linken. Man hat daraus geschlossen, daß beide Schriftsysteme in unterschiedlichen Hirnhemisphären verarbeitet werden, allerdings auch in Abhängigkeit der vorwiegend benutzten Lernstrategie: eher einer visuellen oder einer auditiv ausgerichteten (Springer, 1990).

2.3. Eine spezifische Teilleistungs-, Wahrnehmungs- und Verarbeitungsstörung

Die Legasthenie ist eine hirnorganisch bedingte und spezifische Teilleistungs-, Wahrnehmungs- und Verarbeitungsstörung. Die funktionelle und morphologische Schädigung betrifft vor allem das Schreiblesezentrum und andere Bereiche, die mit der Erfassung und Verarbeitung geschriebener Sprache befaßt sind. Betroffen sind:

a) **das visuelle System:** die visuelle Erfassung, Speicherung und Wiedergabe von Buchstaben und Wörtern, die Steuerung der Augenfolgebewegungen beim Lesen und die Verschmelzung der Seheindrücke (binokulare Fusion),
b) **das auditive System:** Lautsegmentation, Rhythmisierung, vor allem aber die auditive Diskrimination (Laut- und Wortunterscheidungsfähigkeit),
c) **die Verküpfung:** Buchstaben-Laut-Verknüpfung, Verknüpfung von lexikalischem und semantischem Gedächtnis.

Bei fast allen Kindern mit Legasthenie sind also sowohl Teile der visuellen Wahrnehmung und Verarbeitung als auch Teile der Hörverarbeitung betroffen, und zwar in individuell unterschiedlicher Ausprägung. Es liegt nahe, solche

Subtypen zu klassifizieren, bei denen einer der beiden Problembereiche im Vordergrund steht, und solche, die als Mischform dargestellt werden. Zu großen Kontroversen führte die Konzentration verschiedener Forschungsgruppen auf die unterschiedlichen Kategorien und die Unfähigkeit, *beide* Problembereiche in den Kindern wiederzuerkennen. Leider hat sich daraus häufig eine dogmatische Trennung der Therapieansätze ergeben. In Deutschland blieben in den letzten beiden Dekaden die Ergebnisse der Erforschung des visuellen Systems bei Legasthenikern weitgehend unbeachtet.

In der engen Verknüpfung der Schreiblesezentren im Gehirn mit den Zentren der Spracherfassung und der Sprachwiedergabe und mit den Zentren der visuellen Verarbeitung liegt auch die Ursache für die oft beobachtete Kombination der Legasthenie mit anderen Teilleistungsstörungen. Neben Kindern mit einer „isolierten Legasthenie" (Warnke, 1990) gibt es auch Kinder, die visuomotorische oder graphomotorische Störungen aufweisen, Störungen der visuellen Wahrnehmung, der Sprachentwicklung oder Störungen der Aktivität und Aufmerksamkeit. Die Variabilität ist groß und läßt alle erdenklichen Kombinationen zu. Eine obligate Verknüpfung verschiedener anderer Teilleistungsstörungen oder die Kombination einer Aufmerksamkeitsstörung mit der Legasthenie gibt es also nicht. Daraus folgt die Notwendigkeit einer genauen Analyse des Entwicklungsstands in den einzelnen Teilbereichen vor Beginn einer individuellen Förderung des Legasthenikers.

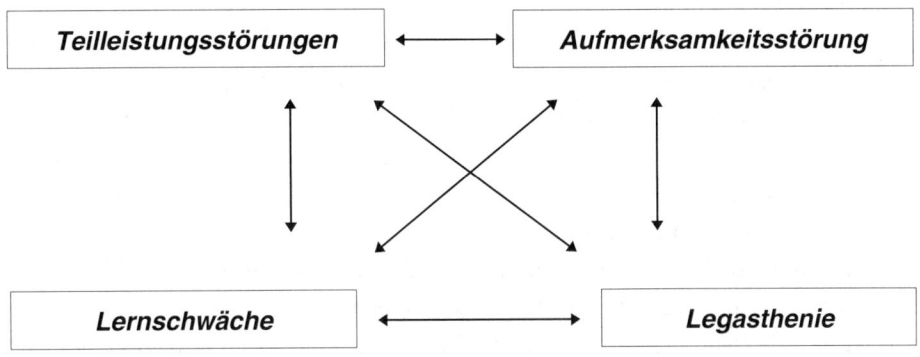

Kombinationsmöglichkeiten verschiedener funktioneller Störungen

Das gleichzeitige Auftreten einer Leserechtschreibstörung und einer Rechenschwäche (Dyskalkulie) ist bekannt, wurde vereinzelt auch beschrieben (Marcus, 1991) und wird im ICD-10 als kombinierte Störung schulischer Fertigkeiten klassifiziert (F81.3). In einer kinderpsychiatrischen Inanspruchnahmepopulation scheinen Rechenschwächen eher selten isoliert aufzutreten. Sie sind wohl in 75% mit einer anderen umschriebenen Entwicklungsstörung, insbesondere im Schreibleseerwerb und im Sprachbereich gekoppelt (Aster, 1990).

2.4. Fehlertypologien

Charakteristische Fehlertypologien und Legastheniesubgruppen gibt es nicht. Versuche, verschiedene Legastheniemuster zu differenzieren, führten meist zu einer Zuordnung zum eher visuell oder eher auditiv betroffenen Kind. Andere unterteilen in eine L (Linguistik-)- und in eine P (Perzeptual-)-Dyslexie. Dabei werden die L-Typ-Dyslektiker als diejenigen beschrieben, die relativ schnell, aber mit vielen Fehlern lesen (Fehlertyp: Auslassen oder Hinzufügen von Buchstaben). P-Typ-Dyslektiker hingegen lesen relativ sauber, aber langsam fragmentierend (Fehlertyp: wiederholen, zögern, fragmentieren). Diese Zuordnung leitet sich von Hypothesen der hemisphärisch-spezifischen Informationsverarbeitung ab (Bakker, 1990, 1995). (Siehe auch Kapitel 3.4.1. und 3.4.2.)

2.5. Psychische Struktur, Kommunikationsmuster und soziale Herkunft

Kinder mit Legasthenie haben keine spezifische psychische Struktur, kein spezifisches Kommunikationsmuster und keine charakteristische soziale Herkunft. Die psychische Belastung durch die anhaltenden Mißerfolge, den erhöhten Zeitaufwand im schulischen Lernen, den Mangel an Anerkennung und die Beeinträchtigung des Selbstwertgefühls stellt jedoch einen hohen Risikofaktor für die Entstehung psychischer oder psychiatrischer Erkrankungen dar. Die Belastungen reflektieren häufig Familienkonflikte und Spannungen zwischen dem Kind und demjenigen Elternteil, der für den Schulerfolg verantwortlich gemacht wird, meist also der Mutter. Bei Kindern aus sozial instabilen Familien stellt die Leistungsstörung einen zusätzlichen Streßfaktor dar. Ann Sanson (1996) konnte zeigen, daß bei Jungen vor allem folgende wichtige Manifestationsfaktoren wirksam werden: ein ungünstiger sozialer Hintergrund, eine geringere erzieherische Stimulation, eine beeinträchtigte Mutter-Kind-Beziehung und das Bestehen von Verhaltensauffälligkeiten. Negative oder mangelhafte Lernerfahrungen und gestörte Interaktionsmuster stellen somit Elemente einer Comorbidität dar.

Mangelhafte Bewältigung führt gerade in diesen Familien zu sekundären psychischen oder psychosomatischen Reaktionen. Hier muß in besonderem Maße auf die psychosoziale Situation des betroffenen Kindes eingegangen werden.

Folgende Symptome hat Niebergall (1987) als **sekundäre Begleitstörungen** erfaßt (Angaben in %):

Symptomatik	Ja	Nein	Nicht erfaßt
Psychosomatische Symptome I	39,1	58,9	2,0
Psychosomatische Symptome II	13,3	84,1	2,6
Eßstörungen	14,6	82,8	2,6
Stottern, Poltern	10,6	86,8	2,6
Wahn, Depersonalisation, Derealisation, Denkstörungen	–	97,4	2,6
Zwangssymptome	–	97,4	2,6
Suizidgedanken	2,6	94,7	2,6
Auffälligkeiten im Sexualverhalten	0,7	96,7	2,6
Sucht und Abhängigkeit	–	97,4	2,6
Organische Erkrankungen, Behinderungen, Verletzungen	15,8	83,4	0,7
Sonstige	2,7	94,7	2,6
Dissoziale Verhaltensauffälligkeiten	26,5	70,9	2,6
Aggressivität	39,8	58,3	2,0
Kontaktstörung	33,1	64,9	2,0
Angst	49,7	48,3	2,0
Verstimmung	45,0	53,0	2,0
Mangelnde Leistungshaltung	59,0	38,4	2,6
Übermäßige Leistungshaltung	21,8	75,5	2,6
Entwicklungsverzögerung/-störung	23,9	74,8	1,3
Psychomotorische Symptomatik	37,1	60,9	2,0
Hyperaktive Symptomatik	47,7	49,7	2,6
Enuresis/Enkopresis	12,5	84,8	2,6

Diese Liste ist allerdings nicht ganz unproblematisch, da sie einige Symptome aufführt, die zumindest teilweise primär bestanden und andere Ursachen haben könnten. Zudem ergibt sie keine kausalen Hinweise.

Warnke (1991) sieht folgende Obergruppen in den sekundären Störungsbildern:

1. Störungen im Lern- und Leistungsverhalten: überwiegend mangelnde, seltener übermäßige Leistungshaltung.
2. Emotionale Störungen: Angst und Verstimmung; besonders schulische Versagensängste und reaktive Depression.
3. Hyperaktive Symptomatik: Bewegungsunruhe und Konzentrationsschwäche.
4. Psychosomatische Symptome: Kopf- und Bauchschmerzen, Übelkeitsgefühle im funktionellen Zusammenhang mit Schulleistungsanforderungen (Symptomgruppe I); seltener Asthma, Neurodermitis usw. (Symptomgruppe II).
5. Störungen im Sozialverhalten: schulische Disziplinschwierigkeiten, Kontaktstörungen, Gereiztheit, Aggressivität, Hausaufgabenkonflikte, Dissozialität.

Bei einer Befragung erwachsener Legastheniker (Studenten einer Pädagogischen Hochschule) erhielten wir entsprechende Auskünfte und biographische Angaben. Hier Auszüge aus einem Interview:

Student: Bei der Aufnahmeprüfung für das Gymnasium *„haben sie gesagt, ich sei nervös und haben mich genommen. ... Es lief dann auch sehr schlecht, weil die da nicht akzeptiert haben, daß es Legasthenie gibt oder so was. Ich habe dann eben auch in allen anderen Fächern Abzüge bekommen, nicht nur in Deutsch. ... Beim Abitur war es das erste Mal, daß es akzeptiert worden ist, also beim Deutsch-Abitur, daß es Legasthenie gibt, und es dann nicht voll gewertet worden ist".*

Interviewer: Waren deine Eltern froh über die Diagnose „Legasthenie" und darüber, daß es kein Intelligenzmangel ist?

Student: *Ja, ich glaube schon. Wenn man sich überlegt, was ist Legasthenie, wenn man sich fragt, woher das kommt - ich weiß das auch nicht genau, weil ich irgendwann einen Riegel vorgeschoben habe. Dann sagt man sich schon, irgendwas funktioniert in deinem Gehirn nicht normal.*

I.: Bevor du das wußtest, auf der Grundschule, als du gemerkt hast, das läuft bei dir nicht so wie bei den anderen Kindern, hast du dir da nicht mal Gedanken gemacht, ob du blöder bist?

S.: *Ich habe mich mehr auf die anderen Fächer konzentriert; ich habe z.B. probiert, in Mathematik Klassenbester zu sein. Damals habe ich nicht gedacht, daß ich blöder bin. Obwohl ich manchmal schon verzweifelt war, aber das war eher auf dem Gymnasium, als meine Eltern dann viel gelernt haben mit mir. Da hatte ich Stunden gelernt und gelernt und gelernt, und dann schreibst du das Diktat und dein Lehrer schreibt drunter: „Nur noch 20 Fehler bis zur 6+!". Da war ich echt verzweifelt. Da wollte ich dann nicht mehr zur Schule gehen.*
... In der Phase, in der ich so viel gelernt habe, da habe ich irgendwann keinen Bock mehr gehabt, überhaupt noch ans Schreiben zu denken. ... Ich habe dann ab der 11. Klasse nicht mehr mitgeschrieben in der Schule, weil ich einfach keinen Stift mehr sehen wollte. Ich habe nur noch Arbeiten mitgeschrieben und sonst schriftlich nichts mehr gemacht.

I.: Aber du würdest nicht sagen, daß es große Auswirkungen auf deine Psyche gehabt hat bzw. auf dein Selbstbewußtsein?

S.: *Ich bin bestimmt dadurch anders geworden. Ich mußte in der Schule viel mehr mündlich machen. Ein bißchen verändert hat es mich schon, aber eher so, daß ich mich trotzdem durchgeboxt habe.*

I.: Eine organische Erkrankung für Legasthenie ist ausgeschlossen?

S.: *Die Homöopathin z.B. hatte gefragt, ob mein Vater eine Tuberkulose gehabt hätte, daß dies oft der Grund sein könnte, und er hatte eine Tuberkulose.*

I.: Wie gehst du jetzt damit um? Vermeidest du es zu schreiben?

S.: *Ja, es kommt drauf an. Ich war als Zivi an einer Behindertenschule, da mußte ich einem MCD-Kind Deutschunterricht geben, das hat mich dem Schreiben wieder etwas näher gebracht. Vor allem habe ich dann auch viel gelernt, so daß es ein wenig besser geworden ist. Dann habe ich auch öfter mal Briefe geschrieben an Leute, von denen ich wußte, daß ihnen bekannt ist, daß ich Legastheniker bin, und wo ich wußte, die stören sich an den Fehlern nicht. Aber an Leute, die sich das durchlesen und auf Fehler achten, da schreibe ich eigentlich so gut wie nicht.*

Eindrucksvolle Kasuistiken, in denen auch die psychosomatischen Symptome von Legasthenikern gut beschrieben werden, finden sich in zahlreichen Büchern, u.a. bei Dummer-Smoch (1994), Gäbe (1990) und Soremba (1995).

Kapitel 3 ────────────────────────

Diagnose der Legasthenie

3.1. Beobachtung

Die ersten und wichtigsten Informationen über den normalen oder gestörten Schreibleseerwerb eines Kindes erhält man aus der Beobachtung. Dabei sieht man, mit welcher Geschwindigkeit und mit welcher Sicherheit das Kind Buchstaben und Worte im Gedächtnis speichert und sie erinnernd wiederholt. Die Analyse des Schreib- und Leseprozesses ergibt Hinweise für Fehlerhäufigkeiten, Gesamtfehlerzahlen, Vorkommen bestimmter Fehlergruppen, Verlesungen, Lesegeschwindigkeit und Lautverbindungsfähigkeit.

Die Beobachtung gibt schließlich auch Hinweise für eventuell neben der Legasthenie bestehende Teilleistungsstörungen: Sprachentwicklungsstörungen, Störungen der Fein- und Graphomotorik oder Störungen der Lateralisationsentwicklung. Im Rahmen einer Förderdiagnostik (Grissemann, 1990) können die Eindrücke durch gezielte Anforderungen semiquantitativ oder durch geeignete Testverfahren quantitativ erfaßt und analysiert werden.

Die Beobachtung der Kinder erlaubt ferner Aussagen über die Aufmerksamkeitsdauer, die Aufmerksamkeitskonstanz, die sozialen und kommunikativen Kompetenzen und den Grad der körperlichen Aktivität.

Schließlich wird man Hypothesen über die bevorzugten Lernwege bilden und die Reaktionen des Kindes auf geänderte Lernmodalitäten beurteilen. Bei Kindern mit Legasthenie sollten wir frühzeitig die Kommunikationswege und die individuellen Reaktionen in der Interaktion kennenlernen. Dabei sind Körperhaltung, Gestik und Mimik, Hautdurchblutung und Atemrhythmus, Stimmlage und Lautstärke der Sprache, Blickkontakt und Körperkontakt wichtige Einzelkriterien, die uns Auskunft über die innere Befindlichkeit und die Motivation geben.

3.2. Frühdiagnose

Für die **Frühdiagnose** einer Legasthenie braucht man nicht die Ergebnisse einer aufwendigen Testbatterie abzuwarten. Wenn sich frühzeitig Hinweise auf eine Leserechtschreibstörung ergeben, ist es wichtiger, die Lernmethoden rasch auf das Problem des Kindes einzustellen. Allzuoft wird in Schulen „auf Zeit gespielt" und auf eine spontane Besserung gehofft (zum Problem der Früherkennung siehe auch Kapitel 5.8.).

Frühzeitige Hinweise auf eine LRS sind fehlende Speicherkapazität von zwei bis drei nacheinander angebotenen großen Druckbuchstaben, große Schwierigkeiten im lautverbindenden Lesen von zwei Buchstaben (Vokal-Konsonant- oder Konsonant-Vokal-Kombination) und eine verkürzte Speicherdauer im Kurzzeitgedächtnis von Buchstaben oder sehr kurzen Worten. Gleichzeitig gibt es häufig Hinweise für das Vorliegen einer Lautunterscheidungsschwäche: undeutliche Sprache, leichte Artikulationsdefizite, Schwächen im Sprachverständnis, die an einen Hörfehler denken lassen.

Bei Schreibleistungen wie in den folgenden Beispielen erübrigt sich zumindest die Frage, *ob* eine Schreibstörung vorliegt. Aufwendige Testverfahren können dann unterbleiben.

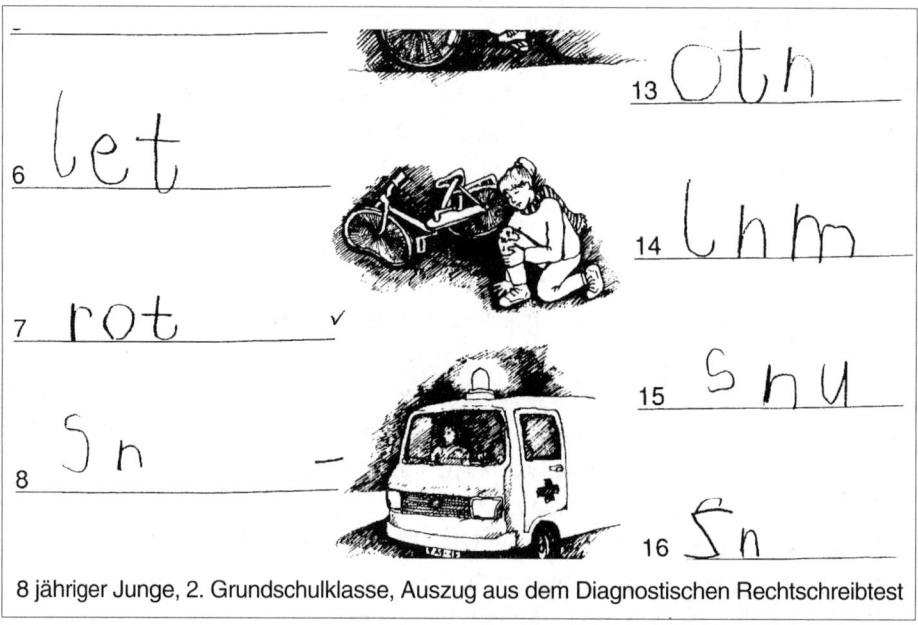

8 jähriger Junge, 2. Grundschulklasse, Auszug aus dem Diagnostischen Rechtschreibtest

dann wa schon witer schulle jezsiz ichschonwiter amkomjuter

(10;5 Jahre alter Junge. Mit dem PC geschrieben: „Dann war schon wieder Schule. Jetzt sitze ich schon wieder am Computer.")

3.3. Lesetests

Es stehen uns nicht sehr viele standardisierte Lesetests zur Verfügung, hingegen viele Rechtschreibtests. Das hat wohl damit zu tun, daß anders als im angloamerikanischen Bereich die deutsche Dyslexieforschung wesentlich auf Rechtschreibprobleme rekurrierte und Lesestörungen „stiefmütterlich behandelte" (Schneider, 1997). Die Adressen, über die die hier angegebenen Testverfahren zu erhalten sind, finden sich im Anhang (Adressenverzeichnis). In Deutschland gibt es für Schüler in der ersten bis dritten Grundschulklasse den **Diagnostischen Lesetest**. Beim **DLF 1–2** (Müller, 1984) sollen Einzelworte mit steigendem Schwierigkeitsgrad gelesen werden. Beim **DLT 2/3** (Geuß, 1978) werden einzelne Worte für jeweils eine Sekunde mit dem Overhead-Projektor projiziert, die von den Kindern still gelesen und dann aufgeschrieben werden sollen. Eine qualitative und eine quantitative Auswertungsmöglichkeit wird angeboten.

Die weiteste Verbreitung hat jedoch die deutsche Form des **Zürcher Lesetests** (Linder, 1996) gefunden. Mit dem Zürcher Lesetest wird die Lesefähigkeit im Grundschulbereich beurteilt. Dabei liest das zu untersuchende Kind vorgegebene Wortlisten und kurze Texte laut vor. Der Untersucher protokolliert dabei die Fehlerzahl, evtl. auch die Fehlerarten und die Lesedauer. Für die Diagnose einer Legasthenie ist eine qualitative Fehleranalyse nicht notwendig, jedoch für einen Ansatz im Sinne der Förderdiagnostik ist sie jedoch sinnvoll.

In der Auswertung werden die erhaltenen Rohwerte (RW) mit den Standards der Normtabelle verglichen, die für Schulquartale und Halbjahresabschnitte vorliegen. Aus dem Vergleich der Rohwerte mit den Normwerten ergibt sich der Leistungsstand des Kindes, der in Prozenträngen (PR) ausgedrückt wird. Für die Feststellung einer Lesestörung ist im allgemeinen ein PR von kleiner als 5 ausreichend. Das bedeutet, daß das Kind in einer Gruppe von 100 Kindern des gleichen Schulalters zu den fünf Kindern mit den schlechtesten Ergebnissen gehört.

A) *Beispiele zum „Wortlesetest":*

in	die	wieder	acht	
an	sei	weiter	blau	
so	sie	Lieder	auf	
	oben	Abend		heute
	droben	baden		teuer
	Boden	braten		einmal
		Werkbank		unverändert
		pflücken		Gemütlichkeit

B) *Beispiel für „Leseabschnitte":*

Am Morgen. Die Uhr schlägt sieben mal. Da erwacht Heini. Er steht aber noch nicht auf. Er wartet auf die Mutter.

3.4. Schreibtests

Bei den Rechtschreibtests gibt es eine Reihe von verschiedenen Testansätzen. Im Grundschulbereich hat sich der **Diagnostische Rechtschreibtest (DRT 1)** (Müller, 1990), **(DRT 2)** (Müller, 1990), **(DRT 3)** (Müller, 1991), **(DRT 4)**

(Grund, 1994), **(DRT 4–5)** (Meis, 1970), **(DRT 5)** (Grund, 1995) bewährt. Er liegt für die 1.–5. Klasse vor. Er kann als Gruppen- oder Einzeltest durchgeführt werden. Sowohl eine quantitative als auch eine qualitative Fehleranalyse ist möglich. Die Kinder müssen einzelne Worte schreiben, die vom Untersucher oder Lehrer sowohl als Einzelwort als auch in einem sinnvollen Satzzusammenhang diktiert werden.

Beispielworte aus dem DRT 2: gleich, Suppe, bleibt, braucht, seinem, Wäsche, gestochen, Mücke, schwimmen, wärmer, Leib, streiche, fliegt.

Der **Grundwortschatz Rechtschreib-Test (GRT 4+)** (Birkel, 1990) ist ein Rechtschreib-Test für 4. und 5. Klassen. Weit verbreitet sind der **Westermann Rechtschreibtest 4/5 (WRT 4/5)** und **6+ (WRT 6+)** (Rathenow, 1980). Für die 6. und 7. Klasse (Haupt-, Gesamt- und Realschule) gibt es den **Rechtschreib-Test 6–7 (RST 6–7)** (Rieder, 1980).

Eine neue Form der Rechtschreibdiagnostik bietet die **Hamburger Schreibprobe (HSP 1, 2, 3, 4–5, 5–9)** (May, 1995). Sie berücksichtigt mehrere Stufen der Schreibentwicklung (Balhorn, 1993). Das zugrundeliegende Stufenmodell von Uta Frith muß heute in Frage gestellt werden (s.u.). Folgende Vorteile machen die HSP jedoch zu einem interessanten Testinstrument: sie besteht aus Einzelwörtern und Sätzen, ist in der qualitativen Analyse relativ leicht durchzuführen, hat eine gute Trennschärfe im unteren Leistungsbereich und bietet ein einheitliches Instrument von der ersten bis zur neunten Klasse und gesonderte Vergleichswerte für alle Schulformen.

3.4.1. Kritik der Rechtschreibtests

- Alle oben aufgeführten Testverfahren ermöglichen eine valide und normierte quantitative Überprüfung der Rechtschreibfähigkeiten einer Einzelperson oder einer Gruppe/Klasse. Sie geben dem Prüfer die Möglichkeit, Sicherheit in der Diagnose einer Rechtschreibstörung zu gewinnen. Stoffers und Naumann (1993) haben eine gute Zusammenfassung der Testverfahren gegeben. Dabei werden wichtige Angaben zur Zeitdauer der Testdurchführung, der Zahl der Testwörter und der Zusammensetzung der Testwörter gemacht.
- Rechtschreibtests erlauben Lehrern eine „Standortbestimmung" ihrer Klasse. Auch eine Verlaufsbeurteilung ist möglich.
- Manchmal ist die Sicherheit, die ein gut normierter Test gibt, notwendig zur Diskussion mit Kollegen oder Eltern oder zur eigenen Überprüfung.
- Häufig wird von standardisierten Testverfahren die Zahlung von Beihilfen für Legasthenie-Förderung abhängig gemacht. (In solchen Verfahren muß dann zur Sicherung der Diagnose ein valider Intelligenztest durchgeführt werden.)

Testverfahren bergen aber auch die Gefahr in sich, die gewonnene Sicherheit in der Bewertung zu überschätzen und die Tests zu instrumentalisieren. Die Anwendung von Testverfahren kann in folgenden Punkten nachteilig sein:

- Kinder mit schlechten Rechtschreibleistungen werden durch einen Test nur zusätzlich entmutigt.
- Manche Tests sind unter dem Gesichtspunkt der „Fehlerverlockung" aufgebaut. In möglichst wenigen Worten sollen möglichst viele potentielle Fehlervarianten auftauchen können.
- Es wird weniger geprüft, was die Kinder können, sondern was sie nicht können.
- Die Beschränkung der meisten Tests auf Einzelwörter geht an der Schreibrealität vorbei.
- Kognitiv sehr begabte Kinder mit Schreiblesestörungen fallen durch die Diskrepanz zwischen ihren Schreibleseleistungen und den Leistungen in anderen Fächern auf. Sie mögen daran auch sehr leiden und brauchen eine spezielle Förderung. In einem Rechtschreibtest würden sie aber vielleicht ein Ergebnis im unteren Normbereich erreichen. Gesonderte Normen für verschiedene Schularten wären also notwendig. Nur wenige Rechtschreibtests bieten eine solche Differenzierung.
- Die Sonderbehandlung von Legasthenikern mag auch eine „fragwürdige Prozedur" (Zielinski, 1995) sein, da die Forderung nach einer Diskrepanz zwischen Intelligenz- und Leserechtschreib-Leistung die Diagnostik auf ein meßtechnisches Problem reduziert.
- Einige ältere Testverfahren (z.B. der WRT und der Zürcher Lesetest) sind in ihrer Wortwahl antiquiert. Zusätzlich berücksichtigt kaum ein Testverfahren (Ausnahme: der HSP) die Worthäufigkeiten der Umgangssprache und die Erkenntnisse der Grundwortschatz-Forschung.

3.4.2. Die qualitative Fehleranalyse

Fast alle Rechtschreibtests bieten die Möglichkeit einer qualitativen Fehleranalyse. Tatsächlich wäre der Gebrauch von Rechtschreibtests leichter zu legitimieren, wenn eine qualitative Analyse Ansätze für eine gezielte Förderung brächte (Förderdiagnostik). So verlockend diese Überlegung auch ist, so selten wird sie außerhalb der pädagogischen Forschung angewandt. Da hierfür sicher keine globale Inkompetenz der Nutzer verantwortlich sein kann, müssen Gründe der Praktikabilität eine Rolle spielen. Dies schließt nicht aus, daß eine qualitative Fehleranalyse im Einzelfall förderungsrelevante Informationen bringt. Dann müßte die Aussagekraft einer Testdiagnostik aber einer Analyse eines Aufsatzes oder eines Diktats überlegen sein. Schließlich sollte sie auch Lehrfehler erkennen lassen (z.B. Diktier-Dehnungen, Übergeneralisierungen), eine Anforderung, der nur ein Gruppentest gewachsen ist.

Die meisten qualitativen Fehleranalysen der Rechtschreibtests bieten sieben bis acht Fehlerkategorien an. Die Typologie der **Aachener Förderdiagnostischen Rechtschreibfehler-Analyse (AFRA)** umfaßt sogar 24 Kategorien (Herné, 1993). Alle Autoren betonen, daß Überschneidungen der Fehlerkategorien vorkommen. Häufig ist die Trennschärfe der Definitionen nicht ausreichend. Die Einseitigkeit der Beurteilungskategorien ist vom Standpunkt einer neuropsychologischen Lerntheorie her beeindruckend: die Fehlertypologien lassen sich fast zwanglos unter die Obergruppen „akustische Differenzierungsschwäche" und „Regelfehler" subsummieren.

Der Stellenwert von Regelwerk-Lernen bei Grundschülern wird überschätzt. Auch ein „eigenaktiver Regelbildungsprozeß von Lernen" (Balhorn, 1985), wie er bei Kindern mit normalem Schreibleseerwerb beobachtet wurde, kann nicht ohne erhebliche Abstriche auf die Analyse von Schreibfehlern von Legasthenikern übertragen werden. Die Möglichkeit oder gar die Dominanz von visuellem Lernen oder der Lernweg des taktil-kinästhetischen Lernens werden nicht erkannt. Diese Einseitigkeit führt zu einer beachtlichen begrifflichen Unschärfe. So werden Lautdifferenzierungsschwächen schlicht als „Wahrnehmungsfehler" bezeichnet, als ob Wahrnehmung nicht mehr wäre als ein auditiver Trennschärfeverlust.

Die einseitige Betonung des auditiven Lernwegs und der akustischen Fehlerquellen spiegelt sich auch in der Fehleranalyse-Literatur wider. In einem Artikel zum Verständnis von Rechtschreibfehlern befassen sich Ketteniß und Naumann (1987) mit den Analyse-Kriterien. Sogar namhafte Forscher kennen die grundlegenden neuroanatomischen und neuropsychologischen Ergebnisse der letzten zehn Jahre nicht: „Rechtschreibschwache Kinder sind in der Wahrnehmung nichtsprachlicher Reize (optischer wie akustischer Art) gegenüber Kindern mit normalem Leistungsprofil keineswegs benachteiligt. Weder die Sinnesorgane noch die neuronalen Prozesse der Wahrnehmung sind bei ihnen also beeinträchtigt" (Löffler, 1990).

Mit dem genannten Fehleranalyse-Instrumentarium bleibt die Tür zu Mißverständnissen weit geöffnet. Beispielsweise könnte doch eine b-d-Verwechslung nicht nur durch eine akustische Trennschärfeschwäche entstehen, sondern auch durch eine Schwäche in der visuellen räumlichen Verschmelzung. Ob ein Strich | nämlich links oder rechts an ein o angebunden ist, und ob dann daraus graphisch ein b oder ein d wird, entscheidet sich oft schon auf unserer Netzhaut. Dort entspricht nämlich der Abbildungsunterschied zwischen b und d einem Abstand von 2–3 Retinazellen. Bei leichten Schwächen des beidäugigen Sehens (Störung der binokularen Fusion) kann bereits eine visuelle Verwechslung entstehen. Andererseits könnte eine b-d-Verwechslung auch das Resultat einer auditiven Lautunterscheidungsschwäche sein. Dem Schreibresultat ist somit seine perzeptive Ursache nicht anzusehen. Die individuelle Instabilität von Falsch-schreibungen erschwert die Fehleranalyse zusätzlich. Konsequenterweise haben die Autoren des WRT daher auf eine qualitative Fehleranalyse verzichtet.

Im Kapitel über die qualitative Auswertung des DRT 4–5 schreibt Meis (1970), daß die Fehlertypologie von Müller nicht übernommen werden konnte, wenn man nach Einteilungskategorien sucht, die Auskunft über das wirkliche Zustandekommen der Schreibweise liefern sollen. Als Beispiel führt er an, auf welch unterschiedliche Weise Kinder die falsche Schreibweise des Wortes „herrlich" begründeten: „Weiß ich nicht", „Weil ich's mir so gedacht habe", „Ich spreche es so: heerlich", „Habe erst an den Herrn gedacht, aber es kommt doch nicht daher", „Schreibe ich immer so", „Warum mit einem r, weiß ich nicht", „Ich höre nur ein r", „Wird langsam gesprochen, darum ein r", „So wie heraus, herum", „Heer wird auch nur mit einem r geschrieben". Meis fand für den DRT 4–5 (und damit implizit auch für zahlreiche früher standardisierte Schreiblese-tests), „daß eine Ordnung nach Ursachen für die Falschschreibungen in sehr vielen Fällen mit einer Wahrscheinlichkeit von nur 50% erfolgen kann".

Schließlich spiegeln die im DRT vorgegebenen phänomenologischen Feh-lerkategorien nicht die folgenden Faktoren wider: Dialekt („mich"-"misch"; „Kirche"-„Kirsche" etc.), Impulsivität, Artikulationsqualität des Lehrers (Dik-tierdehnungen, Übergeneralisierungen), milieubedingte und organisch bedingte Sprachstörungen. Auch Fehler wie „dragen" statt „tragen" sind nicht einfach als Wahrnehmungsfehler zu identifizieren. Wie später noch auszuführen ist, lernen viele, vielleicht sogar die meisten Kinder die Mitlautunterscheidungen als Teil der phonematischen Bewußtheit erst während des Schreiberwerbs und durch den Schreiberwerb. Im gleichen Sinne könnte das Fehlen der Mitlautdoppelung bei „kommt" und „schwimmt" nicht ein Regelfehler von der Verkürzung des vorausgehenden Selbstlautes sein, wenn dem Kind die phonematische Trenn-schärfe zwischen kurzem und langen Selbstlaut nocht fehlt.

3.5. Feinmotorik-Test

Gute Tests der feinmotorischen Koordination sind selten. Eine Quantifizierung der handmotorischen Geschicklichkeit ist auch sehr schwierig. Meistens sind wir auf eine Beobachtung der Bewegungsmuster und auf eine Beurteilung im Seitenver-gleich angewiesen. Es sollten dabei vor allem solche Bewegungen gewählt wer-den, die unabhängig von der Steuerung durch die Augen ablaufen können. Eine sinnvolle Auswahl von Bewegungsmustern, die die wichtigsten Abläufe repräsen-tieren, und die mit einfachen Mitteln darzustellen sind, haben Elliot und Connolly (1984) beschrieben. Die Beobachtung standardisierter Bewegungssequenzen und Synergismen erlaubt eine gute Beurteilung der feinmotorischen Koordination.

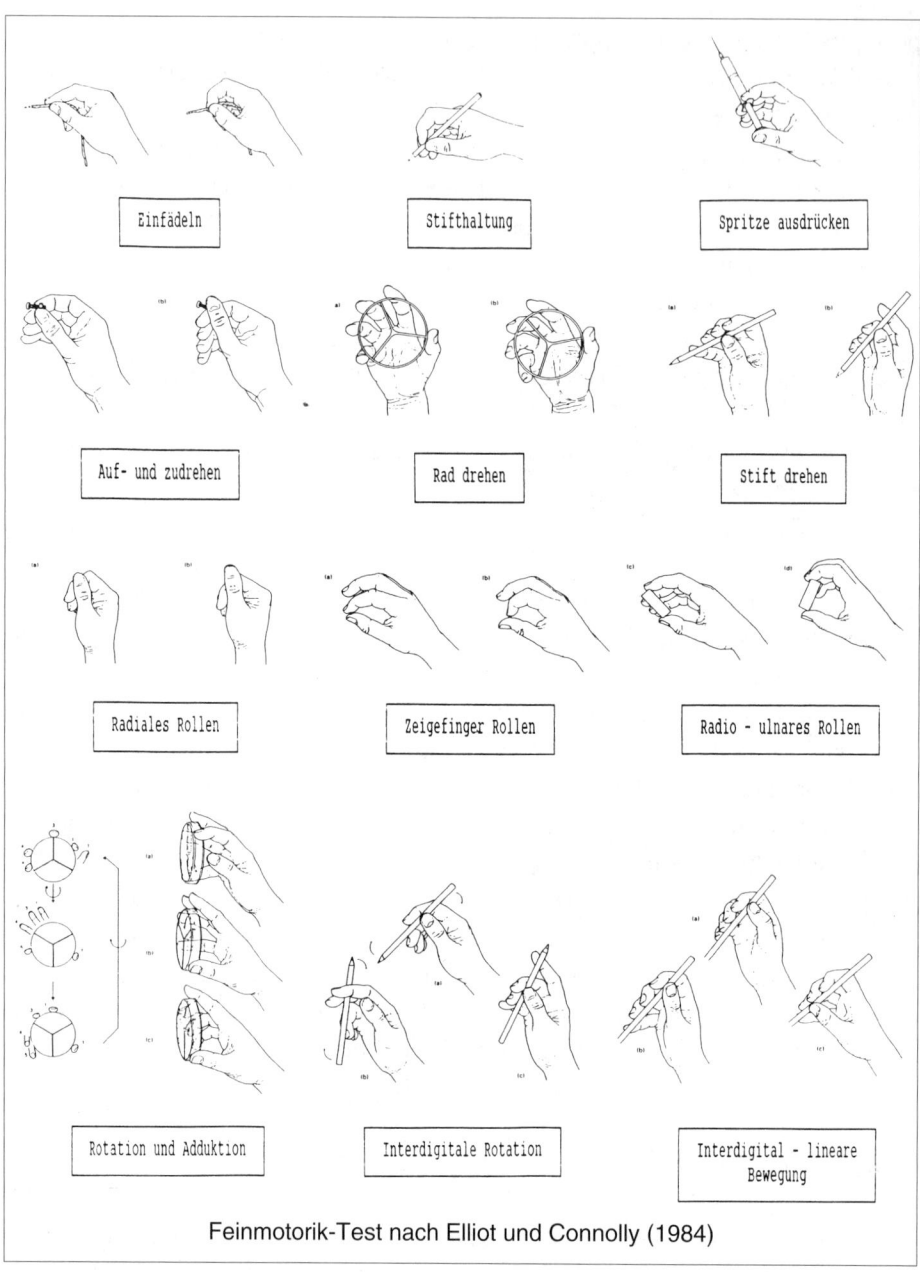

Einfädeln	Stifthaltung	Spritze ausdrücken
Auf- und zudrehen	Rad drehen	Stift drehen
Radiales Rollen	Zeigefinger Rollen	Radio - ulnares Rollen
Rotation und Adduktion	Interdigitale Rotation	Interdigital - lineare Bewegung

Feinmotorik-Test nach Elliot und Connolly (1984)

Eine ähnlich gute Beobachtungsskala gab Lindy Johnson (1994). Hier findet sich auch eine schöne Darstellung verschiedener Stifthaltungen, leider ohne eine Darstellung umfahrender Bewegungsmuster.

Bei der Beobachtung und Bewertung der feinmotorischen Koordination spielt oft die Frage nach der Lateralität (in diesem Fall: Händigkeit) eine Rolle. Meist zeigen bereits die Flüssigkeit, Differenziertheit und Geschicklichkeit der Bewegungsmuster, welche Hand dominant ist. Bei kleinen Kindern läßt sich die

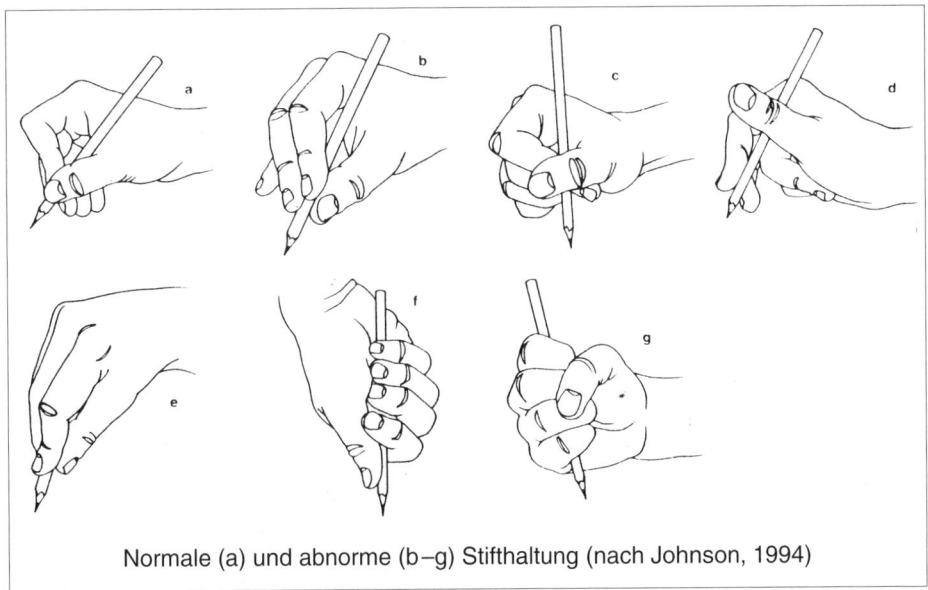

Normale (a) und abnorme (b–g) Stifthaltung (nach Johnson, 1994)

Frage nach der Händigkeit noch nicht sehr früh entscheiden. Aufgrund der hohen Fluktuation der Dominanz und der Unreife der Lateralisationsentwicklung kann man die Händigkeit nicht vor dem Alter von 3½ Jahren definitiv beantworten (bei 5% aller Kinder sogar noch später) (Provins, 1992). Auch die unwillkürlichen Mitbewegungen der jeweils freien Hand können Aufschlüsse auf die Handdominanz geben. So zeigt zum Beispiel der Handspreizreflex eine Mitbewegung der dominanten Hand bei maximaler Mundöffnung (Ries, 1981).

3.6. Visuo- und Graphomotorik-Tests

Jeder Testung zur Beurteilung der Leistungsbereiche Visuo-/Graphomotorik sollte ein Feinmotorik-Test vorausgehen, da die Ergebnisse dieser Teilbereichs-Funktionen sich häufig nicht decken. Die Unfähigkeit, „schön" zu malen, ist daher nicht mit einer Störung der Feinmotorik gleichzusetzen. Unter Visuomotorik versteht man nur die Bewegungen, die von den Augen gesteuert werden. Graphomotorik stellt eine Sonderform der Visuomotorik dar, bei der die augengesteuerten Bewegungen in den Dienst des Malens und Schreibens gestellt werden. Neben jeder quantitativen Testauswertung spielt die direkte Beobachtung eine entscheidende Rolle. Händigkeit, Stifthaltung, Sitzhaltung und Armbewegungsmuster, assoziierte Bewegungen der Mimik oder des kontralateralen Arms und Rumpfdrehungen um die Körperachse können wichtige Informationen geben.

Hoffnungen, über visuomotorische Tests eine Frühdiagnose der Legasthenie stellen zu können, haben sich nicht realisiert. Visuomotorische Teilleistungsstörungen sind bei Kindern mit Legasthenie häufig, aber sie sind nicht obligat.

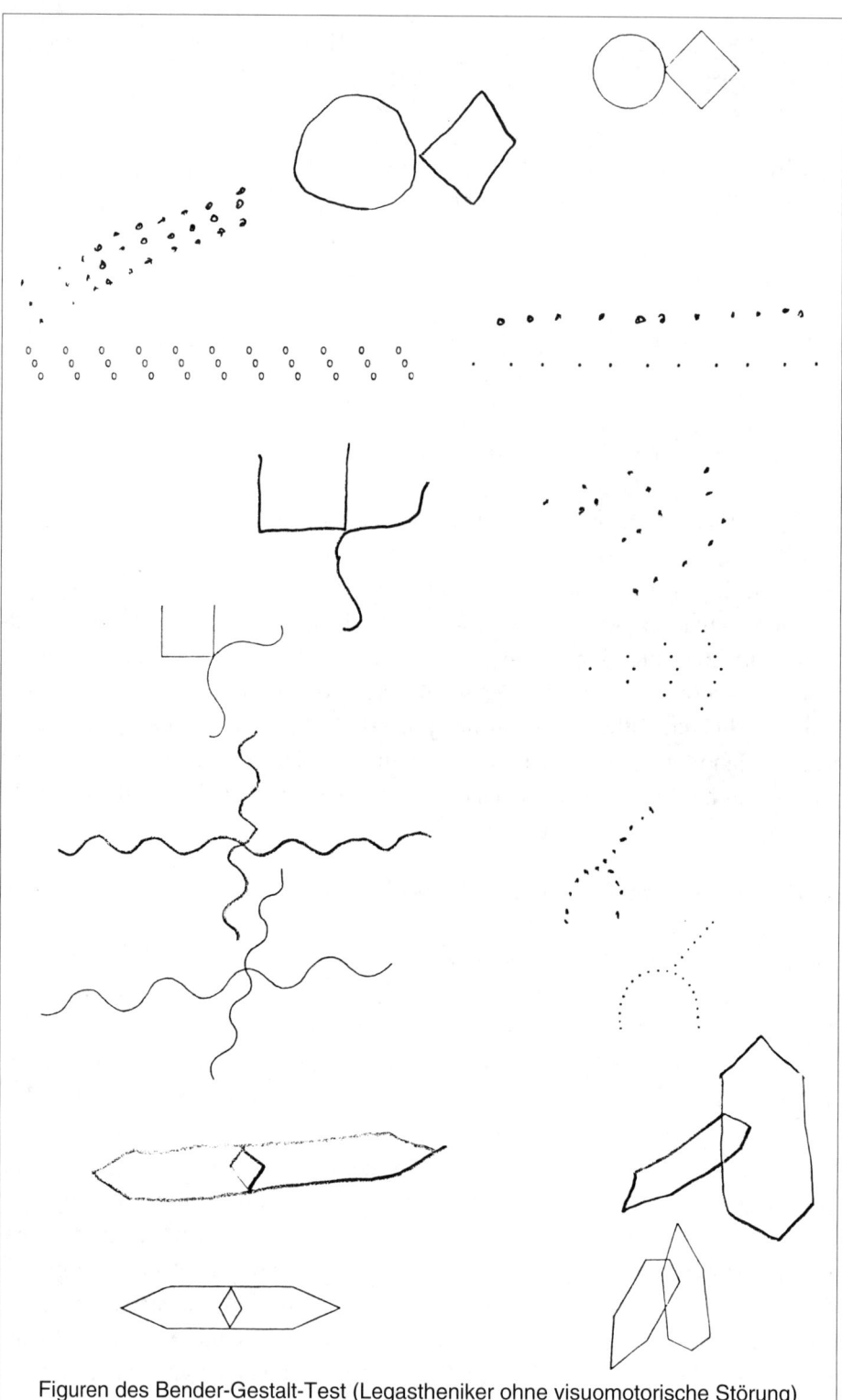

Figuren des Bender-Gestalt-Test (Legastheniker ohne visuomotorische Störung)

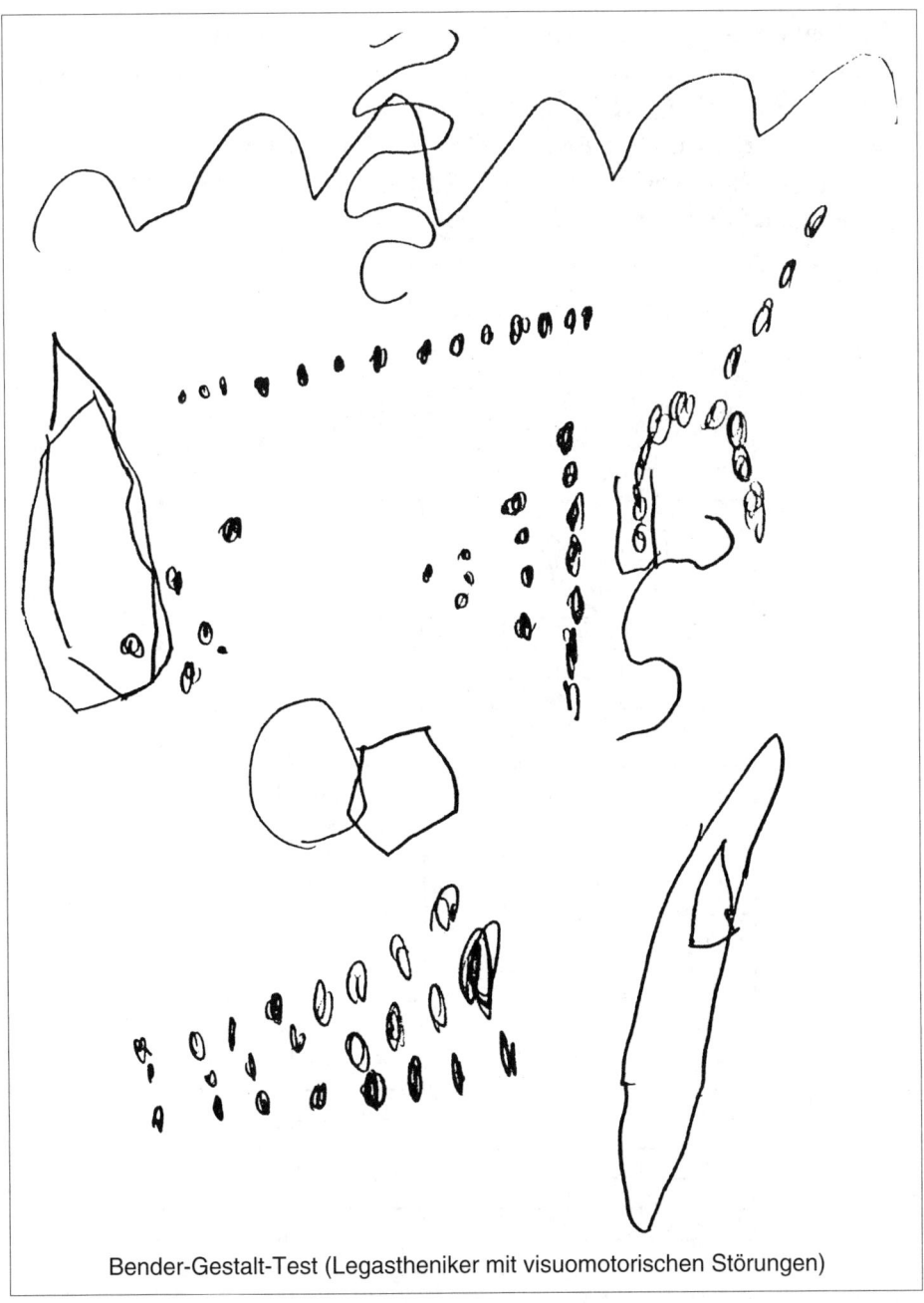

Bender-Gestalt-Test (Legastheniker mit visuomotorischen Störungen)

Sehr viel sicherer geben visuomotorische Leistungen Auskunft über die Qualität des Schriftbildes (Maeland, 1992; Berninger, 1992).

Im **Frostigs Entwicklungstest der visuellen Wahrnehmung (FEW)** (Frostig, 1982) werden durch vorgegebene Malaufgaben die visuomotorische Steuerung, die Figur-Hintergrund-Wahrnehmung und die räumliche visuelle Perzeption überprüft.

Im **Bender-Gestalt-Test** (Münsterberg-Koppitz, 1979) steht neben der Beurteilung der visuomotorischen Koordination die visuelle Figurerfassung im Vordergrund. Vorgegebene Karten mit zunehmend komplexeren Graphoelementen werden vom Kind nachgezeichnet. Mit den gleichen Figurkarten arbeitet der **Göttinger Formreproduktions-Test** (Schlange, 1977) in einer differenzierteren und zeitaufwendigeren Analyse.

Beispiel für Labyrinth-Test (LT) aus der Graphomotorischen Testbatterie

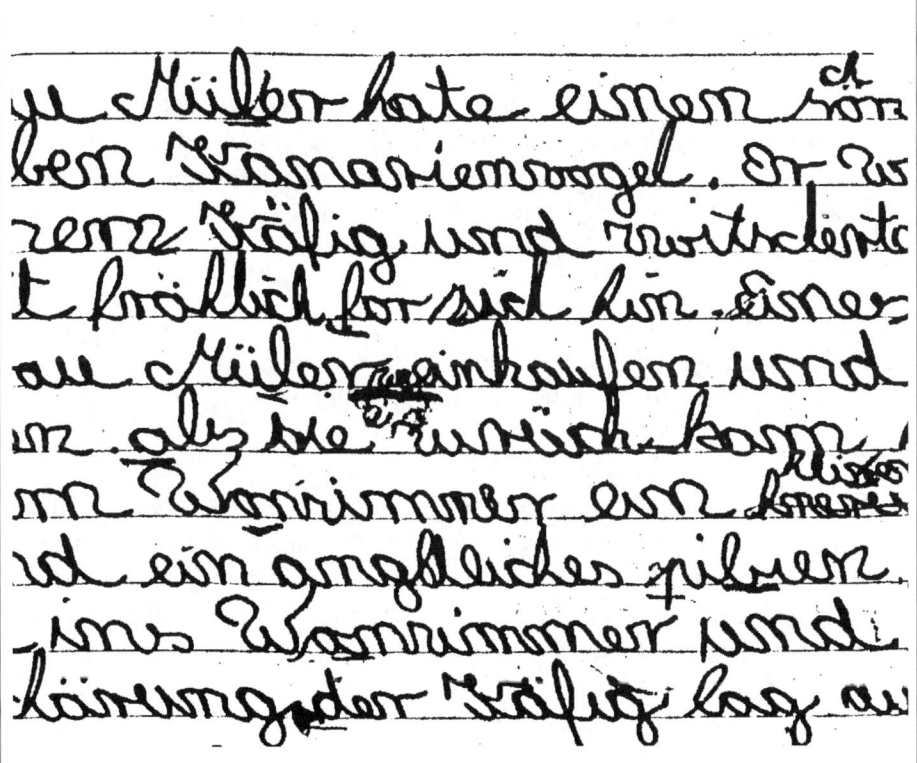

Schriftbild eines Legasthenikers mit Lateralisationsstörung

Für Kinder in den ersten Grundschulklassen eignet sich auch sehr gut die **Graphomotorische Testbatterie** (Rudolf, 1986). Sie dauert zwar in der Durchführung und in der Auswertung länger als der Bender-Gestalt-Test, er enthält aber u.a. gute Subtests, die Aussagen über die Hand-Dominanz erlauben, z.B. den Labyrinth-Test, der mit jeder Hand einmal ausgeführt wird.

Manchmal können Störungen der motorischen Lateralisation auch schon aus dem Schriftbild abgelesen werden. Sie zeigen sich an den starken Schwankungen in der Schreibrichtung.

3.7. Tests der auditiven Wahrnehmung

Mehr oder weniger hat jedes Kind mit Legasthenie Lautunterscheidungsschwächen oder andere Schwächen der auditiven Perzeption. Geeignete Testverfahren sind kompliziert. In gut standardisierten und ausreichend differenzierten Sprachtests gibt es Subtests zur Lautanalysefähigkeit.

3.7.1. Psycholingustischer Entwicklungstest (PET)
(Angermeier, 1977)

Angermaier hat sich besonders intensiv mit den Zusammenhängen zwischen Sprachentwicklungsstörungen und Legasthenie beschäftigt. Zwei Subtests des von ihm in den deutschen Sprachraum adaptierten **Psycholinguistischen Entwicklungstests (PET)** (Angermaier, 1977) korrelieren gut mit dem Bestehen einer Legasthenie:

a) Subtest „Wörter ergänzen"
    Beispiel: „Sag' mir, von wem ich spreche: Va / i ist Vati.
    Von was spreche ich jetzt: Flie / e?"

b) Subtest „Laute verbinden"
    Es werden unvollständige Wörter bestehend aus zwei und drei Lauten (anfangs mit Bildtafeln) und später auch unvollständige Wörter aus zwei bis neun Lauten dargeboten.
    Beispiel: „Hör zu. F - isch. Von was habe ich gesprochen?
    Richtig. Fisch."
    „Sch - uh"
    „Scho - o - ade"

Bei kritischer Bewertung des PET fand sich, daß in den Subtests „Wörter ergänzen" und „Laute verbinden" neben der Lautunterscheidungsfähigkeit auch die verbale Intelligenz geprüft werde, da sprachintelligente Kinder selbst bei Bestehen einer Lautunterscheidungsstörung in der Lage sind, aus den Bruchstücken des Verstandenen das gesuchte Wort zu rekonstruieren.

3.7.2. Heidelberger Sprach-Entwicklungstest (HSET) (Grimm, 1991)

Bei der Auswertung des **Heidelberger Sprach-Entwicklungstests (HSET)** (Grimm, 1991) konnte eine Korrelation zwischen dem Vorliegen einer Legasthenie und einzelnen Subtests gefunden werden, mit denen komplexe Fähigkeiten der Sprachkompetenz untersucht werden:

a) „Plural- Singular- Bildung" mit Kunstwörtern
b) „Wortfindung": zu jeweils drei vorgegebenen Wörtern ist ein passendes viertes zu finden.
c) „Adjektivableitungen": auf Morphemebene und unter teilweiser Verwendung von Kunstwörtern wird die Fähigkeit überprüft, auf einer Dimension wahrgenommene Unterschiede sprachlich regelhaft auszudrücken.

3.7.3. Wahrnehmungs-Trennschärfe-Test (Fred Warnke)

Im auditiven **Wahrnehmungs-Trennschärfe-Test** (Fred Warnke, CD „Dyslexie und Hör-Lateralität", siehe Adressenliste Kap. 14) werden dem Kind von einer CD „Nonsense-Silben" über Kopfhörer angeboten, und zwar abwechselnd auf jedes Ohr und unterlagert („maskiert") von einem monotonen Hintergrundgeräusch. Die „Quatschwörter" sind einsilbig und unterscheiden sich lediglich durch den in der Mitte stehenden Konsonanten. Das Kind soll die Silben nachsprechen (Beispiele: ebi, efi, egi edi, eki, eti). Dadurch wird selektiv das Verständnis lautähnlicher Konsonanten (b/d, g/k, d/t) überprüft, die erfahrungsgemäß leicht verwechselt werden können. Die Maskierung dieser Silben durch ein leises Hintergrundgeräusch (murmelnde Menschengruppe) erschwert zwar die Wahrnehmung der Konsonanten, simuliert andererseits jedoch die reale Schulsituation, die ja für viele Kinder gerade durch die störenden Hintergrundgeräusche zusätzlich schwierig ist. Durch die Verwendung von Nonsense-Silben entfällt die Möglichkeit, falsch diskriminierte Laute je nach Handlungs- oder Sinnzusammenhang richtig zu rekonstruieren.

3.8. Intelligenztests

3.8.1. Hamburg-Wechsler-Intelligenztest (HAWIK-R) (Tewes, 1985)

Der HAWIK ist der im deutschen Sprachraum gebräuchlichste Intelligenztest für die Einzelfalluntersuchung von Kindern im Alter von sechs bis 16 Jahren. Er erfaßt in den Subtests (Bildergänzung, Allgemeines Wissen, Zahlen nachsprechen, Wortschatz-Test, Mosaik-Test, Rechnerisches Denken, Allgemeines Verständnis, Figuren legen, Bilder ordnen, Gemeinsamkeiten finden, Zahlen-Symbol-Test) die praktische, die verbale und die allgemeine Intelligenz. In der Auswertung im Sinne eines Leistungsprofils werden die Subtests auch den beiden Obergruppen „Sprachliche Intelligenz" und „praktische Intelligenz" zugeordnet. Die Bearbeitungsdauer beträgt 90 bis 120 Minuten.

3.8.2. Grundintelligenztest (CFT1, CFT20) (Catell, 1980, Weiß, 1987)

Der CFT bestimmt als nonverbaler Intelligenztest für Kinder von 5;3 bis 9;5 Jahren in fünf Untertests (Substitutionen, Labyrinthe, Klassifikationen, Ähnlichkeiten und Matrizen) die Fähigkeit zur visuellen Merkmalidentifikation und -wahrnehmung sowie zur Regelbildung. Im CFT 20 gibt es zusätzlich die Möglichkeit, sprachliche und rechnerische Fähigkeiten in einem Wortschatztest und einem Zahlenfolgetest zu untersuchen. Die Bearbeitungsdauer beträgt etwa 50 Minuten.

3.8.3. Progressive Matrizen von Raven (CPM) (Raven, 1980)

Im sprachfreien Raven-Test erfolgt eine grobe Abschätzung der nonverbalen Intelligenz durch Beurteilung von Bild- und Mustererkennung und Musterassoziationsfähigkeit. Den Kindern werden unvollständige Muster und Graphoelemente gezeigt. Aus einem Angebot von jeweils sechs Ergänzungsmustern suchen sie dann die passende Lösung. Durch die Einschränkung auf den Teilbereich der visuellen Mustererkennung ist der Raven-Test nur mit großen Vorbehalten oder als Orientierung einzusetzen.

3.8.4. Kaufman-Assessment Battery for Children (K-ABC) (Kaufman, 1994)

Neben dem Wissen von Fakten und der Fähigkeit, visuell- und sprachlich-serielle Anforderungen zu lösen, legt der K-ABC großen Wert auf die Überprüfung des ganzheitlichen Denkens und die Anwendung gestaltähnlicher und räumlicher Ansätze. Er überprüft also nicht nur schulisch relevante intellektuelle Fähigkeiten und korreliert daher nicht so gut mit den Schulnoten. Je nach Alter des Kindes (2;6–12;5 Jahre) werden 12–13 Subtests durchgeführt. Die Durchführungszeit beträgt bei Kindern ab sieben Jahren 75–85 Minuten.

Kapitel 4

Sensorik und Perzeption

In diesem Kapitel werden einige Grundlagen der Sinnesphysiologie skizziert, soweit sie für das Verständnis des Schreibleseprozesses wichtig sind und den Übergang von der sensorischen Reizaufnahme in den Bereich der Wahrnehmungsprozesse aufzeigen.

Beim Schreiben und Lesen sind vornehmlich zwei Sinnesmodalitäten gefordert: die optische und die auditive Sensorik. In geringerem Maße spielt auch die Erfassung taktiler Reize eine Rolle. Zu vernachlässigen ist die Bedeutung olfaktorischer Reizaufnahme („Wie riecht dieses Buch?") und gustatorischer Reizaufnahme („Wie schmecken abgekaute Bleistiftenden? Wie schmeckt die Buchstaben-Nudelsuppe?").

4.1. Die Entwicklung des Zentralnervensystems

Das Zentralnervensystem (ZNS) besteht aus den Großhirnhemisphären, dem Mittelhirn, der Brücke, dem Kleinhirn, der Medulla oblongata (verlängertes Rückenmark) und dem Rückenmark. In der Embryonalentwicklung ist die Teilung der Hirnzellen etwa bis zum Geburtstermin beendet. Zellen, die in der Teilungsphase nahe den Hirninnenräumen (Ventrikel) liegen, wandern in die Großhirnrinde (Migration) und machen eine Differenzierung in die unterschiedlichen Zelltypen durch. Die Massenzunahme des Gehirns ist zur Hälfte am Ende des ersten Lebensjahres beendet. Sie beruht auf der Ausreifung der Nervenzellfortsätze und der Stützzellen (Gliazellen). Botenstoffe (Neurotransmitter) bilden sich ab der 10. Schwangerschaftswoche. Sie haben eine regulierende Wirkung auf die Hirnentwicklung.

Die Großhirnrinde ist 3 mm dünn und stellt eine Schicht von etwa 10.000 Millionen Nervenzellen dar, die man Neurone nennt. In der Großhirnrinde befinden sich etwa 70% aller Neurone des ZNS. Vom Zentrum eines Neuronen-Zellkörpers entspringt ein langer Ausläufer (Axon) und eine wurzelartige Aufzweigung in sogenannte Dendriten. Auf den Dendriten befinden sich Ausknospungen, die als „spines" (Dornfortsätze) bezeichnet werden. Diese Stellen sind die Kontaktpunkte zu Nachbarzellen. Sie heißen Synapsen. Der Dendritenbaum einer einzigen Nervenzelle kann auf diese Weise über 100.000 Kontakte eingehen. Die Synapsen sind dabei die Ansatzpunkte („Lötstellen") der Dornfortsätze verschiedener Neurone untereinander.

Reifung erfolgt in diesem Zusammenhang über mehrere Mechanismen. Es besteht zunächst eine Abhängigkeit von genetischen Faktoren, von hormonellen Einflüssen und von ausreichender Zufuhr von Sauerstoff und Nährstoffen.

Die Axone werden durch eine Umhüllung ähnlich der Isolationsschicht eines Stromkabels umgeben. Diese Hüllschicht wird von spezialisierten Zellen gebildet und heißt Markscheide. Von der zentralen Hörbahn wissen wir, daß die

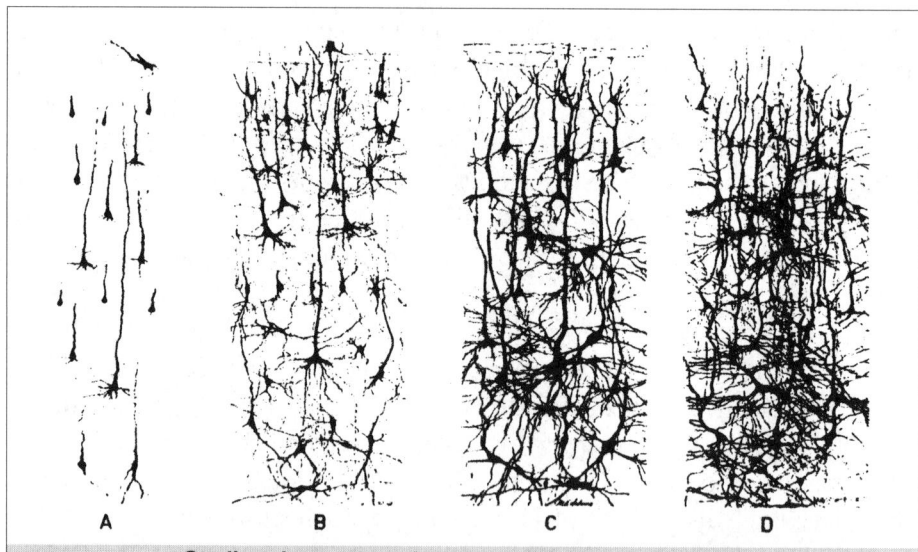

A   **B**   **C**   **D**

Stadien der postnatalen menschlichen Hirnreifung

A: bei Geburt, B: nach 3 Monaten, C: nach 15 Monaten, D: nach 24 Monaten. Bei gleicher Zellzahl nimmt die Differenzierung der Dendriten zu. Gleichzeitig schreitet die Synapsenbildung fort (nach Popper, 1982)

Geschwindigkeit der Markscheidenreifung ihren Gipfel schon am Ende des ersten Lebensjahres hat (Matschke, 1993). Die Markscheidenreifung stellt die wichtigste Voraussetzung für eine schnelle Leitfähigkeit der Nervenbahnen für elektrische Impulse dar. Im ersten Lebensjahr kann man daher auch durch die Messung akustisch evozierter Potentiale eine rasche Zunahme der Leitgeschwindigkeit der Nervenfasern ermitteln. Bei Kindern mit verschiedenen Behinderungen ohne Hörverlust und bei schwerhörigen Kindern verlaufen diese Reifungsvorgänge verlangsamt. Bei einer entsprechenden Behandlung oder Förderung kann die verzögerte Reifung nur teilweise kompensiert werden. Die anatomische Markscheidenreifung der Hörbahn wird dann ab dem 2. Lebensjahr zunehmend durch funktionelle Reifungsprozesse abgelöst.

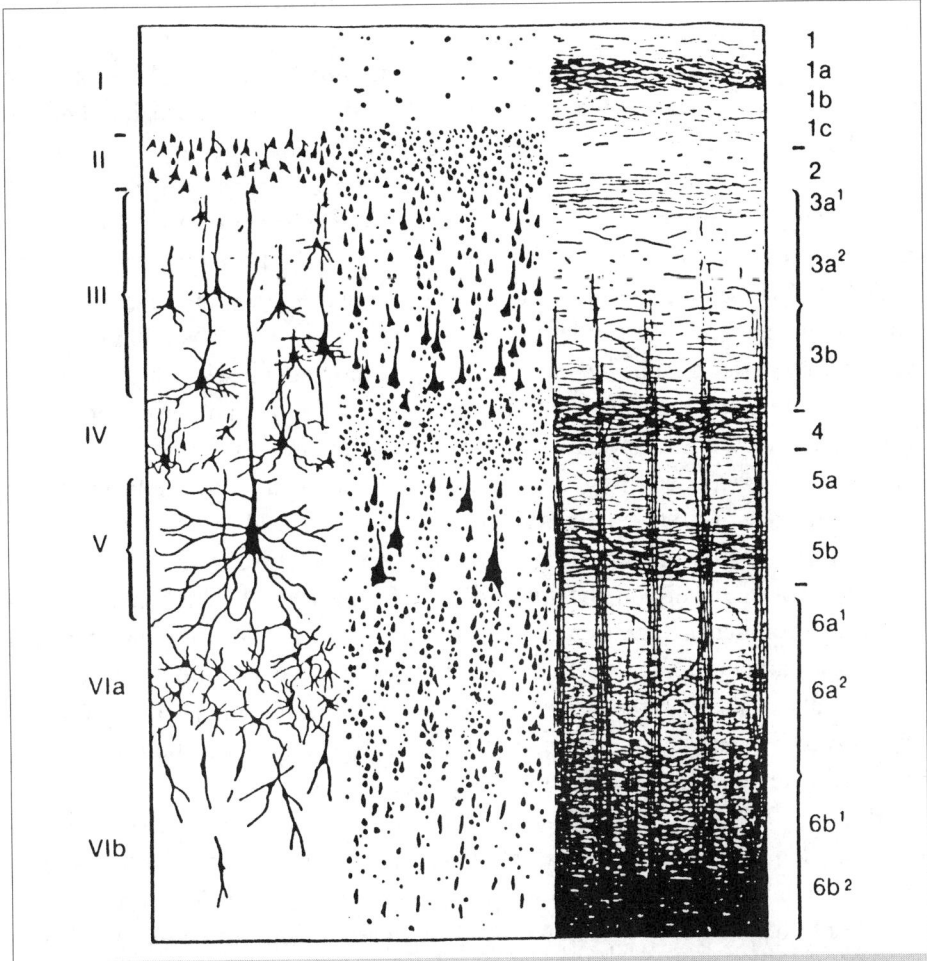

Großhirnrindenstruktur (nach Brodal, 1969)
Mit verschiedenen Anfärbemethoden ist die sechsschichtige Zellarchitektur der Hirnrinde sichtbar zu machen. Die verschiedenen Zell- und Fasertypen und die horizontale und vertikale Faserstruktur werden deutlich.

In zunehmendem Maße werden nach der Geburt Umgebungsfaktoren für die Hirnreifung wichtig. In der Zeit nach der Geburt steht nicht mehr die Vermehrung von Gehirnzellen im Vordergrund, sondern die Differenzierung der vorhandenen Neurone durch Wanderung an die definitiven Stellen der Hirnrinde, durch den Aufbau einer mehrschichtigen Rindenstruktur, die Dendritenaussprossung und die Synapsenbildung. Die Art und die Zahl der gebildeten Synapsen hängt wesentlich von der Dauer und der Intensität ihrer Inanspruchnahme ab. Lernprozesse sind also Vorraussetzung und Folge von Synapsenbildung zugleich.

Bei der Diskussion über die Wertigkeit der Umweltfaktoren (Sozialisierung, Lernen, Ökologie) hat es in den letzten 20 Jahren ein Umdenken gegeben: Ergebnisse aus der experimentellen Forschung und aus der Zwillingsforschung legen es nahe, davon auszugehen, daß 60–70% der Hirnreifung und der Merkmalsausprägung genetisch determiniert sind und sich unabhängig von Umwelteinflüssen vollziehen. Somit bleiben Stabilität und Kontinuität in der phylogenetischen Entwicklung gewahrt. Ein geringerer Anteil wird durch psychosoziale und soziokulturelle Einflüsse geprägt. Wahrscheinlich ist ein größerer Anteil dieser plastischen Differenzierungen wesentlich auf ein bestimmtes Entwicklungsalter fixiert (das Zeitfenster der „kritischen Phasen"). Bleibt zum Beispiel am Ende des ersten Lebensjahres die Sprachentwicklung durch langanhaltende Phasen von Mittelohrerkrankungen gestört, dann ist dieses Defizit später nur sehr mühsam durch Therapie und Förderung zu kompensieren. Die Plastizität des Zentralnervensystems erlaubt bei hirnorganisch bedingten Entwicklungsstörungen dennoch eine therapeutische Veränderung durch Bahnung und durch Lernen.

Im Zuge der Reifungsprozesse bildet sich ein dichtes Netz von „aufsteigenden" und „absteigenden" Neuronen, die durch vertikale und interhemisphärische Verknüpfungen in Verbindung stehen und fördernde und hemmende Impulse geben. Die Überleitung der Erregung erfolgt über elektrische Ladungsveränderung und vor allem in den Synapsen durch hormonartige Überträgersubstanzen („Neurotransmitter"). Ihre Reifungsgeschwindigkeit und Übertragungsintensität unterliegt darüber hinaus hormonellen Einflüssen (z.B. Schilddrüsenhormon, Geschlechtshormone, Nebennierenhormone wie Adrenalin und Cortison), dem vegetativen Nervensystem (Sympathikus, Parasympathikus) und dem sogenannten limbischen System (Steuerung der Aufmerksamkeit).

Bis zu 10.000 solcher Neurone unterschiedlicher Art und Funktion können in funktionellen Arbeitsgruppen zusammenarbeiten. Daraus ergibt sich das Bild einer modularen Funktion mit einem Netzwerk komplexer Schaltkreise. Zur Reichweite der Projektion von Axonen der Pyramidenzellen schreibt J.C. Eccles: Sie ist „sehr variabel, manche verlaufen nur zu nahegelegenen Moduln, andere bilden Assoziationsfasern zu entfernteren Gebieten, und noch andere ziehen als Kommissurenfasern über das Corpus callosum zu korrespondierenden Abschnitten der spiegelsymmetrisch organisierten gegenseitigen Hemisphäre.

Schließlich senden viele Pyramidenzellen ihre Axone zu tieferen Ebenen das Zentralnervensystems, etwa eine halbe Million von der motorischen Rinde die Pyramidenbahn hinunter in das Rückenmark und zwanzig Millionen in den Hirnstamm. Jedoch, bevor sie die Großhirnrinde verlassen, geben alle diese Axone ausgedehnte Abzweigungen (Kollateralen) ab, die eine positive Rückkopplung zur Großhirnrinde ermöglichen."

Kennzeichnend für das menschliche Gehirn sind die beiden Großhirnhemisphären mit ihrer gefalteten Oberfläche und dem breiten verbindendem Balken (Corpus callosum) sowie den absteigenden Bahnen, die die Verbindung zu den

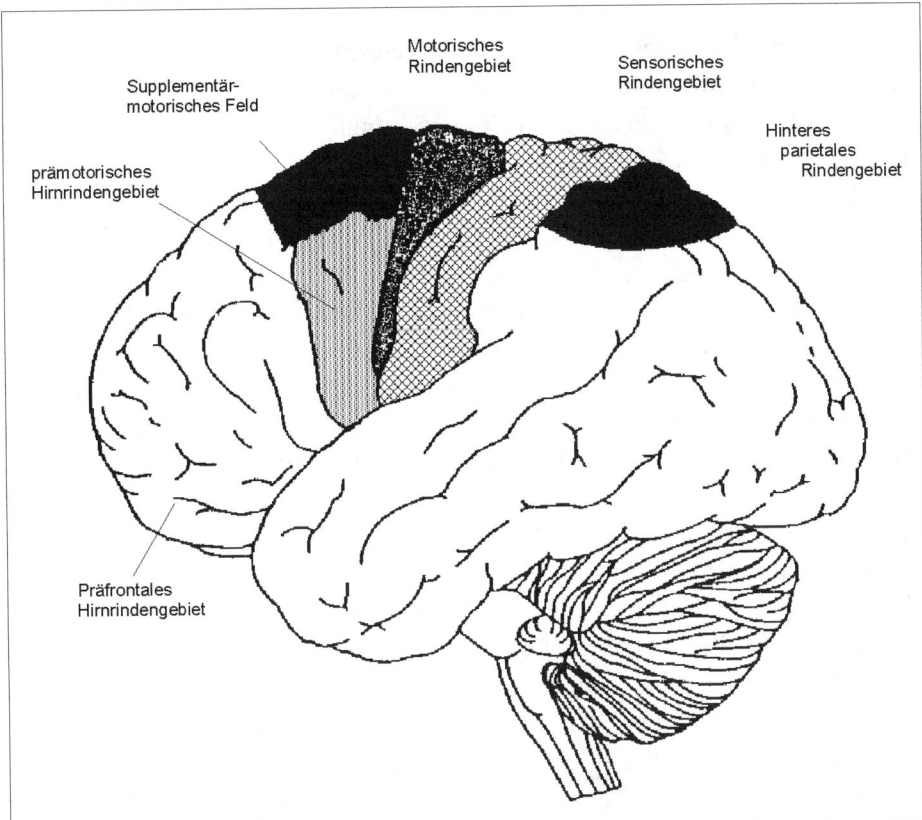

Motorisches, prämotorisches und sensorisches Rindenfeld

Die sensorischen Informationen über Muskelspannung, Oberflächengefühl und Gelenkstellung werden im sensorischen Rindenareal verarbeitet. Für die Bewegungsintention und -planung ist der prämotorische Kortex verantwortlich. Er steht unter Einflüssen aus dem präfrontalen und dem hinteren parietalen Rindengebiet. Ferner erhält er Informationen aus dem supplementär-motorischen Rindengebiet, das eine wichtige Rolle für die Programmierung komplexer Bewegungsabfolgen spielt, z.B. bei der bimanuellen Koordination. Alle Kommandos fließen im motorischen Rindenfeld zusammen und werden dann an den Hirnstamm, das Kleinhirn und das Rückenmark und von dort in die Muskulatur weitergeleitet.

entwicklungsgeschichtlich älteren Hirnteilen herstellen. Die übergeordneten motorischen und sensorischen Felder der Großhirnrinde liegen vor und hinter einer nicht ganz vertikal verlaufenden tiefen Rinne, der Rolandischen Furche. Diese Felder repräsentieren die Körperzonen wie auf einer verzerrten Landkarte. Hinzu kommen primäre, sekundäre, tertiäre usw. visuelle und auditive Felder, die teilweise hierarchisch und kaskadenartig miteinander verbunden sind, teilweise jedoch in parallel arbeitenden Modulen geordnet zu sein scheinen.

4.2. Das taktil-kinästhetische System

Im taktil-kinästhetischen System arbeiten sensorische und motorische Areale zusammen, um Informationen über Spüren, Tasten und Fühlen für Körperhaltung und Bewegung zu nutzen. Im Zusammenhang mit dem Schreibleseerwerb interessiert uns dabei vor allem die Steuerung der Feinmotorik und der Einfluß von Bewegungen auf den Lernprozeß. Körperbewegung und Haltungen werden durch Muskelkontraktionen erreicht. Die dazu nötigen Impulse (bahnende und hemmende Erregung und Steuerung) erhalten die Muskeln durch besondere Nervenzellen, die Motoneurone. Der Impuls eines Motoneurons wird in der motorischen Hirnrinde generiert, bei komplexen und bei gelernten Abläufen in der prämotorischen Rinde „geplant" und durch elektrische Wellen (Aktions-Potentiale) mit hoher Geschwindigkeit im Axon übertragen. Er erreicht alle Aufzweigungen und schließlich auch die synaptischen Endkolben. Damit bekommt er auch Kontakte mit den Dendriten anderer Neurone und den motorischen Endplatten der Muskelfasern.

Im menschlichen Rückenmark verlaufen etwa 200.000 Motoneurone, von denen sich jedes auf dem Muskel aufzweigt und einige hundert Muskelfasern zur Kontraktion bringen kann. Bei der ungeheuer großen Zahl an möglichen Haltungen und Bewegungen kann die Vielzahl nicht durch die relativ geringe Zahl an Motoneuronen erreicht werden. Sie kommt vielmehr durch reflektorische Steuerungen auf der Rückenmarksebene zustande. Eine große Zahl von Dehnungsrezeptoren im Muskel und Rezeptoren in den Gelenkkapseln ermöglicht erst die Vielfalt der differenzierten motorischen Äußerungen. Gleichzeitig müssen die gegenhaltenden Muskeln (Antagonisten) gehemmt und die entsprechenden Muskelgruppen der Körpergegenseite erregt werden. Motoneuronen der Großhirnrinde geben also zentral Informationen an die gegenseitige Hemisphäre ab. Ihre Axone laufen in der sogenannten Pyramidenbahn hinab: in das Stammhirn, dann Abgabe von Informationen an das feinregulierende Kleinhirn, Kreuzung auf die Gegenseite auf der Ebene der Medulla und absteigende Bahnen im Rückenmark. Dann verlassen sie den schützenden Kanal der knöchernen Wirbelsäule und erreichen über den peripheren Nervenstrang den Muskel.

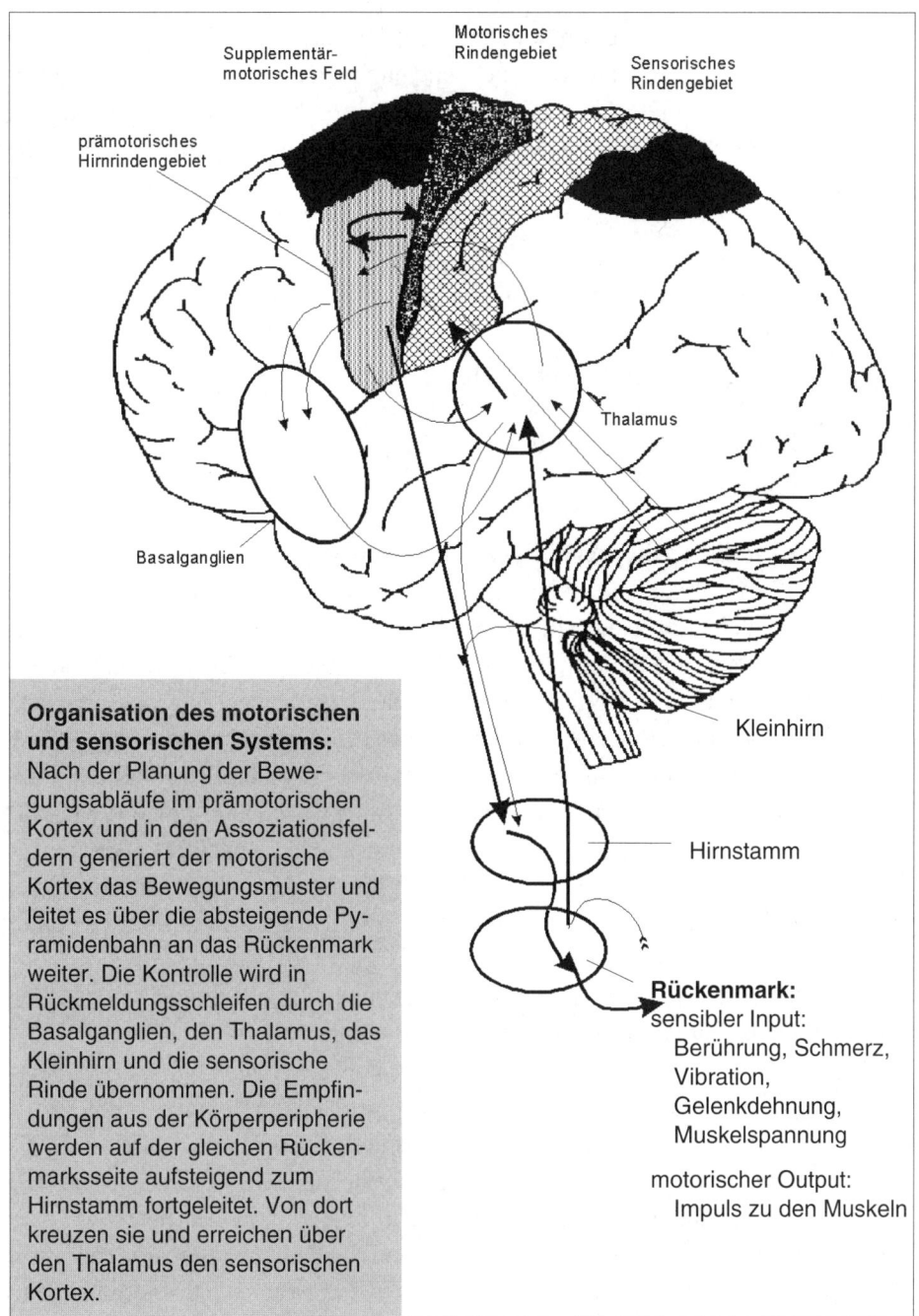

Damit werden willkürliche Bewegungen möglich. Die Feinheit in der gewandten Bewegung wird besonders durch das Kleinhirn und durch Reflexschleifen im Rückenmark ausgesteuert. Durch Rückmeldungen über die Sensorik und durch Lernen in dynamischen Schleifen gelingt es uns auch, komplexe Bewegungsabläufe zu automatisieren.

Testverfahren, die die feinmotorische und die sensorische Funktion der Hand beurteilen helfen, sind nicht zahlreich und nicht gut normiert. Auf Beobachtungskriterien für feinmotorische Fähigkeiten wurde bereits im vorigen Kapitel eingegangen. Pauli und Kisch (1993) nennen als **Beurteilungsdimensionen für die Handgeschicklichkeit:**

1. Hand- und Fingerkraft, Kraftdosierung
2. Schulter- und Ellenbogen-Gelenkbeweglichkeit
3. Handgelenkbeweglichkeit
4. Fingergelenkbeweglichkeit
5. Zielgenauigkeit
6. Hand-Hand-Koordination
7. Dominanz

Einfache **sensible taktile Leistungen** können über Tastaufgaben beurteilt werden. Im sog. „Pick-Up-Test" (Freund, 1994) gibt man dem Kind verschiedene Objekte aus gleichem Material. Im Pick-Up-Test nach Dellon werden zwölf Gegenstände benutzt: Flügelmutter, Schlüssel, Schraube, Büroklammer, Sicherheitsnadel, Nagel, Fünfzigpfennigstück, Unterlegscheibe, Fünfpfennigstück, große Sechskantmutter, kleine Vierkantmutter, kleine Sechskantmutter. Diese Objekte werden in einem dunklen Stoffsack oder in einem Tastkasten (Holzkiste mit einem oder zwei Löchern, auf die Stoffmanschetten geklebt wurden) verborgen. Das Kind soll die Objekte ertasten und benennen. Die Zeitnormwerte für die Objekterkennung liegen bei 10 bis 19 Sekunden (Mittelwert: 13 Sekunden). Bei Überschreiten des dreifachen Normwerts spricht man von einer Störung der taktilen Erfassung.

Ein guter und einfacher Screeningtest ist auch die Erfassung der taktilen Zweipunktdiskrimination an den Hand- und Fingerinnenflächen. Dabei biegt man eine Büroklammer auf und biegt sie so, daß die beiden Enden nebeneinanderliegen und einen Abstand von fünf mm haben (Bolanos, 1989). Mit einem oder beiden Enden in unvorhersehbarer Reihenfolge berührt man verschiedene Punkte der Hand- und Fingerinnenflächen. Die Berührungszeit soll ein bis zwei Sekunden betragen. Die Berührungsrichtung der beiden Punkte soll in der Längsachse der Finger liegen. Die Hand des Kindes soll mit dem Handrücken flach auf der Unterlage liegen. Mit der eigenen Hand kann man nach einem kurzen Probedurchlauf die Büroklammer abdecken, damit das Kind nicht zuschaut, sondern sich auf das Erspüren konzentriert. Man bittet nun das Kind, jeweils mit „eins" oder „zwei" zu antworten, je nachdem, ob man die Haut mit einem oder beiden Enden berührt hat. Eine Fehlerhäufigkeit von über 20% weist auf eine Störung der taktilen Oberflächendiskrimination hin.

Somatosensorische Modalitäten nach Rapin (1982)

1. *„primäre" sensorische Qualitäten*
   Schmerz, Tiefenschmerz, Temperatur, leichte Berührung, Druck, Vibration, Position, Bewegung

2. *„kortikale" sensorische Modalitäten:*
   taktile Lokalisation, Zweipunkt-Unterscheidung, beidseitig-symmetrische simultane Stimulation, Graphästhesie („Handflächenschreiben"), haptische Perzeption, Oberflächenbeschaffenheit (Form, Größe, Gewicht), haptische Stereognosie (Erkennen von Objekten durch Fühlen und Tasten)

Die zweite von Rapin beschriebene Untergruppe stellt bereits keine reine sensorische Reizerfassung mehr dar, sondern ist bereits dem Bereich der Wahrnehmung zuzuordnen (s. Kapitel 4.5.).

Erste Entwicklungstests bemühen sich um eine standardisierte Erfassung und Bewertung sensorischer und perzeptiver Funktionen (Höch, 1996):

1. *Lokalisation von Berührungsreizen:* Das Kind soll vom Untersucher an Händen und Unterarmen applizierte Berührungsreize erkennen. Die Aufgaben dienen der Feststellung der Genauigkeit, mit der ein Kind einen Berührungspunkt wahrnehmen kann.

2. *Druckempfindlichkeit:* Mit einem Wattestäbchen werden dem Kind starke und schwache Druckreize mit einer maximalen Eindrucktiefe von 2 mm auf dem Handrücken gegeben. Mit diesen Aufgaben wird geprüft, ob ein Kind verschiedene Druckstärken unterscheiden kann.

3. *Zwei-Punkt-Diskrimination:* Mit einem justierbaren Stechzirkel werden dem Kind gleichzeitig zwei Berührungsreize auf die Daumenkuppe der rechten bzw. der linken Hand appliziert, deren Abstände von 1 bis 0,1 cm variieren. Diese Aufgabe erfaßt, bis zu welchem Abstand ein Kind zwei Reize als getrennt wahrnimmt (simultane Raumschwelle).

4. *Finger-Identifikation:* Mit einem Wattestäbchen werden die Fingermittelglieder berührt. Die Aufgaben prüfen die Fähigkeit eines Kindes zu unterscheiden, an welchem Finger es berührt wird (Fingergnosie).

5. *Graphästhesie:* Mit einem Wattestäbchen werden dem Kind Formen in die Handfläche gemalt. Die Aufgaben untersuchen, ob ein Kind Formen passiv taktil wahrnehmen kann.

6. *Stereognosie von Objektqualitäten:* Das Kind betastet verschiedene Gegenstandspaare, die sich hinsichtlich eines definierten Objektmerkmals unterscheiden. Die Aufgaben prüfen die Fähigkeit zur haptischen Exploration von Objektmerkmalen (Textur, Gewicht, Größe und Form).

7. *Stereognosie von Objekten:* Dem Kind werden nacheinander Objekte zum Betasten in eine Hand gegeben. Die Aufgaben erfassen die Fähigkeit zur haptischen Exploration von Objekten.

Störungen der taktil-sensorischen Reizaufnahme wirken sich immer auch als Störung der motorischen Steuerung und als Störung der Körper- und Raumwahrnehmung aus. Kinder mit Störungen der somatosensorischen Integration können u.a. mit den Methoden der Ergotherapie behandelt werden. Hierbei kommen auch die Behandlungsverfahren nach J. Ayres und nach F. Affolter zur Anwendung.

4.3. Die visuelle Sensorik

Die Rezeptoren menschlichen Sehens in der Netzhaut (Retina) sind 10^7 Zapfen und 10^8 Stäbchen. Ihre Erregung durch optische Reize wird durch die Sehnerven in die primäre Sehrinde im Hinterhauptshirn (Occipitallappen) weitergeleitet. Die Sehnerven kreuzen sich und tauschen dabei jeweils die Häfte ihrer Fasern aus. Dabei werden diejenigen Fasern, die Impulse aus dem rechten Blickfeld erhalten, in die linke Sehrinde und Eindrücke aus dem linken Blickfeld in die rechte Sehrinde geleitet. Von der Netzhaut bis zur primären Sehrinde sind an der Reizübertragung nur zwei Neurone beteiligt. Die Schaltstelle befindet sich im seitlichen Kniehöcker (Corpus geniculatum laterale). Im primären Sehzentrum entsteht kein korrespondierendes Muster der Netzhaut, sondern ein „reich gemustertes Mosaik von Antworten" (Eccles), das räumliche und zeitliche Veränderungen von Konturen, Helligkeit und Farbe repräsentiert. Etwa 400 Millionen Neuronen sind in der primären Sehrinde in Form von säulenartigen Gruppen angeordnet (Kolumnen). Bereits bei Geburt sind nebeneinanderliegende Säulen in der Erkennung einfacher Merkmale spezialisiert. So werden benachbarte Neuronensäulen z.B. jeweils nur durch im Neigungswinkel leicht unterschiedliche Konturmerkmale erregt (Orientierungsspezifät). Dabei sind immer Gewebssäulen benachbart, die auf gleiche Konturveränderungen in den beiden Sehfeldern reagieren.

In der primären Sehrinde wird der Seh-Eindruck auf seine Primärmerkmale hin untersucht: Strich- oder Kreisbogen-Neigung, -Länge, -Dicke, Lichtintensität, Dauer der Darbietung, Lokalisation im Blickfeld. Auf der Grenze zwischen visueller Sensorik und visueller Perzeption steht die Verarbeitung der Seheindrücke, die nach der Primäranalyse an das sekundäre und tertiäre Sehfeld weitergeleitet und auf komplexere Merkmale hin untersucht wird: Farberkennung, räumliches Sehen, Figur-Grund-Unterscheidung, Abgleich im Sehgedächtnis, Verbindung zu motorischen Zentren, Merkmalsunterscheidung höherer Ordnung, Verbindung mit Aufmerksamkeits-modulierenden Systemen (limbischer Cortex). Vor allem die Verarbeitung im sekundären und tertiären Sehfeld scheint wesentlich lernabhängig zu sein.

Die visuelle Sensorik ist ein äußerst schnell und sicher arbeitendes System. Zum Aufbau neuronaler Muster in der primären Sehrinde sind nur wenige Zehntelsekunden nötig. Einfache optische Muster generieren bei der Bestimmung visuell evozierter Potentiale (VEP) bereits nach 75–150 Millisekunden eine kortikale Antwort (zum Thema evozierte Potentiale, auch den Ereignis-Korrelierten-Potentialen (EKP) sowie den jeweiligen kortikalen Latenzzeiten siehe Stöhr (1989)). Auch in der Lern- und Werbepsychologie gibt es zahlreiche Erfahrungen, die die hohe Geschwindigkeit und Genauigkeit in der visuellen Informationsübermittlung dokumentieren.

Die visuelle Sensorik wird unterstützt durch ein System weit auseinanderliegender Zentren, die für die Kopfwendung zu einer optischen Reizquelle, für die Bewegungsplanung und für die Aufmerksamkeitssteuerung zuständig sind (frontales Augenfeld, hintere Scheitelrinde, vorderes Vierhügelpaar). Hier sind auch wichtige Bestandteile der Fähigkeit zur Hinwendung und zur visuellen Aufmerksamkeit lokalisiert (Wurtz, 1987). Die Blickbewegungen der Augäpfel werden vom III., IV. und VI. Hirnnerven gesteuert, deren Kerngebiete in der Medulla oblongata liegen. Diese Hirnnerven versorgen die Augenmuskeln, die seitlich und oben am Augapfel und an der Augenhöhle haften.

Vor allem vom vorderen Vierhügelpaar (Colliculus superior) werden die kleinen, ruckartigen Blickfolgebewegungen gesteuert, die man **Sakkaden** nennt. Solche Sakkaden sorgen dafür, daß sich bei bewegten Objekten oder bei Kopfbewegungen des Beobachters das für die Beobachtung wichtigste Objekt im Punkt des schärfsten Sehens (Fovea) liegt. Dort ist die Konzentration der lichtempfindlichen Zellen am höchsten. Wenn wir Buchstaben betrachten, dann müssen die Sakkaden um so genauer sein, je kleiner die Buchstaben und je geringer der Abstand zwischen dem Wort und den Augen (Leseabstand) ist. Beim Leseanfänger werden alle Worte Buchstabe für Buchstabe mit Sakkaden abgetastet. Darüber hinaus gibt es rückkoppelnde Sakkaden zum Wortanfang und es gibt Sakkaden, die zwischen den Zeilen springen (Vertikalsakkaden und schräglaufende Sakkaden). Augeneinstellbewegungen und Sakkaden unterliegen in hohem Maße unserer Aufmerksamkeit und unserer Erwartungshaltung. Einstellbewegungen sind also keine Entscheidungen des Auge, sondern des

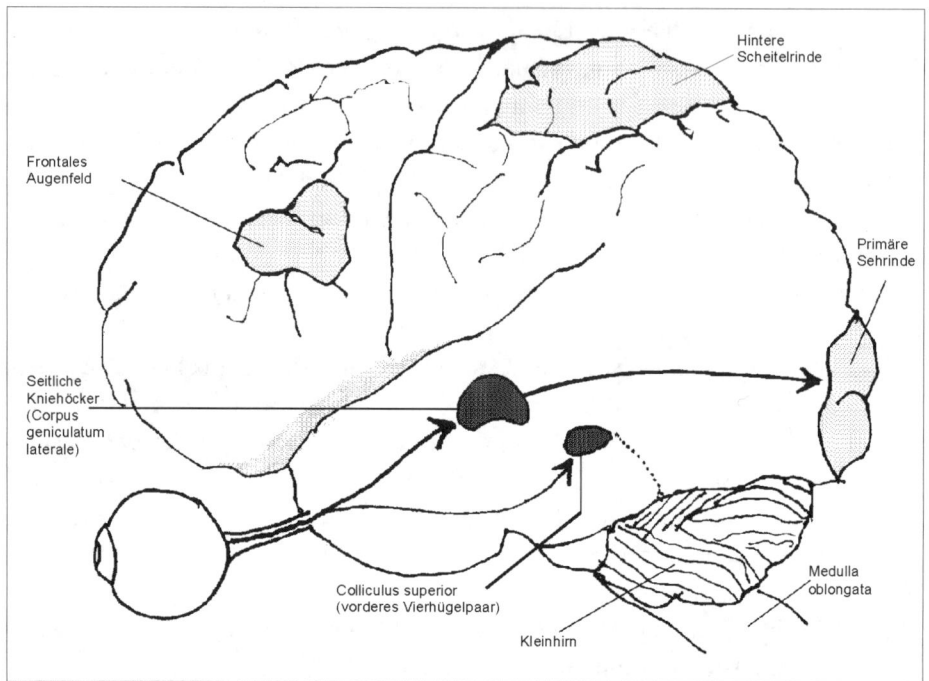

Primäres Sehen: Der Seheindruck wird von der Netzhaut über den Sehnerv an die primäre Sehrinde weitergeleitet. Dabei sind die seitlichen Kniehöcker die einzige Umschaltstation. Für die Einstellbewegungen der Augäpfel sind das frontale Augenfeld, die hintere Scheitelrinde und das vordere Vierhügelpaar wichtig.

Gehirns. Sie setzen eine bewußte Wahrnehmung und ein bewußtes Auswählen aus dem dargebotenen Material des gesamten Blickfeldes (oder von auditiven oder taktilen Reizen) dar.

Erstleser springen mit den Augen beim Lesen tatsächlich von einem Buchstaben zum nächsten. Leseerfahrene Menschen erfassen bei bekannten Worten mit nur einer Sakkade Signalgruppen, Silben oder sogar ganze Worte, da sie diese Buchstabengruppen mit bekannten Wortgruppen (Redundanz) oder mit der Sinnerwartung (Antizipation) vergleichen. Dadurch erhöht sich die Lesegeschwindigkeit. Bei unbekannten Worten oder bei verlesenen Worten sind aber

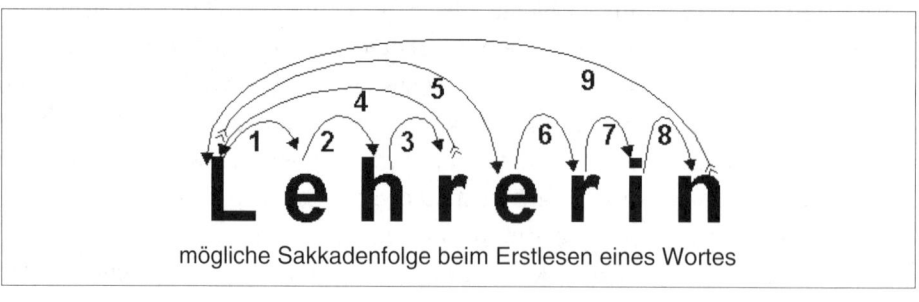

mögliche Sakkadenfolge beim Erstlesen eines Wortes

auch sie zu Buchstaben-Sakkaden gezwungen. Bei normal groß gedruckten Buchstaben in einem Buch entspricht der Abstand zweier Buchstaben dem Abstand von 2–3 Retinazellen auf der Netzhaut. Werden nicht beide Augen exakt auf die Buchstaben eingestellt, so bilden sich die Seheindrücke in der primären Sehrinde nicht auf korrespondierenden Netzhautfeldern ab. Dies kann zu Auslöschphänomenen, zu Interferenz und zu Buchstabenverdrehungen führen. Wir werden später noch sehen, daß Buchstabenverwechslungen und -verdrehungen bei Legasthenikern mit Störungen der Sakkadenbildung zusammenhängen können.

Beim Lesen werden die Buchstaben zunächst auf der Netzhaut abgebildet und die Erregung über die zwei Neuronen des Sehnervs gekreuzt und ungekreuzt an die primäre Sehrinde weitergeleitet. Die Buchstaben werden dort auf ihre Primärmerkmale hin untersucht und wie ein Bild analysiert und im angrenzenden sekundären und tertiären Sehfeld (Area der visuellen Assoziation) wahrgenommen. Eine Erkennung als graphisches Element mit den Charakteristika eines Buchstabens erfolgt jedoch erst nach Weiterleitung der Erregung in das Schreiblesezentrum. Räumlich getrennt von der Sehrinde und den Sprachzentren – aber wie ein Vermittler zwischen diesen – findet sich das Schreiblesezentrum in einer als Gyrus angularis bezeichneten Hirnwindung. Man kann

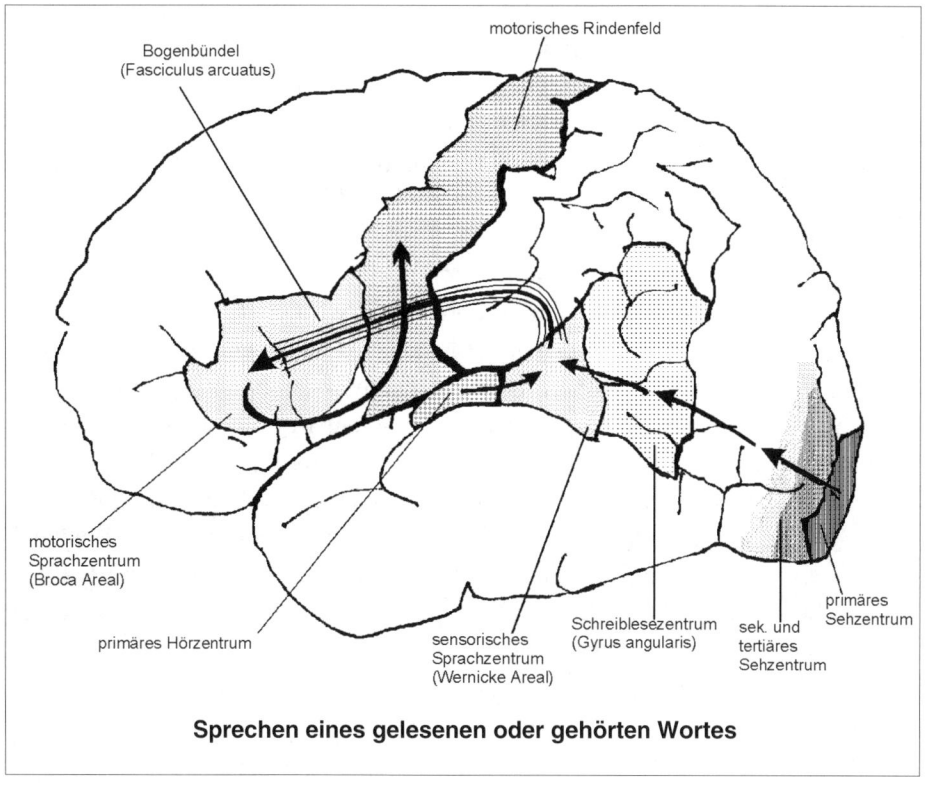

Sprechen eines gelesenen oder gehörten Wortes

wohl davon ausgehen, daß hier die Verknüpfung von den visuell als Buchstaben erkannten Graphoelementen mit den sprachlichen Korrelaten stattfindet.

Im sensorischen Sprachzentrum (WERNICKE-Areal) gelingt die Umwandlung der gelesenen Worte in phonologische Einheiten. Über das Bogenbündel (Fasciculus arcuatus) werden die Informationen in das motorische Sprachzentrum (BROCA-Areal) übergeleitet, wo die Planung der Sprachmotorik erstellt wird. Das motorische Sprachzentrum grenzt an diejenige Region des motorischen Rindenfeldes, die die Gesichts-, Zungen-, Kiefer- und Rachenmuskulatur steuert (motorische Rinde im Gyrus präzentralis). Von dort gehen dann die Impulse für die Steuerung von Rumpf, Arm und Hand (beim Schreiben) oder der Atem-, Zungen- und Mundmuskulatur (beim Sprechen) über das Rückenmark an die entsprechenden Muskelgruppen. Dehnungs- und Gelenkrezeptoren informieren die sensorische Rinde im Gyrus postzentralis im Sinne einer Rückkopplungsschleife über den jeweiligen Kontraktionsgrad der Muskulatur und über Gelenkstellungen.

Gehörte Worte werden hingegen zunächst im primären Hörzentrum auf ihre grundlegenden Klangqualitäten hin analysiert, dann im sensorischen Sprachzentrum verarbeitet und schließlich zur Sprachausgabe an das motorische Sprachzentrum weitergeleitet.

4.4. Die auditive Sensorik

Die Aufnahme akustischer Reize ist durch komplizierte Aufnahme- und Übertragungsmechanismen gekennzeichnet. Schallwellen, die auf das Trommelfell treffen, werden mechanisch im Mittelohr über die Gehörknöchelchen (Hammer, Amboß, Steigbügel) an das Innenohr in der Schnecke (Cochlea) weitergeleitet. Im Mittelohr wird die Schallenergie durch die Hebelwirkung der Gehörknöchelchen verstärkt, und der erhöhte Druck wird über die Steigbügelplatte auf das ovale Fenster der Schnecke abgegeben. Die Schallübertragung kann z.B. bei Erkältungen oder Mittelohrentzündungen beeinträchtigt werden, wenn es im Mittelohr zu einem Unterdruck oder zu einer Ergußbildung durch Sekret kommt. Zusätzlich wird die Überleitung des Schalls durch die Funktion des Stapedius-Muskels beeinflußt. Der Stapediusmuskel greift am Steigbügel an. Wenn er sich zusammenzieht, erzeugt er eine Versteifung der Gehörknöchelchenkette. Vor allem bei Lautstärkeüberlastung kann der Stapediusmuskel über eine Reflexschleife durch den VII. Gehirnnerv (Nervus facialis) eingesetzt werden und die Hörerkennung schützen.

In den 2½ Windungen der Schnecke verläuft ein 28–30 mm langer, sich verjüngender Kanal, der durch zwei Membranen unterteilt wird und mit Lymphflüssigkeit gefüllt ist. Die Schallwelle setzt sich in der Lymphe fort und bringt die Membran an denjenigen Stellen zur Auslenkung, die der Ton- und Geräuschfrequenz entsprechen (Wanderwelle). Die Sinneszellen, die auf einer Membran sitzen, heißen Haarzellen. Sie nehmen die Auslenkung der Lymphe mit ihren Nervenendigungen auf. Mit chemischen Übertragungsvorgängen wird der Reiz in den Haarzellen schließlich in einen elektrischen Impuls umgewandelt und über die 30.000 Nervenfasern des Hörnervs (VIII. Hirnnerv) auf den Nervenkern in der Medulla oblongata übertragen.

Ein Teil der Haarzellen („äußere Haarzellen") hat ganz überwiegend Reglerfunktion: eine erste Lautunterscheidung und Lautstärkeanpassung erfolgt bereits im Sinnesorgan selbst. Die äußeren Haarzellen haben die Fähigkeit, ihre Form zu verändern und dadurch die Form der Wanderwelle aktiv zu beeinflussen. Die reflektorische Steuerung dieser Form- und Neigungsveränderung wird über den „Olivenkern" (Nucleus olivaris) der gegenüberliegenden Medullaseite geregelt. Die äußeren Haarzellen schützen durch diesen aktiven Vorgang das Innenohr vor Überlastung, bei leisen Geräuschen erhöhen sie jedoch auch die Reizaufnahme und modulieren bereits an der Pforte der Reizaufnahme sehr wirkungsvoll die Vorverstärkung.

Kemp hat vor über zehn Jahren in England entdeckt, daß die äußeren Haarzellen in der Lage sind, selbst Töne zu generieren. Es ist ihm in der Folgezeit gelungen, die spontanen Emissionen von Haarzellen mit kleinsten Mikrofonen zu empfangen und zu messen, ja sogar die Antworten der äußeren Haarzellen auf Töne und Klickreize zu registrieren. Diese Methode ist als Bestimmung der **„Otoakustischen Emissionen"** bekannt geworden und stellt in der Höruntersuchung eine wichtige Methode der Funktionsbeurteilung des Innenohrs dar.

Der Hörreiz selbst wird im wesentlichen von den „inneren Haarzellen" aufgenommen. Nach der Kreuzung der Nervenfasern vom Hörnervenkern auf die gegenüberliegende (kontralaterale) Seite in der Medulla oblongata wird er über fünf bis sieben synaptische Umschaltungen zunächst in das Zwischenhirn und dann auf die primäre Hörrinde in der Heschl'schen Hirnwindung übertragen. Im Bereich der mittleren Kniehöcker (Corpus geniculatum mediale) ist die Hörbahn der Sehbahn eng benachbart. Die Übertragungszeit beträgt für einfache akustische Reize 50–300 Millisekunden (kortikale akustisch evozierte Potentiale) (Matschke, 1993).

Gehörte Sprache wird im primären Hörzentrum auf ihre akustischen Grundmerkmale hin untersucht (Frequenzanalyse, Lautstärke, Dauer usw.), geordnet und kaskadenartig zu sekundären und tertiären Hörfeldern weitergeleitet. In den sekundären Rindenfeldern wird nach Laut- und Geräuschempfindung analysiert und Ton- und Wortverständnis in Grundzügen erreicht. Zusätzliche Strukturen sorgen für die Speicherung von Wort- und Sprachelementen. Weitere Projektionen erreichen aufmerksamkeitsmodulierend das limbische System. Die Sprachanalyse erfolgt dann im sensorischen Sprachzentrum (Wernicke-Areal).

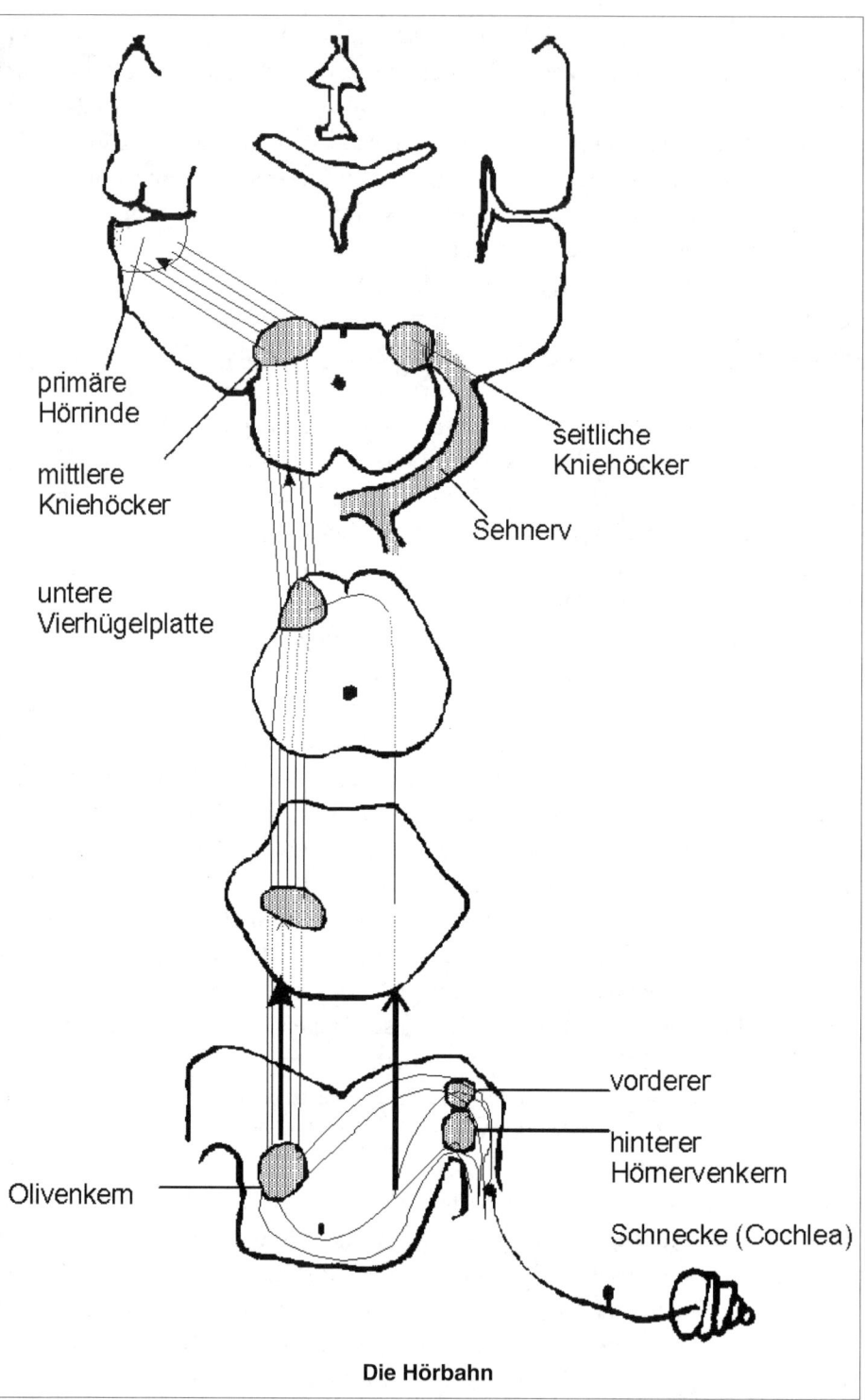

primäre
Hörrinde

mittlere
Kniehöcker

seitliche
Kniehöcker

Sehnerv

untere
Vierhügelplatte

vorderer

hinterer
Hörnervenkern

Olivenkern

Schnecke (Cochlea)

Die Hörbahn

Die Beziehungen zur motorischen Sprachrinde und zum Schreiblesezentrum wurden oben bereits dargestellt.

Im Gegensatz zur visuellen Reizaufnahme gibt es in der primären Hörrinde keine strenge Lokalisation bestimmter Frequenzen oder Repräsentation akusti-

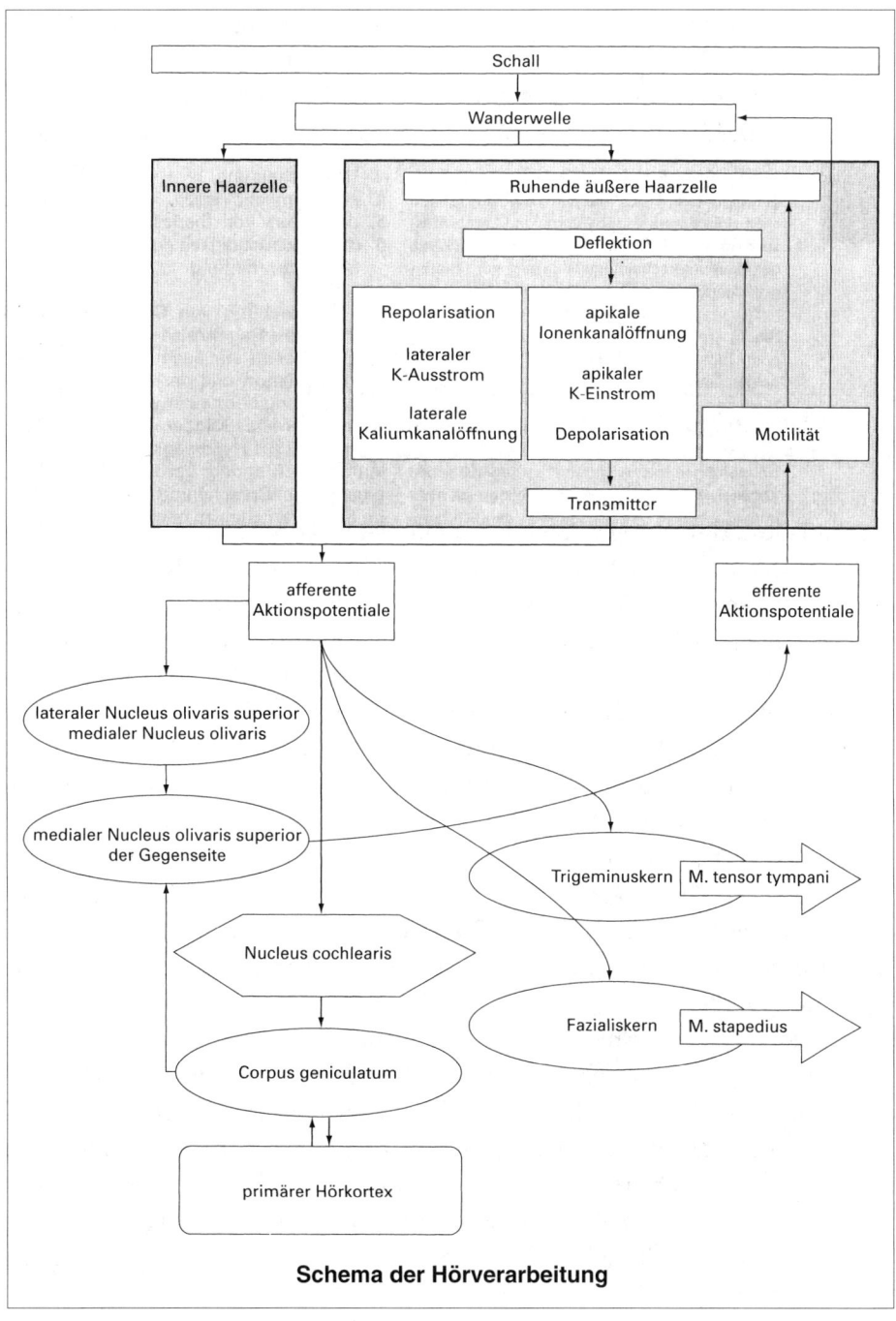

Schema der Hörverarbeitung

scher Muster in definierten Feldern. Vielmehr spielt in der akustischen Reizaufnahme der Faktor Zeit eine bedeutsame Rolle: Wahrscheinlich werden die Frequenzmuster mit einem konstanten Zeittrigger des Schläfenlappens abgegriffen. Darüber hinaus werden die akustischen Signale bereits im Sinnesorgan und während der Fortleitung auf verschiedenen Ebenen zum Hörnervenkern zurückgekoppelt. Die primären Sinnesmodalitäten werden beim Hören also schon bei der Reizaufnahme zugeordnet und verändert.

Als ein phylogenetisch älterer Prozeß benutzt der Hörprozeß andere, neuroanatomisch tiefer liegende Strukturen, die zur Reizübermittlung eine längere Zeit brauchen als zum Beispiel die Reizübertragung im visuellen System. Gleichzeitig ist die Hörbahn durch die reichere Verknüpfung und intensivere Anbindung an das limbische System und an die Stammhirn- und Kleinhirnstrukturen mit assoziativen und emotional prägenden Strukturen des Zentralnervensystems enger verbunden als andere sensorische Abläufe. Der Hörprozeß ist somit gegenüber dem Sehen langsamer und vieldeutiger, jedoch auch leichter beeinflußbar und stärker seelischen Einflüssen zugänglich oder prägend.

Zur **Überprüfung der Hörfähigkeit** stehen audiologische Untersuchungsmethoden zur Verfügung. In der üblichen Hörprüfung wird der niedrigste Schalldruckpegel gemessen, der gerade noch gehört werden kann. Im klinischen Alltag wird diese **Hörschwelle** durch die **Audiometrie** zwischen 125 und 8000 Herz in verschiedenen Frequenzen bestimmt. Die Töne werden dem Kind über einen Kopfhörer angeboten und der leiseste noch wahrnehmbare Ton in einer bestimmten Frequenzlage registriert. Die entsprechende Lautstärke wird in Dezibel (dB) gemessen. Im Normalfall liegt die Hörschwelle in allen untersuchten Frequenzen unter 20 dB. Im Einzelfall ergeben sich besonders bei behinderten Kindern und bei Kindern mit Sprachentwicklungsstörungen deutliche Schwankungen und ungleichmäßige Kurvenverläufe. Auch bei Kindern, die sehr frühzeitig (im ersten und zweiten Lebensjahr) anhaltende Mittelohrerkrankungen hatten, findet man später noch Hörverluste. Sie treten besonders im Hochtonbereich auf und können für die Sprachentwicklung relevant sein. In der Routinediagnostik bei Legasthenikern spielt die **Sprachaudiometrie**, bei der gespeicherte Silben oder Wörter dargeboten werden, zur Hörschwellenbestimmung keine wesentliche Rolle.

Zur Erkennung von Störungen der Schalleitung im Mittelohr dient neben der normalen Betrachtung des Trommelfells unter Beleuchtung und Lupe (**Otoskopie**) die Messung der Trommelfell-Schwingungsfähigkeit (**Tympanometrie**). Die Schallübertragung im Mittelohr kann beispielsweise durch einen Unterdruck bei Tubenkatarrh, bei Mittelohrerguß oder bei Vernarbungen zwischen den Gehörknöchelchen auftreten. Dabei wird ein Sendeton in den Gehörgang abgestrahlt und der vom Trommelfell reflektierte Schall gemessen und registriert.

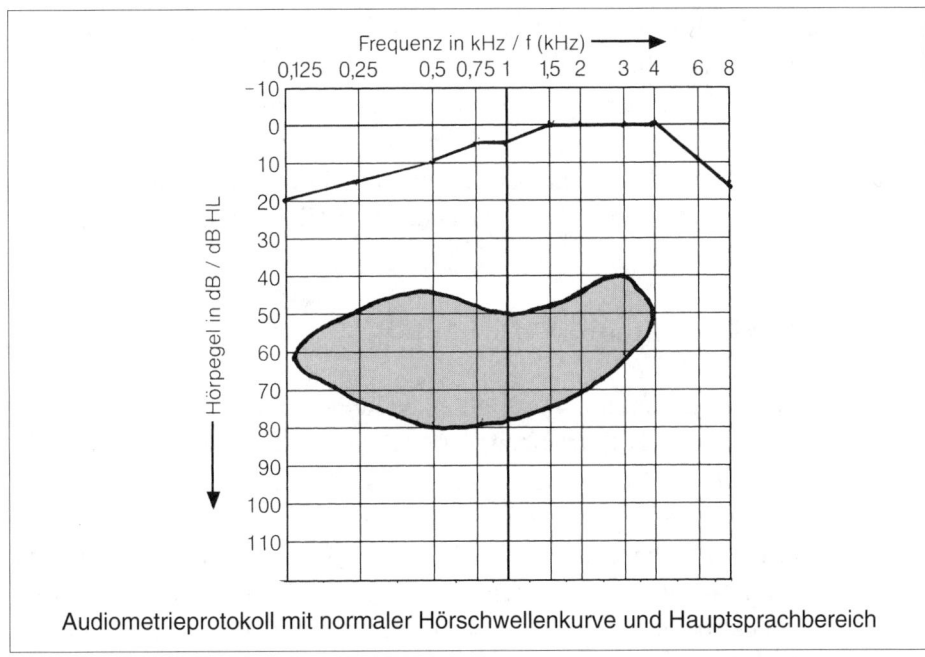

Frequenz in kHz / f (kHz)

Audiometrieprotokoll mit normaler Hörschwellenkurve und Hauptsprachbereich

Die Funktion der Reflexschleife zwischen Innenohr, Stammhirn, Facialis-nerv und Stapedius-Muskel, die das Ohr vor Lautstärke-Überlastung schützt, kann mit der **Stapediusreflexmessung** geprüft werden. Auch hierbei wird ein Schall-Stimulus in den Gehörgang gebracht und dann die Schallstärke gemessen, die den Reflex auslösen kann.

Bei der **BERA** (**B**rainstem **E**voked **R**esponse **A**udiometry) handelt es sich um eine elektrophysiologische Untersuchung, bei der dem Ohr über Kopf-hörer rasch aufeinanderfolgende Klicks präsentiert werden. Die elektrischen Antworten der Reizübertragung vom Innenohr über eine Neuronenkette in das Stammhirn wird ähnlich wie beim EEG über angeklebte Kopfhaut-Elektroden registriert und in einem Computer gemittelt (**A**kustisch **E**vozierte **P**oten-tiale, **AEP**). Die BERA-Wellen zeigen die Fortleitung des Schallreizes über den Hörnerv und die Neuronenkette des Stammhirns. Die Methode ist sehr zeit- und arbeitsaufwendig, erlaubt bei Anwendung verschiedener Lautstär-ken jedoch eine objektive, mitarbeitsunabhängige Bestimmung der Hör-schwelle.

Die Funktion der Haarzellen im Innenohr kann man wie oben schon ange-sprochen mit der Methode der **Otoakustischen Emissionen (OAE)** ermitteln. Auch diese Untersuchung erfordert keine Mitarbeit vom Kind. Eine genaue Bestimmung der Hörschwelle ist damit zwar nicht möglich, grob gesagt spricht jedoch der Nachweis von otoakustischen Emissionen für eine Hörschwelle unter-halb 30 dB. Das Verfahren wird bei nicht-sprechenden Kindern und bei Verdacht auf eine Innenohrschädigung (z.B. durch Medikamente, nach Bestrahlungen des

Kopfes, bei Verdacht auf Lärmschädigung) eingesetzt (weiterführende Literatur: Biesalski, 1994; Wirth, 1994; Hauser, 1995; Stöhr, 1989).

Über die reine Überprüfung des Hörvermögens hinaus sind bei Kindern mit Störungen der Sprachentwicklung und bei Kindern mit Legasthenie Überprüfungen der auditiven Verarbeitung notwendig und für die Therapie relevant. Zu Methoden der Überprüfung wird im folgenden Kapitel Stellung genommen.

4.5. Wahrnehmung und Verarbeitung

Der Prozeß der Wahrnehmung ist schwer zu definieren. Wenn noch eine Abgrenzung zu den Prozessen der Reizaufnahme (Sensorik als afferenter Schenkel) relativ leicht erscheint, so wird der Übergang zur efferenten Seite, dem Handlungsteil, schon wesentlich schwieriger abzugrenzen sein. Gänzlich willkürlich in der Definition sind dann die Bereiche, die ich als Informationserfassung und Informationsverarbeitung beschreiben möchte. In der Fachliteratur werden Erfassung und Verarbeitung zusammen als Wahrnehmung (**Perzeption**) bezeichnet.

„Wahrnehmung (ist) der außer durch Empfindungen auch durch Gedächtnisinhalte, Interessen, Gefühle, Stimmungen, Erwartungen u.a. mitbestimmte physiopsychische Prozeß der Gewinnung und Verarbeitung von Informationen aus äußeren und inneren Reizen, die zu einem meist unbewußten Auffassen und Erkennen von Gegenständen und Vorgängen führen" (Meyers großes Taschen-Lexikon, Mannheim, 1987).

Neben dieser ausreichend weit definierten Auffassung von Wahrnehmung gibt es zahlreiche andere, die sich vor allem durch den persönlichen beruflichen Blickwinkel auszeichnen. Als Beispiel mag es angehen, die große Pädagogin Marianne Frostig (1981) zu zitieren, die besonders intensiv über visuelle Wahrnehmung gearbeitet hat: „Der Begriff visuelle Wahrnehmung bedeutet die Fähigkeit, visuelle Reize zu erkennen, zu unterscheiden und sie durch die Assoziation mit früheren Erfahrungen zu interpretieren. Visuell wahrzunehmen bedeutet nicht nur die Fähigkeit, gut zu sehen. Eine intakte periphere Sehfähigkeit zu besitzen, ist die Vorraussetzung. Die Perzeption erfordert dagegen eine Interpretation der aufgenommenen Reize."

Das Schema zeigt in vereinfachter Form die Position der Wahrnehmung („Informationserfassung" und „Informationsverarbeitung") zwischen sensorischem Input und möglichem Output. Die Grenzen sind vor allem im zentralen Teil des Schemas in Wirklichkeit fließend und die angegebenen Stichworte erheben keinen Anspruch auf Vollständigkeit. Wahrnehmung und Verarbeitung sind unauflösbar mit Gedächtnisprozessen und Aufmerksamkeits- und Motivationsebenen verknüpft. Diesen Themen werden wir uns später zuwenden.

	Prozesse der Wahrnehmung		
AFFERENZ sensorischer Input	**Informations- erfassung**	**Informations- verarbeitung**	**EFFERENZ** Output
visuell	**Analyse nach Intensität**	strukturieren	motorischer Output
auditiv	**Ausprägungsgrad von Einzelmerkmalen**	ordnen	nonverbale Kommunikation
olfaktorisch	**Darbietungszeit**	vergleichen	Sprache
gustatorisch	**Darbietungs- häufigkeit**	planen	
taktil-kinästhetisch	**Formvarianz**	automatisieren	
– interner Reiz	**Raumlage**		Reflexe
– externer Reiz	**Geschwindigkeit**		Gefühle

Gedächtnis

Ultrakurzzeit	Kurzzeit	Langzeit
semantischer Speicher		**lexikalischer Speicher**

Aufmerksamkeit

Praktisch sind alle Prozesse der sensorischen Reizaufnahme, der Wahrneh-mung und der Verarbeitung sowie die daraus resultierenden Handlungen, Ge-fühle und Gedächtnisstrukturen sowohl hierarchisch als auch im Sinne einer zirkulären Rückkopplung ständig miteinander verbunden. Ein Anfang und ein Ende sind ebensowenig auszumachen wie eine lineare Ursache-Wirkungs-Schablone. Dadurch erübrigen sich in diesem Schema alle Pfeile, Schleifen und visuellen Bezugshilfen.

Wahrnehmungen des Fühlens, Sehens und Hörens sind immer auch eng ver-knüpft mit den tiefer liegenden (und menschheitsgeschichtlich älteren) Zentren des Thalamus und des limbischen Systems, in denen Informationen und Signale über „den Zustand des internen Milieus" (Hunger, Durst, Sex, Angst, Wut, Lust) zusammenlaufen. Auf diese Weise werden Elemente der bewußten Wahr-nehmung mit Komponenten der Emotion „konfrontiert" und unterliegen einer beiderseitigen Beeinflussung.

Wesentliche Teile des Wahrnehmungs-Prozesses sind gleichzeitig Lernpro-zeß. Wahrnehmungsstörungen wirken sich daher auch immer als Lernstörung aus. Der Schweregrad einer solchen Lernstörung hängt davon ab, ob die Informationen eines oder mehrerer Sinnesorgane schwierig aufzunehmen sind und ob eine oder mehrere Modalitäten der Verarbeitung gestört sind. Eine Wahrnehmungs-Diagnostik sollte hierauf eine möglichst präzise Antwort geben.

> Bei einer weiten Fassung der Definition von Wahrnehmung kann Legasthenie daher auch als eine Perzeptionsstörung definiert und beschrieben werden.

Über die reine Überprüfung des Hörvermögens hinaus sind bei Kindern mit Störungen der Sprachentwicklung und bei Kindern mit Legasthenie **Überprüfungen der auditiven Perzeption** notwendig. Sie geben Auskunft über verschieden Qualitäten der Verarbeitung von Hörreizen zwischen Innenohr und Hörrinde und in den sekundären Hörzentren.

Prüfung der auditiven Perzeption (nach: Biesalski, 1994)	
ohne Sprache:	**mit Sprache:**
1. Richtungshören	7. dichotischer Sprachtest
2. Geräuscherkennung	8. Wahrnehmungstrennschärfetest
3. Signal-Hintergrund-Prüfung	9. Sprachtest mit Störgeräusch
4. dichotischer Geräuschtest	10. Gedächtnis für Wortfolgen
5. Gedächtnis für Tonfolgen	11. Ordnungsschwelle
6. auditive Reaktionszeit	

Beim **dichotischen Sprachtest** untersucht man das beidohrige Hören. Dabei werden den beiden Ohren über einen Kopfhörer gleichzeitig unterschiedliche Worte dargeboten. Das Kind wird überwiegend diejenigen Worte verstehen, die vom dominanten Ohr gehört wurden. Es kann dann eines der beiden Worte oder bei intaktem beidohrigen Hören beide Worte nachsprechen. Für Schulkinder bietet sich der Test von Uttenweiler an, für Kleinkinder und Kinder mit Sprachentwicklungsstörungen der Test von Neukomm (Bezugsquelle s. Kapitel 14).

Für die Bestimmung der **auditiven Diskrimination** brauchen wir Tests mit sogenannten Minimalpaaren (lautähnliche Wortpaare unterscheiden: z.B. „Tanne" von „Kanne") oder den Wahrnehmungstrennschärfetest (WTT) von Warnke. Die auditive Figur-Hintergrund-Unterscheidung kann man mit Maskierung von Spontansprache oder in der Sprachaudiometrie mit definierten Lautstärken von Rauschen untersuchen. So kann man Filterschwächen (Cocktail-Party-Effekt) recht gut aufdecken. Das Sprachverständnis kann auch mit einem standardisierten Kindersprachtest (Mainzer Kindersprachtest, Göttinger Kindersprachverständnistest) beurteilt werden.

Hinweise für die Fähigkeiten der **sequentiellen Verarbeitung** erhält man aus der Überprüfung der Kurzzeitgedächtnisleistungen für rhythmische Abfolgen oder für Wort- und Zahlenfolgen. Bei Einschulung können die meisten

Kinder fünf einsilbige Worte der Umgangssprache oder fünf Zahlen wiederholen, wenn sie in Ein-Sekunden-Abständen vorgetragen werden.

Der Zeitfaktor ist eine wichtige Kenngröße in der Sprachverarbeitung. Manche Kinder brauchen ausgesprochen lange Zeit zur Spracherkennung. Erste Hinweise gibt die Bestimmung der Reaktionszeit (Zeit zwischen Darbietung eines Tons und der Reaktion des Kindes) bei der Audiometrie. Zusätzliche Information kann uns die Bestimmung der **Ordnungsschwelle** geben. Es handelt sich dabei um „diejenige Zeitspanne, die zwischen zwei Sinnesreizen mindestens verstreichen muß, damit wir sie getrennt wahrnehmen und in eine zeitliche Reihenfolge, also in eine Ordnung bringen können" (Warnke, 1995). Dem linken und dem rechten Ohr werden dabei über Kopfhörer zwei rasch aufeinander folgende Klicks dargeboten. Diejenige Zeit wird bestimmt, die ein Kind braucht, um die beiden Reize kurz vor der Verschmelzung zu einem Ton noch sicher voneinander unterscheiden zu können. Theoretische Grundlage stellen die Forschungsergebnisse von Paula Tallal über die Neurobiologie der Sprachentwicklung dar.

Tallal (1993) postuliert aus ihren Experimenten über die Lautdiskrimination einen individuell konstanten Zeittrigger für Reizverarbeitungsprozesse im Temporalhirn. Bei Menschen mit Sprachentwicklungsstörungen fand sie eine verlängerte Diskriminationszeit in Zweiton-Sequenzen und in der Lautunterscheidung. Sie geht davon aus, daß gehörte Sprache im Sprachzentrum nicht kontinuierlich erfaßt, sondern in konstanten Zeitabschnitten abgetastet wird. Falls aus biologischen Gründen die Abtastrate gering ist, können viele Laute nicht mehr eindeutig erkannt und zugeordnet werden. Man kann die Situation gut verstehen, wenn man die Klanganalysen von zwei ähnlichen Lauten miteinander vergleicht. Die beiden Vokale /ɛ/ und /æ/ unterscheiden sich während der ganzen Präsentationszeit von 250 Millisekunden. Die Konsonanten in /ba/ und /da/ zeigen rasche Frequenzveränderungen nur in den ersten 40 Millisekunden der Aussprache. Während der restlichen Zeit gibt es übereinstimmende Frequenzmuster für den folgenden Vokal /a/. D.h., daß die exakte Lautunterscheidung zwischen den ähnlich klingenden Konsonanten /b/ und /d/ von der Klanganalyse weniger Zehntel Millisekunden abhängt. Oder: ob der Unterschied zwischen einem stimmlosen und einem stimmhaften Konsonant erkannt wird, hängt von dem Zeitpunkt ab, wann die Stimmbänder anfangen zu schwingen (Voice-Onset). Hinkt z.B. in der Aussprache von /ba/ und /pa/ der Voice-Onset um mehr als 0.02 Sekunden zurück, wird der Konsonant stimmhaft gehört (Miller, 1992). Ob nun die Ordnungsschwelle in der oben geschilderten Testdurchführung einem temporalen Zeittrigger entspricht oder ob sie eher eine Art von Reaktionszeit im beidohrigen Hören darstellt, ist noch nicht ausreichend untersucht worden. Zumindest muß man die Testergebnisse vorsichtig werten, da Kinder mit Schwierigkeiten im dichotischen Hören in dieser Testanordnung

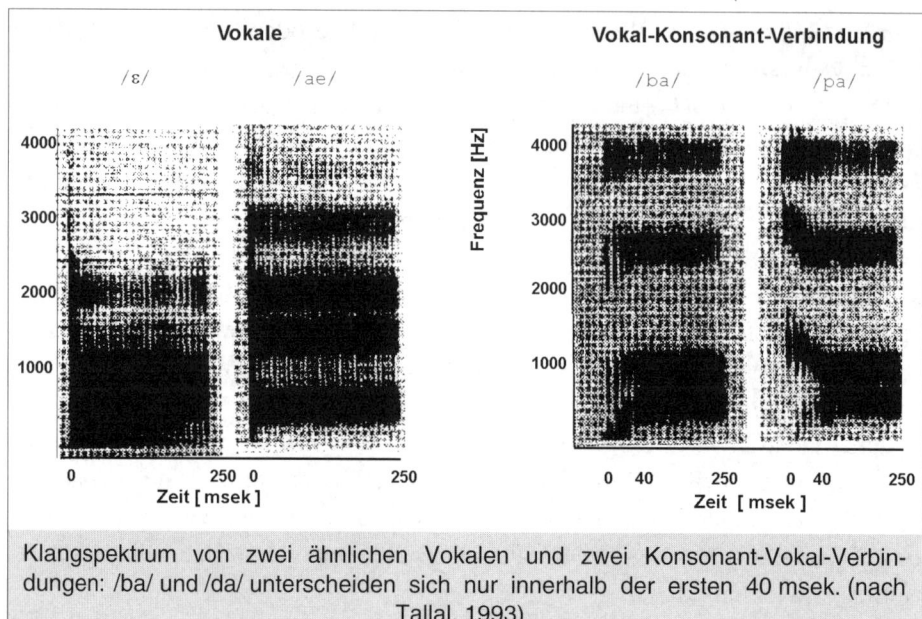

| Vokale | | Vokal-Konsonant-Verbindung | |
| /ɛ/ | /ae/ | /ba/ | /pa/ |

Klangspektrum von zwei ähnlichen Vokalen und zwei Konsonant-Vokal-Verbindungen: /ba/ und /da/ unterscheiden sich nur innerhalb der ersten 40 msek. (nach Tallal, 1993).

fast immer auch eine verlängerte Ordnungsschwelle haben. Besser wäre es, eine Möglichkeit zur getrennten Bestimmung einer Ordnungsschwelle für einohriges oder beidohriges Hören zu haben.

Tatsächlich fand Tallal bei Menschen mit Sprachentwicklungsstörungen eine verlängerte Ordnungsschwellenzeit. Wir konnten wie auch andere Arbeitsgruppen diese Ergebnisse bei Kindern bestätigen. Auch Kinder mit Legasthenie scheinen häufig eine hochnormale oder verlängerte Ordnungsschwelle zu haben. Das Ausmaß einer Verlängerung der Ordnungsschwellenzeit spiegelt nicht den Schweregrad einer Legasthenie wider.

Die Ordnungsschwelle ist noch nicht gut normiert. Zumindest bis zum achten Lebensjahr scheint sie Reifungsprozessen zu unterliegen und verkürzt sich danach bis auf 20–40 Millisekunden. Für Kinder bis zu acht Jahren sollte nach unserer Erfahrung der oberste Grenzwert bei 150 Millisekunden liegen. Wie auch andere Meßwerte in der Beurteilung von Teilfunktionen der auditiven Perzeption unterliegt die Ordnungsschwelle der momentanen auditiven Aufmerksamkeit.

4.6. Die Lateralität

Die breite Verbindungsbrücke zwischen den beiden Großhirnhemisphären stellt eine dicke Faserschicht dar, die man Balken (Corpus callosum) nennt. Aus Untersuchungen mit hirnverletzten und operierten Menschen weiß man, daß die beiden Großhirnhälften unterschiedliche Funktionsschwerpunkte und teilweise auch asymmetrische Formen haben. Zwar verfügen beide z.B. über eine motorische Rinde, jedoch dominiert in der Funktion bei Rechtshändern wegen der Kreuzung der motorischen Pyramidenbahn die motorische Rinde der linken Großhirnhälfte. Im linken Schläfenlappen ist auch die dominante Sprachrinde lokalisiert sowie die sensorischen Zentren für die bewußten Erfahrungen. Diese Dominanz ist teilweise angeboren, teilweise entsteht sie in den ersten Lebensjahren, wie man dies ja an der Entwicklung der Händigkeit gut beobachten kann. So ist auch zu verstehen, daß für die Prognose nach einer Hirnschädigung entscheidend ist, zu welchem Zeitpunkt sie entstand. Läsionen in bestimmten Feldern der subdominanten Hemisphäre können Wahrnehmungsstörungen und auch Störungen der Feinmotorik verursachen. Bei Schädigung der gleichen Areale auf der dominanten Seite können Schreib- und Lesestörungen sowie bestimmte Sprachstörungen entstehen.

Die Sinneseindrücke werden in unterschiedlicher Weise an die Hirnrindenareale vermittelt: teils kreuzen sich die Bahnen zwischen Sinnesorgan und Rinde, teils verlaufen sie ungekreuzt. Geruchsnerven kreuzen sich nicht, visuelle Eindrücke aus den Gesichtsfeldern werden hingegen zu 50% und Höreindrücke zu

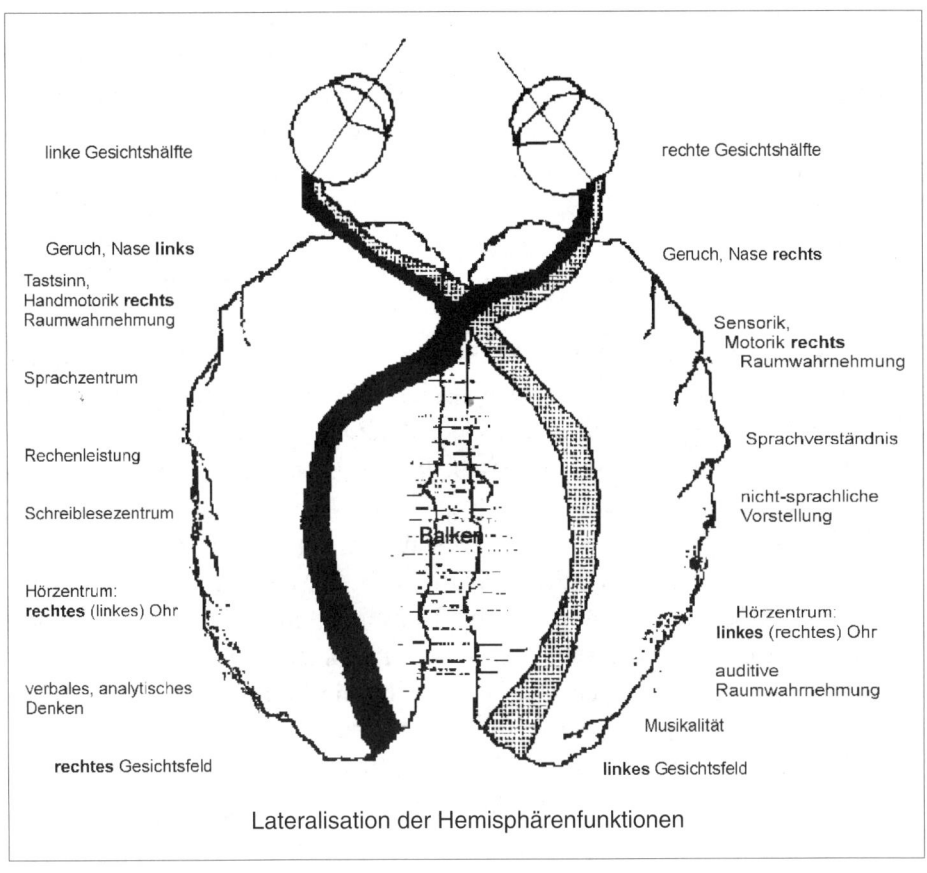

Lateralisation der Hemisphärenfunktionen

etwa 80% auf die Gegenseite übertragen. Diese Arbeitsteilung des Gehirns wird auch als „funktionelle Asymmetrie" bezeichnet. Ihre Entwicklung ist alters- und erfahrungsabhängig. Bei sehr frühzeitig im Leben eingetretenen einseitigen Hirnschädigungen ist die gesunde Seite in der Lage, große Anteile der Funktionen der geschädigten Seite zu übernehmen. Die funktionellen und strukturellen Veränderungen, die dabei eintreten, faßt man unter dem Begriff der „Plastizität des Zentralnervensystems" zusammen.

Bei Kindern mit Lern- und Verhaltensproblemen sind Störungen der Lateralitätsentwicklung häufig, bei denen die Informationsübertragung zwischen den Hemisphären beeinträchtigt ist. Motorische Lateralitätsstörungen zeigen sich oft in einer verzögerten Dominanzentwicklung der Händigkeit und Füßigkeit und in Schwierigkeiten bei der Ausführung von Bewegungsmustern, die die Körpermittellinie überschreiten. Sensorische Störungen der Lateralität werden häufig bei Beeinträchtigung der Körperoberflächensensibilität und der Raumlagewahrnehmung und bei verzögert abklingenden Spiegelbewegungen der kontralateralen Seite angenommen (auffallend starke Mitbewegungen der passiven Hand, des Arms oder der Mimik bei bewußter Motorik der aktiven Hand bei Kindern über sechs Jahren).

Man nimmt bei diesen Kindern eine Reifungsverzögerung oder eine funktionelle Störung des Balkens an, selbst wenn keine strukturellen Anomalien nachweisbar sind (Njokitktijien, 1988). Nur bei einigen angeborenen Hirnfehlbildungsformen ist auch ein anatomisch weitgehendes Fehlen des Balkens bekannt. Lateralität wird aber nicht nur durch durch die Verbindung der Großhirnhälften gewährleistet, sondern auch durch die gekreuzten Verbindungen auf der Ebene des Stammhirns und des Zwischenhirns in der Erregungsübertragung der Sinnesreize und durch die Asymmetrie der Hirndominanzen.

Bei Hörreizen fand man bei der Messung von Reaktionszeiten zwischen linkem und rechtem Ohr meist einen Unterschied. Wir können dies aus der Bestimmung von Reaktionszeiten bei der Audiometrie nur bestätigen. Wenn man beiden Ohren gleichzeitig unterschiedliche Wörter oder Zahlen präsentiert (dichotischer Hörtest), ergibt sich offensichtlich auch eine Überlegenheit der linken Hirnhemisphäre. Da Hörreize ganz überwiegend gekreuzt weitergeleitet werden, muß man davon ausgehen, daß die meisten Menschen Sprache vorteilhafter mit dem rechten Ohr hören. Dabei ist es nicht notwendig, daß die gehörten Sprachreize Bedeutung haben. Lediglich für Musik ergibt sich ein Vorteil für das Hören mit dem linken Ohr, also erfolgt die Wahrnehmung von Musik präferentiell rechtshemisphärisch.

Gleichzeitig dargebotene visuelle Reize werden möglicherweise unterschiedlich verarbeitet. Für verschiedene Sehreize fand man eine Überlegenheit der linken Gesichtsfeldhälfte und damit der rechten Hemisphäre (Springer, 1990).

Die Beobachtung, daß viele Menschen beim Nachdenken und Antworten stets zur Seite blicken, hat Neuropsychologen auf den Gedanken gebracht, daß sich hiermit ein Weg eröffnen könnte, Informationen über die jeweilige Hemisphärendominanz bei der visuellen Verarbeitung zu erhalten. Tatsächlich zitieren Springer und Deutsch in ihrem Buch Arbeiten, die Zusammenhänge zwischen der Persönlichkeitsstruktur eines Menschen, seinen seitlichen Augenbewegungen und seiner bevorzugten Hirnhemisphäre beim visuellen Lernen nahelegen. Wie oben dargestellt wurde, werden die Augenbewegungen von Zentren im Frontal-(Stirn-) und Parietal (Scheitellappen)-hirn der jeweiligen Gegenseite gesteuert. Demnach wären „Linksblicker" rechtshemisphärisch gesteuert, „Rechtsblicker" hingegen linkshemisphärisch. Da bei 80–90% aller Menschen das Sprachzentrum linkshemisphärisch dominant ist, müßten bei sprachlichen Anforderungen die Augenbewegungen überwiegend nach rechts gerichtet sein. Wurden an die Versuchspersonen Fragen gerichtet, die überwiegend emotionalen Charakter hatten, beobachtete man häufiger seitliche Augenbewegungen nach links. Man wertete dies als Beleg für die Präferenz der emotionalen Verarbeitung in der rechten Gehirnhälfte. Zahlreiche Arbeiten mit gesunden Versuchspersonen belegen die Zusammenhänge zwischen hemisphärischer Bevorzugung und seitlichen Augenbewegungen. Diese Arbeiten blieben allerdings nicht unwidersprochen. Teilweise konnten die Aussagen in anderen Untersuchungen nicht bestätigt werden. Immerhin führte die Beschäftigung mit den seitlichen Augenbewegungen und der Lateralität unseres Gehirns später zu einer neuen Art von Diagnostik: der Beobachtung der Augenbewegungen als Indikator für emotionale Befindlichkeit und für bevorzugte Lernwege. Diese Erkenntnisse wurden in der später noch zu beschreibenden Technik des Neurolinguistischen Programmierens (NLP) diagnostisch genutzt (s. Kapitel 8.1.).

Eine praktisch gut durchführbare Zusammenstellung von Lateralitätsprüfungen haben Kiese und Henze (1988) vorgestellt, die hier in nur leicht abgewandelter Form wiedergegeben werden soll.

Lateralitätsprüfung				
Äugigkeit	erfragt		Test	
	li	re	li	re
Blick durch das Schlüsselloch werfen				
Durch ein Loch in Papiertafel blicken				
Durch ein Kaleidoskop schauen				
Zielendes Auge beim Blick über einen Stift				

Ohrigkeit	erfragt		Test	
	li	re	li	re
Benutztes Ohr beim Telefonhören				
Lauscht an einer Uhr, die in der Mitte des Tisches vor der Versuchsperson liegt				
Dichotischer Hörtest (Neukomm, Uttenweiler)				
Wahrnehmungstrennschärfetest (Warnke)				

Zungigkeit	Tes	
	li	re
Imitation von seitlichem Zungenklicklaut (Mund des Untersuchers bedeckt)		
Zunge in Mundwinkel führen		
Zunge in Wangentasche stecken		

Händigkeit: Leistungsdominanz	Test	
	li	re
Ergebnis Hand-Dominanz-Test (HDT)		
Ergebnis „Kreise punktieren" (graphomotor. Testbatterie): höhere Mengenleistung		
Schreiben mit rechter und linker Hand (Wortdiktat: malen, Auto, oben, Tür, baden, Nase, Eis, Kind)		
Figuren ausschneiden (Kreis, Dreieck, Quadrat; Durchmesser 12 cm)		

Händigkeit: Präferenzdominanz	erfragt		Test	
	li	re	li	re
Essen mit einem Löffel				
Zähne putzen				
Haare kämmen				
Radio einschalten				
Lichtschalter einknipsen				
mit einem Hammer schlagen				
Radieren				
Würfeln				
Ball werfen				
Einfädeln eines Fadens (welche Hand hält den Faden)				
Einschrauben				
Streichhölzer sortieren				
Türklinke drücken				
Deckel von Schachtel nehmen				
Turm mit Bauklötzen bauen				

Füßigkeit: Leistungsdominanz	Test	
	li	re
Einbeinstand		
Lied singen und mit Fuß Takt schlagen		
Mit bloßen Zehen kleinen Gegenstand aufnehmen		
Dreieck oder Kreis mit Fuß „malen"		

Füßigkeit: Präferenzdominanz	erfragt		Test	
	li	re	li	re
Schritt vorwärts				
Schritt rückwärts				
Ball schießen				
Weitsprung (Absprungbein)				
Auf Stuhl steigen				
Einbeiniges Hüpfen				
Schachtel zu entferntem Ziel schieben				

Bei der Auswertung wird die quantitativ bevorzugte Seite als die dominierende angenommen. In unentschiedenen Auswertungen kann eine Bilateralität angenommen werden. Gekreuzte Dominanzen (z.B. Rechtshändigkeit und Linksfüßigkeit) sind nicht selten.

Kapitel 5 ─────────────

Legasthenie als Teilleistungsstörung

5.1. Der Begriff der Teilleistungsstörung

Der Kinder- und Jugendpsychiater Lempp (1979) definierte Teilleistungsstörungen als „begrenzte und begrenzbare Ausfälle oder Schwächen innerhalb einer funktionellen Struktur, die zu einer bestimmten Leistung befähigt. Der Begriff „Teil" bezieht sich hier auf den Teil einer komplexen Funktion des Gehirns und nicht mehr auf das neuroanatomische Substrat. Leistung meint nichts anderes als erfolgreiche ungestörte Funktion des zentralen Nervensystems, die allemal eine Anpassungsleistung ist." Damit beschreibt Lempp umschriebene Hirnleistungsschwächen, die bei Kindern mit ansonsten normaler Entwicklung auftreten können. Marianne Frostig (1981) versteht unter Teilleistungsstörungen (englisch: specific learning disabilities) „minderentwickelte Fähigkeiten, die im Vergleich zur sonstigen intellektuellen Entwicklung zurückgeblieben sind. Diese spezifischen Lernstörungen kommen bei hoch intelligenten, durchschnittlich intelligenten wie minderbegabten Kindern vor."

Ähnlich definiert Remschmidt (1987): „Unter Teilleistungsschwächen verstehen wir umschriebene „Ausfälle" sehr unterschiedlicher Funktionen, die aus dem übrigen Leistungsniveau bzw. Entwicklungsstand eines Kindes herausfallen". Er unterteilt nach Bush

---

identifizierte Teilleistungsschwächen

- dem Prozeß der sensorischen Orientierung zugeordnet:
  Aufmerksamkeit, auditiv-visuelle Koordination, Übererregbarkeit, auditiv-visuell-haptische Koordination, Perseveration, auditive Diskrimination, visuelle Diskrimination, zeitliche Orientierung, Reifungsverzögerung, auditiv-haptische Koordination, visuell-haptische Koordination, Blickausrichtung, räumliche Orientierung, Körpergleichgewicht, kinästhetische Diskrimination, Untererregbarkeit, taktile Diskrimination, Hörausrichtung

- dem Prozeß des Behaltens zugeordnet:
  Behalten, auditives Kurzzeitgedächtnis, Langzeitgedächtnis, visuelles Kurzzeitgedächtnis

- dem Prozeß der Informationsaufnahme zugeordnet:
  Leseverständnis, mathematisches Verständnis, Verständnis für Gehörtes, auditive Gestaltauffassung, soziales Verständnis, visuelle Figurhintergrunddifferenzierung, visuelle Gestalterfassung

- dem Prozeß der Integration zugeordnet:
  Geschwindigkeit bei auditiver Wahrnehmung, visuelle Vorstellung, Lautsynthese, Überwachen, Geschwindigkeit der visuellen Wahrnehmung, Vorhersage

- dem Prozeß des Ausdrucks zugeordnet:
  Schreiben, Zählen, Sprechen, Affektäußerungen, Gestik

In diesem Zusammenhang kann Legasthenie als eine Teilleistungsstörung oder als eine Kombination mehrerer Teilleistungsstörungen gesehen werden.

Hierbei spielt die Frage nach einer möglichen funktionellen und/oder strukturellen hirnorganischen Beteiligung, wie sie für die Legasthenie nachgewiesen werden konnte, eine wichtige Rolle. Teilleistungsstörungen werden, wie wir heute wissen, meist durch familiäre Veranlagung weitergegeben (Ursache in mind. 60% der Fälle genetische Veranlagung). Eine bestimmte chromosomale Bindung konnte bislang nicht nachgewiesen werden und die Manifestationsfaktoren sind noch weitgehend unerforscht. Von Teilleistungsstörungen sind vorwiegend Jungen betroffen (Verhältnis Jungen : Mädchen = 6:1). Die am häufigsten vorkommenden Teilleistungsstörungen sind Sprachentwicklungsstörungen und Störungen der feinmotorischen oder visuomotorischen Koordination. Diese Konstellation läßt sich vielleicht dadurch erklären, daß beide Fähigkeiten in der Menschheitsgeschichte als letzte Entwicklungsdifferenzierungen hinzugekommen sind, eine besonders hohe Spezialisierung darstellen und daher besonders vulnerabel sind. Die Häufigkeit von Teilleistungsstörungen wird bei Schulkindern auf 10–15% geschätzt.

Ein Zusammenhang zwischen Legasthenie und sozialer Zugehörigkeit kann im Gegensatz zu anderen umschriebenen Entwicklungsstörungen nicht nachgewiesen werden (Remschmidt, 1987). Teilleistungsstörungen bei Kindern wirken aber zwangsläufig stark in den sozialen Bezug hinein, und die Verarbeitung z.B. im familiären Kontext unterliegt den teils schichtenabhängigen Bewältigungsstrategien (Krause, 1992). Insofern muß neben den hirnorganischen Aspekten in der Auseinandersetzung mit Teilleistungsstörungen und deren Therapie zwangsläufig die Verknüpfung mit psychischen und sozialen Manifestations- und Folgefaktoren berücksichtigt werden (soziales Umfeld, materielle Umwelt, historische Bedingungen, Veranlagung, Erziehung etc.). In den meisten Fällen ist es bei Diagnosestellung kaum möglich, die Kausalitätskette zwischen der hirnorganischen Leistungsschwäche und psychischen Problemen und sozialen Belastungen sauber nach Ursache-Wirkungs-Kriterien zu analysieren und zu klassifizieren.

Eine Kombination von Teilleistungsstörungen miteinander oder mit anderen Entwicklungsstörungen ist möglich aber nicht obligat. Die „isolierte Legasthenie" (pure dyslexia) kommt relativ häufig vor. Aber auch ein gleichzeitiges

Auftreten von Legasthenie mit Dyskalkulie ist möglich. Relativ häufig ist auch das gleichzeitige Auftreten von Legasthenie mit Aufmerksamkeitsstörung, mit Lateralisationsstörungen oder mit visuomotorischen Koordinationsstörungen (siehe Kapitel 2.3.).

5.2. Das frühkindliche psychoorganische Syndrom

Im schweizerischen Sprachraum findet der Begriff der Teilleistungsstörung sein Pendant in dem „frühkindlichen psychoorganischen Syndrom" (POS). Hier klingt noch deutlich die Vorstellung einer frühkindlichen Hirnschädigung als Verursachungsprinzip durch. Der Begriff wurde von Ruf-Bächtiger (1987) geprägt: „An einem oder an mehreren Orten des Gehirns sind als Folge genetischer oder exogener prä- oder perinataler schädlicher Einflüsse Hirnstrukturen in ihrem strukturellen Aufbau oder/und in ihrer biochemischen Funktionsweise derart verändert, daß die funktionellen Hirnorgane, die sich dieser Strukturen bedienen, mangelhaft und verzögert reifen. Eventuell bewirkt dies zusätzlich eine verzögerte Reifung anderer, an sich ungeschädigter, aber mit den ersteren zusammenhängender funktioneller Hirnorgane. Das klinische Korrelat sind Teilleistungsstörungen und Verhaltensstörungen."

5.3. Die Minimale Cerebrale Dysfunktion (MCD)

Das Konzept der MCD steht am Anfang der Überlegungen zu leichten frühkindlichen Hirnschädigungen und Leistungsstörungen. Es hat in vielen Bereichen bis in unsere Zeit hineingewirkt. Auch für Lempp (1964) stellte es die Grundlage seiner Forschung zu den Teilleistungsstörungen dar. Durch die unkontrollierte und weitreichende Anwendung und durch die unpräzise Formulierung der Definition ist das MCD-Konzept in den letzten Jahren zunehmend in die Kritik gekommen (Schmidt, 1992) und weitgehend vom Konzept der Teilleistungsstörungen ersetzt worden (Steinhausen, 1992). Vor allem auch die nicht mehr zu haltende Vorstellung, daß Teilleistungsstörungen/MCD durch Geburtsschädigung und Sauerstoffmangel bei Geburt verursacht seien, verwirrt die Diskussionen und die Beratungsgespräche.

Clements hat 1966 MCD (englisch: minimal cerebral dysfunction, auch synonym MBD: minimal brain dysfunction) definiert: Es handelt sich um „Kinder von nahezu durchschnittlicher, durchschnittlicher oder überdurchschnittlicher Intelligenz, die gewisse Lern- und/oder Verhaltensstörungen aufweisen, welche einen geringen bis schweren Ausprägungsgrad erreichen können und die mit geringen Funktionsstörungen des Zentralnervensystems verbunden sind. Diese

Abweichungen charakterisieren sich durch unterschiedliche Kombination von Beeinträchtigungen im Bereich der Wahrnehmung, Begriffsbildung, Sprache, Gedächtnis, Aufmerksamkeit, Impulskontrolle oder Motorik".

Eine ausführliche und fundierte Kritik des MCD-Konzepts (und damit teilweise auch des verwandten Konzepts der Teilleistungsstörungen) findet sich bei Bauer (1986, S. 9 ff.):

> Zur Zeit werden „unter diesem Symptombild ganz verschiedenartige, qualitativ und quantitativ kaum definierbare neurologische, psychische und neuropsychiatrische Symptome zusammengefaßt ..., die in ihrem Gesamtmuster in kein anderes bekanntes neurologisches oder psychiatrisches Krankheitsbild einzuordnen sind". Da das Störungsbild kein einheitliches Syndrom darstellt, sondern eher eine Summation von Einzelsymptomen ist, liegt eine verbindliche Definition bisher nicht vor. (...)
>
> Einige Autoren plädieren dafür, von der Hypothesierung eines umfassenden Syndroms abzusehen und stattdessen lieber eine Unterteilung in leichter zu objektivierende Einzelsymptome vorzunehmen... Eine Charakterisierung sollte sich aus diesem Grund besser nur auf die ... Funktions-, Leistungs- und Verhaltensstörungen beschränken.
>
> Andere Autoren lehnen die Konzeption eines MCD-Syndroms vollkommen ab, mit der Begründung, daß diese in zunehmenden Maße auf jedes Kind angewandt wird, das nicht ganz den normativen Erwartungen der Gesellschaft entspricht. Ein so umfassender Begriff scheint schon allein deswegen überdenkenswert, weil „sich die Grenzen zwischen einem Persönlichkeitsbild, das durch eine minimale Hirnschädigung so geworden ist, und dem, was wir gemeinhin als Individualität oder persönliche Note eines Menschen bezeichnen, nicht selten verwischen bzw. fließende Übergänge erkennbar sind". (...)
>
> So wird der MCD-Begriff vor allem deswegen in Frage gestellt, weil: (...)
> - Ursachen und Pathogenese zur Zeit noch nicht hinreichend bestimmbar sind
> - eine medizinische und/oder psychologisch fundierte MCD-Diagnose auf dem Hintergrund standardisierter Testverfahren noch nicht erstellt werden kann
> - die Zuschreibung von Ursachenfaktoren und Symptomen bisher ohne ausreichende wissenschaftliche Grundlage, empirische Belegung oder durch Replikation gesicherte Ergebnisse erfolgt
> - das Adjektiv „minimal" -im Gegensatz zu „maximal"- die Vermutung nahelegt, daß nur eine geringfügige Funktionsstörung vorliegt, was in Anbetracht des erheblichen Ausmaßes der Problematik nicht immer zutreffend erscheint.

Hingewiesen wird vor allem auf die Tatsache, daß mit der Bezeichnung in zunehmenden Maße eine Etikettierung und Stigmatisierung verbunden ist. ... Etikettierung meint dabei, daß das Störungsbild das Ergebnis sozialer Interaktionen und sozialpolitischer Zuschreibungsprozesse ist ...

Ebenso darf nicht übersehen werden, daß bei einer vorschnellen Kennzeichnung als MCD-Kind tatsächlich gegebene Lernbehinderungen mitunter verkannt, von Eltern zur eigenen Entlastung als durch eine minimale cerebrale Dysfunktion verursacht angesehen und pädagogisch falsch angegangen werden. Darüber hinaus kann eine Typisierung im Sinne einer sogenannten „self-fulfilling-prophecy" leicht einen selbstverstärkenden Charakter bekommen. Die Problematik wird verschärft, wenn das Kind sich selbst als MCD-Kind erlebt und bereits vorhandene Leistungs- und Versagensängste, Mißerfolgsmotivation und mangelndes Selbstwertgefühl zu Depression und Resignation führen. Bestehende Erziehungsschwierigkeiten können intensiviert werden, da das Kind seine Sonderstellung erkennt und seine Verhaltensauffälligkeiten teils bewußt, teils unbewußt in die Auseinandersetzung mit der Umwelt einbringt. (...)

Kapitel 6 ————————————

Hyperaktivität und Aufmerksamkeit

Fälschlicherweise wird die Hyperaktivität auch oft unter dem Begriff der „Minimalen Cerebralen Dysfunktion" (MCD) subsummiert oder sogar diesem Begriff gleichgesetzt. Erst wenn man die Begrifflichkeit der „Teilleistungsstörung" einsetzt, wird es möglich, Hyperaktivität und Teilleistungsstörung als unabhängige Phänomene zu unterscheiden, die gelegentlich assoziiert bei einem Kind auftreten. Ebensowenig ist eine Verknüpfung zwischen Hyperaktivität und Legasthenie oder zwischen Aufmerksamkeitsstörung und Legasthenie obligat. Nur bei oberflächlicher Betrachtung wird man der Mehrzahl der von Legasthenie betroffenen Kinder eine Hyperaktivität zuschreiben, weil man bei ihnen eine Störung der Konzentrationsfähigkeit zu sehen glaubt. Zur Diagnose einer Aufmerksamkeitsstörung gehört nun aber zwingend, daß die Störung nicht nur in *einem* situativen Zusammenhang z.B. bei Schreib- und Leseleistungen zu beobachten ist.

Tatsächlich leiden nur wenige Kinder mit Legasthenie an einer grundlegenden Störung der Aufmerksamkeit und der Aktivität. Vielmehr werden die stark schwankenden Gedächtnisleistungen unter den unterschiedlichen Anforderungen und Anspannungssituationen als Aufmerksamkeitsstörung diagnostiziert. Allzu häufig werden den Kindern Attribute wie „faul", „unkonzentriert", „ablenkbar" usw. zugeschrieben und die auftretenden Fehler als „vermeidbare Fehler", „leichte Fehler" und „Flüchtigkeitsfehler" charakterisiert.

Als Hyperaktivität wird folgende Symtom-Trias definiert:
1. motorische Unruhe
2. erhöhte Impulsivität
3. verkürzte Aufmerksamkeitsdauer

Liegt der Schwerpunkt der Betrachtung auf dem Symptom der motorischen Unruhe, spricht man auch vom „Hyperkinetischen Syndrom". Unter lerntheoretischen Aspekten konzentriert man sich eher auf das Leitsymptom der Aufmerksamkeitsstörung. Besonders in der angloamerikanischen Literatur wird häufig die Bezeichnung „attention deficit disorder" (ADD) (Connors, 1976, Kinsbourne, 1990) gewählt. In Deutschland hat sich die Bezeichnung „Aufmerksamkeits-Defizit-Syndrom" (ADS) durchgesetzt. Häufig werden „Hyperaktivität" und „Hyperkinetik" synonym verwendet, gelegentlich folgt man auch dem Vorschlag von Prechtl, von hyperaktiven Kindern nur dann zu sprechen, wenn keine neurologischen Auffälligkeiten festzustellen sind. Hyperkinetische Kinder sind dann Kinder mit Bewegungsunruhe und mit neurologischen Auffälligkeiten. Eine Gegenüberstellung der diagnostischen Kriterien für „Attention Deficit Hyperactivity Disorder" gemäß dem Diagnostischen Manual Psychischer Störungen und für „Hyperkinetic Disorders" gemäß dem Diagnoseschlüssel ICD-10 findet sich bei Barkley (1990).

Kriterien der Aufmerksamkeitsdefizit-/Hyperaktivitätsstörung
(nach DSM-IV, Saß, 1996, S. 122)

A. Entweder Punkt (1) oder Punkt (2) müssen zutreffen:

(1) sechs (oder mehr) der folgenden Symptome von **Unaufmerksamkeit** sind während der letzten sechs Monate beständig in einem mit dem Entwicklungsstand des Kindes nicht zu vereinbarenden und unangemessenen Ausmaß vorhanden gewesen:

Unaufmerksamkeit

(a) beachtet häufig Einzelheiten nicht oder macht Flüchtigkeitsfehler bei den Schularbeiten, bei der Arbeit oder bei anderen Tätigkeiten,

(b) hat oft Schwierigkeiten, längere Zeit die Aufmerksamkeit bei Aufgaben oder beim Spielen aufrechtzuerhalten,

(c) scheint häufig nicht zuzuhören, wenn andere ihn/sie ansprechen,

(d) führt häufig Anweisungen anderer nicht vollständig durch und kann Schularbeiten, andere Arbeiten oder Pflichten am Arbeitsplatz nicht zu Ende bringen (nicht aufgrund oppositionellen Verhaltens oder Verständnisschwierigkeiten),

(e) hat Schwierigkeiten, Aufgaben und Aktivitäten zu organisieren,

(f) vermeidet häufig, hat eine Abneigung gegen oder beschäftigt sich häufig nur widerwillig mit Aufgaben, die längerandauernde geistige Anstrengungen erfordern (wie Mitarbeit im Unterricht oder Hausaufgaben),

(g) verliert häufig Gegenstände, die er/sie für Aufgaben und Aktivitäten benötigt (z.B. Spielsachen, Hausaufgabenhefte, Stifte, Bücher oder Werkzeug),

(h) läßt sich öfter durch äußere Reize leicht ablenken,

(i) ist bei Alltagstätigkeiten häufig vergeßlich;

(2) sechs (oder mehr) der folgenden Symptome der **Hyperaktivität und Impulsivität** sind während der letzten sechs Monate beständig in einem mit dem Entwicklungsstand des Kindes nicht zu vereinbarenden und unangemessenen Ausmaß vorhanden gewesen:

Hyperaktivität

(a) zappelt häufig mit Händen oder Füßen oder rutscht auf dem Stuhl herum,

(b) steht in der Klasse oder in anderen Situationen, in denen Sitzenbleiben erwartet wird, häufig auf,

(c) läuft häufig herum oder klettert exzessiv in Situationen, in denen dies unpassend ist (bei Jugendlichen oder Erwachsenen kann dies auf ein subjektives Unruhegefühl beschränkt bleiben),

(d) hat häufig Schwierigkeiten, ruhig zu spielen oder sich mit Freizeitaktivitäten ruhig zu beschäftigen,

(e) ist häufig „auf Achse" oder handelt oftmals, als wäre er/sie „getrieben",

(f) redet häufig übermäßig viel;

Bei schweren Aufmerksamkeits- und Aktivitätsstörungen sind außer den genannten Symptomen auch die soziale Anpassung an die Familie und Gleichaltrige beeinflußt und die Schulleistungen beeinträchtigt. Aus den Definitionskriterien geht auch hervor, daß schwerwiegende Entwicklungsstörungen wie z.B. globale Wahrnehmungs- und Lernstörungen die Diagnose einer Aufmerksamkeits- und Hyperaktivitätsstörung nicht rechtfertigen, da in solchen Fällen die grundlegende Entwicklungsstörung die Hauptdiagnose darstellt und nicht die im Rahmen der Grunddiagnose möglicherweise auftretende Hyperaktivität als Begleitsymptom.

Die Diagnose eines Hyperaktivitäts-Syndroms bleibt immer eine subjektive Beurteilung. Ein objektives Meßverfahren liegt bis heute nicht vor. In der Beobachtung ist Hyperaktivität kaum solide klassifizierbar und in starkem Maße situations- und gewöhnungsabhängig. Sie bleibt ganz der Definitionswillkür und der Toleranzbreite des Beurteilenden überlassen. Auch eine scheinbar „objektive" Meßbemühung wie der weitverbreitete Bewertungsbogen von Conners (1969) ist ein subjektives und fragwürdiges Instrument. Immerhin weist der Conners-Bogen auf einige wesentliche Teilaspekte und Merkmale der Hyperaktivität hin, wie z.B. die Störung der Aufmerksamkeitsleistung und die Beeinträchtigung der sozialen Adaptation und der Impulssteuerbarkeit bei hyperaktiven Kindern. Andererseits überschneiden sich einige Fragen, sodaß Mehrfachnennungen zu einer Kumulation und damit zu falsch positiven Ergebnissen führen können.

Die Conners-Skala hat sich bei der anamnestischen Beurteilung durch verschiedene Bezugspersonen bewährt und bei Verlaufsbeobachtungen in einer Therapie durch die gleiche Bezugsperson. Aufschlußreich sind auch Differenzen in der Beurteilung zwischen den Elternteilen oder zwischen Eltern und Lehrer/in des Kindes.

CONNERS-Skala zur Verhaltensbeurteilung hyperaktiver Kinder		
	beobachtete Symptome	Bewertung
1.	unruhig, dauernd in Bewegung	
2.	erregbar, impulsiv	
3.	stört andere Kinder	
4.	beendet angefangene Aufgaben nicht	
5.	zappelig	
6.	leicht ablenkbar	
7.	Forderungen und Wünsche sollen sofort erfüllt werden, rasch enttäuscht, kann nicht warten	
8.	weint rasch	
9.	abrupte Stimmungsschwankungen	
10.	neigt zu Wutausbrüchen und unvorhersagbarem Verhalten	

Bewertungskriterien: gar nicht = 0; etwas = 1; deutlich = 2; sehr = 3
Hyperaktivität gilt als gesichert bei mehr als 15 Punkten

Als **Ursache des Hyperaktivitäts-Syndroms** spielen pädagogische, psychosoziale und allergologische Faktoren, Ernährungsstörungen, Umweltfaktoren und angeborene Stoffwechsel-Dysfunktionen im Zwischenhirn eine Rolle. Auf die Faktoren der genetischen Prädisposition weisen die familiäre Häufung der Symptomatik und die Knabenwendigkeit mit einem Verhältnis von 6–10:1 hin. Mehrere Befunde aus der Erforschung des Hirnstoffwechsels deuten darauf hin, daß hyperaktive Kinder an einer Dysbalance zwischen Erregung und Hemmung im limbischen System leiden, einer Hirnregion, die wesentlich Wachheitsgrad und Emotionen bestimmt. Vor allem im Zusammenspiel des limbischen Systems mit dem Gebiet des Locus coeruleus und mit dem Kerngebiet des Nucleus accumbens, einem subkortikalen Kerngebiet im Stirnhirn, der unter anderem die Aufgabe hat, überschüssige Motorik zu bremsen, scheint eine Beeinträchtigung des Energiemetabolismus vorzuliegen (Trott, 1993; Rothenberger, 1995). Darauf deuten auch die therapeutischen Erfolge mit Amphetaminen und mit Methyphenidat hin, die hier lokal den Glukosestoffwechsel beeinflussen. Hyperkinetisches Verhalten könnte somit als eine kompensatorische Anpassung an eine mangelhafte Stimulation motorikhemmender (und emotionshemmender?) Zentren aufgefaßt werden. Hierfür spricht auch die Wirksamkeit der stimulierenden Medikamente.

Die **Behandlung der Hyperaktivität** ist individuell und multimodal. In unserer Praxis haben sich verhaltenstherapeutisch orientierte Übungsverfahren zur Adaptation an das soziale Umfeld, zur Verminderung der Impulsivität und deren Folgen, lerntheoretische Ansätze zur Verbesserung der Aufmerksamkeitsdauer und die familientherapeutisch wichtige Einbeziehung der Bezugspersonen als besonders geeignet erwiesen (Cramer, 1990, Passolt, 1993; Lauth

& Schlottke, 1993, Döpfner, Schürmann & Frölich, 1997). Im Einzelfall müssen assoziierte Teilleistungsstörungen ergotherapeutisch oder logopädisch mitbehandelt werden. Bezogen auf das Problem der Legasthenie-Behandlung bedeutet dies, daß legasthene Kinder, die gleichzeitig eine Störung der Aufmerksamkeit und der Aktivität haben, besondere Anforderungen an die Förderung und Therapie stellen. Wir müssen uns bei diesen Kindern in verstärktem Maße mit höherer emotionaler Labilität und Impulsivität, kürzeren Lernphasen, gestörtem Selbstwertgefühl, Versagensangst und mit sekundären Beziehungsstörungen auseinandersetzen.

Die psychologische Therapie kann in 10–40% der Fälle (abhängig von der Methode und der Intensität des Suchens) durch diätetische Maßnahmen unterstützt werden. Grundlage dieser Vorgehensweise ist die Erfahrung, daß bei vielen Kindern **Nahrungsmittelallergien oder Nahrungsmittelunverträglichkeiten** zu motorischer Unruhe und erhöhter emotionaler Labilität führen können. Mit den Methoden der klassischen Allergietestung (Anamnese, Hauttest, Untersuchung auf spezifische IgE-Antikörper im Blut) kann man allerdings nur einen geringen Teil von nahrungsmittelallergischen Reaktionen identifizieren. Zudem findet man mit diesen Methoden auch keine Allergien sondern nur sog. Sensibilisierungen. Deren Wertigkeit muß dann in jedem Fall noch durch gezielte Karenzmaßnahmen und erneute Belastung mit dem verdächtigen Nahrungsmittel bestätigt oder ausgeschlossen werden. Insofern kommt man doch nie um diätetische Maßnahmen herum, unabhängig von der Frage, ob Allergie oder Unverträglichkeit vorliegt; dies ist ein nur allergologisch relevanter Unterschied. Grundsätzlich kommen dabei eine Auslaßdiät (gezielte Suche mit einzelnen Nahrungsmitteln), eine Additions-Diät (erhebliche Reduktion des Speiseplans auf ganz wenige Nahrungsmittel und stufenweiser Aufbau) und eine Rotations-Diät (ein und das gleiche Nahrungsmittel/Getränk darf nur alle vier Tage einmal in der Nahrung auftauchen) infrage.

Nahrungsmittel, die häufig Nahrungsmittelallergien und Nahrungsmittelunverträglichkeiten verursachen

- Ei und hühnereihaltige Nahrungsmittel
- Milch und Milchprodukte
- Zitrusfrüchte
- Nüsse und nußhaltige Nahrungsmittel (Nuß-Nougat-Creme, Schokolade, Riegel)
- Fisch
- Tomate, Paprika
- Süßigkeiten, Eis, Limonaden, Pudding, Schokolade, Kakao
- Schweinefleisch, Schweinefett, Wurst mit Schweinefleisch
- Hülsenfrüchte (Erbse, Linse, Bohne)
- Zucker und gezuckerte Getränke und Nahrungsmittel
- Apfel und Kernobst

Bei allen Auslaß- und Suchdiäten ist nicht nur wichtig, ob sich die Hyperaktivität in der Phase der Karenz vermindert, sondern besonders, ob sich das Symptom nach Wiedereinführung des verdächtigten Nahrungsmittels (Provokationstest) innerhalb von 15 Minuten bis zu 8 Stunden wieder einstellt. Es ist nämlich durchaus möglich, daß eine Symptomminderung während der Karenzphase ausbleibt, da zwei oder mehrere Unverträglichkeiten bestehen, die in der Karenz nicht gemeinsam erfaßt werden.

Medikamente können die Therapie eines Hyperaktivitätssyndroms wirkungsvoll unterstützen. Eine alleinige Behandlung mit Medikamenten ist nicht ausreichend. Medikamentös können Behandlungsversuche mit Magnesium, Vitamin B_6 und Coffein nebenwirkungsarm erfolgreich sein. Den größten Nutzen kann man bei der Behandlung mit stimulierenden Medikamenten (Captagon®, Ritalin®) finden. Bei korrekter Indikationsstellung und einer strengen Nutzen-Risiko-Abwägung ist der Effekt der Therapie oft beeindruckend. Der Wirkstoff von Ritalin ist Methylphenidat. Er bewirkt durch die Stimulation eine rasch eintretende Verlängerung der Aufmerksamkeitsdauer, ohne gleichzeitig Ermüdung zu verursachen. Die verbesserte Aufmerksamkeit kann dann im Leistungsbereich oder in einer psychologischen Therapie genutzt und stabilisiert werden. Vor Beginn einer Behandlung mit Ritalin sollte immer eine Ableitung der Hirnstromaktivität (EEG) durchgeführt werden, damit nicht eine latente Krampfbereitschaft (latente Epilepsie) übersehen wird. Außerdem ist eine Blutuntersuchung zum Ausschluß einer Auffälligkeit in der Blutbildung (Bestimmung der roten und weißen Blutkörper) oder des Stoffwechsels notwendig. Bei letzterem ist in jedem Fall eine Bestimmung des Blutzuckers (Ausschluß eines Zuckermangels), eine Bestimmung des Kalzium- und Magnesiumspiegels im Blut und eine Bestimmung der Schilddrüsenhormone wichtig. Schilddrüsenfehlfunktionen konnten immerhin bei 5% aller Kinder mit Aufmerksamkeitsdefizitsyndrom gefunden werden (Weiss, 1993).

Medikamentöse Behandlung des Hyperkinetischen Syndroms

1. **Magnesium:** leichte Hemmung der Übererregbarkeit, einfache Verabreichung als Granulat oder Kautabletten einmal täglich, keine Nebenwirkung außer Auflockerung des Stuhlgangs bzw. leichtem, rasch reversiblen Durchfall
2. **Vitamin B6:** Wirkungsmechanismus unklar, Tablettengabe einmal täglich, verbessert eventuell die Wirksamkeit von Magnesium.
3. **Glutamat:** Glutarsäure wirkt in zahlreichen Stoffwechselprozessen des Gehirns mit, Glutamat soll die Konzentrationsfähigkeit verbessern, Verabreichung als Tabletten dreimal täglich.
4. **Stimulantien:** verlängern die Aufmerksamkeitsdauer. Wirken ähnlich wie Kaffee, aber länger und ohne die Pulsbeschleunigung. Am häufigsten werden Methylphenidat und Amphetamine angewandt. Wegen möglicher Nebenwirkungen (Einschlafstörungen) wird Methylphenidat nur morgens und mittags als Tablette gegeben (1 mg/ kg KG).

Ritalin® wird einschleichend bis zum Wirkungseintritt und in der Regel bis zu einer Tagesdosis von 0,5–1 mg pro kg Körpergewicht gesteigert. Von den vielen möglichen Nebenwirkungen treten praktisch nur zwei in erwähnenswerter Häufigkeit auf: Inappetenz und Einschlafstörung. Ritalin wird daher nur morgens und mittags (oft in reduzierter Dosis) gegeben. Die Wirkung beginnt nach 15–30 Minuten, die Wirkungsdauer beträgt 4–6 Stunden. Wenn das Lerntraining oder die Psychotherapie wirksam werden, kann Ritalin am Wochenende und während der Schulferien problemlos abgesetzt werden. In jedem Fall ist die Maßnahme für das Kind eingreifend. Die meisten behandelten Kinder sind sich darüber im klaren, daß sie den Erfolg und einen guten Teil der anfänglichen Veränderung dem Medikament verdanken. Eine primäre Abhängigkeit von dem Medikament tritt zwar nicht auf, über sekundäre Abhängigkeitsphänomene ist allerdings noch wenig bekannt.

Kapitel 7 _____

Grundlagen

7.1. Neuroanatomische Befunde

Nachdem es über viele Jahre hinweg nicht gelungen war, spezifische soziale, psychische, kognitive oder edukative Konstellationen zu finden, die die Entstehung einer Legasthenie erklären, gelang es auch der neurologischen Forschung nicht, ätiopathogenetisch befriedigende Modelle zu erstellen. Der Nachweis spezifischer toxischer Noxen, Umgebungsfaktoren, infektiöser Agentien, ungewöhnlicher hormoneller Situationen in der Schwangerschaft, schädigender fetaler oder perinataler Konstellationen oder die Identifikation charakteristischer Genome gelang nicht.

Erst 1985 konnte A.M. Galaburda (1985, 1989a, 1989b) in Boston eine sehr detaillierte und akribische neuroanatomische Untersuchung von Gehirnen verstorbener Legastheniker veröffentlichen, in der er erstmals Veränderungen auf zellulärer Ebene beschrieb, die er später in weiteren Untersuchungen bestätigt fand und die sich als charakteristisch herausstellten. Im feingeweblichen Untersuchungsmaterial konnte Galaburda an zahlreichen Stellen herdförmige

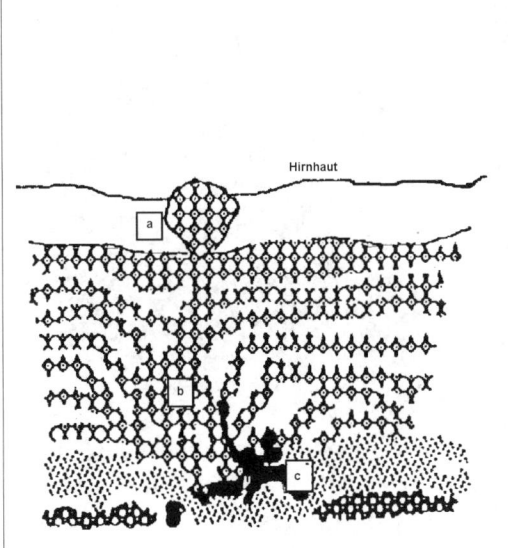

Hirnhaut

Histologisch ergeben sich vor allem drei Veränderungen:

(a) Direkt unter der Hirnhaut in der kortikalen Schicht I bilden sich Nester abnormer, ektopischer Neurone, die ähnliche Strukturen wie Regeneratherde ausbilden.

(b) Die oberen kortikalen Schichten sind dysplastisch. Vor allem haben sie auch ihren charakteristischen Aufbau mit säulenartiger Neuronenanordnung verloren.

(c) Es kommt zu abnormer Gefäßbildung am unteren Rand der dysgenetischen Herde.

Schematische Darstellung der Hirnrinde bei einem Legastheniker (nach Warnke, 1991)

Zelldysplasien der Hirnrinde nachweisen, die besonders stark konzentriert im Bereich der linken Sylvischen Fissur, in der Gegend des Schreiblesezentrums im linken Schläfenlappen und auch im sog. seitlichen Kniehöcker waren. Aufgrund der Art der histologischen Veränderungen schloß Galaburda auf eine fetale Genese der Legasthenie. Er dachte an eine Entstehung in den letzten zwei Monaten vor der Geburt eines Kindes.

Die im Mikroskop sichtbare **Feinstruktur der Hirnrinde** im Bereich des sensorischen Sprachzentrums zeigt im linken Bild die normale säulenförmige Anordnung der Neuronenkette. Im rechten Bild sieht man die Zellstruktur in einem dysplastischen Zellbereich im Gehirn eines Legasthenikers. Sie ist desorganisiert, hat den säulenförmigen Charakter der Zellanordnung verloren und weist an der Oberfläche einen Herd von Zellen auf, die dort normalerweise nicht vorkommen (Abbildung aus: Warnke, 1990).

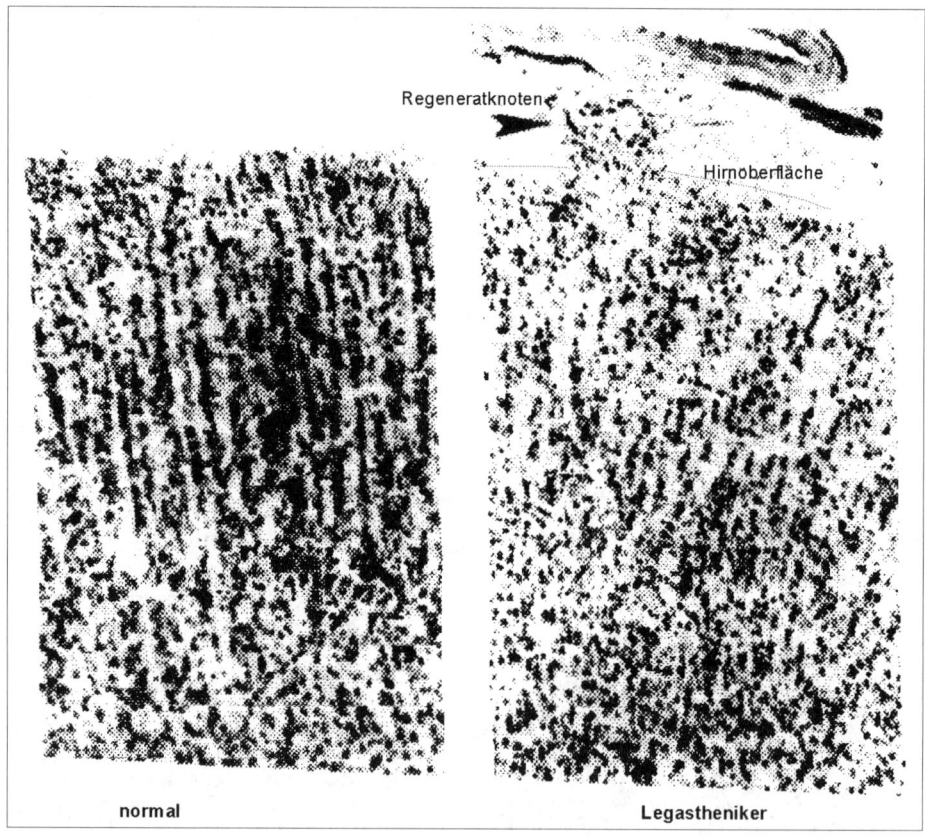

In neueren Arbeiten weist Galaburda (1993) darauf hin, daß neben den partiellen Strukturveränderungen in der Hirnrinde (verkleinerte Hirnwindungsareale = Mikrogyrie) und der kortikalen, herdförmigen Anlagestörung von Zellformationen (= Dysgenesie) auch zelluläre Veränderungen im Bereich der Sehbahn nachweisbar sind. Neuroanatomisch sind sie den kortikalen Veränderungen

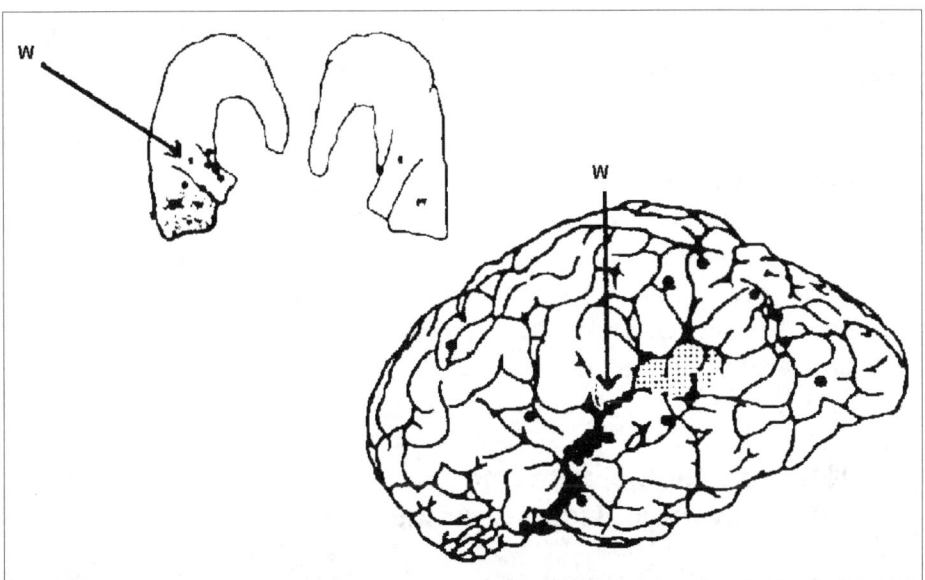

Darstellung der Verteilung der Dysplasieherde (schwarze Punkte), einer Hirnausweitung **(W)** und der Mikropolygyrie (abnorm kleine Hirnwindung) (getupftes Feld) im linken Schläfenlappen eines Patienten mit Legasthenie (Aufsicht und Schnittbild) (aus: Warnke, 1990).

ähnlich. Sie betreffen, wie oben beschrieben, ausschließlich das sogenannte magnozelluläre System der Sehbahn. Diese großzelligen Anteile waren bei Legasthenikern durchschnittlich 27% kleiner. Es ist von besonderem Interesse, daß sich diese Veränderungen gerade auch in der Hirnregion nachweisen ließen, die „seitlicher Kniehöcker" (corpus geniculatum laterale) genannt wird. Nur an dieser Stelle nämlich berühren sich die Sehbahn und die Hörbahn. Möglicherweise liegt hier das anatomische Korrelat für die klinischen Befunde, die bei Legasthenikern eine gleichzeitige Beeinträchtigung von auditiver und visueller Informationsverarbeitung zeigen.

Normalerweise gibt es bei 80% aller Menschen eine Asymmetrie des Gehirns: Teile des linken Schläfenlappens (Planum temporale) haben ein größeres Volumen als diejenigen der entsprechenden rechte Seite. Neuroanatomische Studien und Volumenberechnungen in einer röntgenologischen Gehirndarstellung (Computertomographie) und in Kernspintomographien von Gehirnen haben gezeigt, daß diese physiologische Hirnasymmetrie bei Legasthenikern aufgehoben ist und daß bei ihnen die Inselregion beidseitig schmaler ist (Galaburda 1989a, 1989b; Hynd, 1990, 1991). Diese Aspekte weisen in Zusammenhang mit den Forschungen über die Vererbung von Linkshändigkeit und Hirnasymmetrie auf einen starken genetischen Faktor bei der Entstehung von Legasthenie hin.

In einer Studie zur Hirndurchblutung mit markiertem Sauerstoff (PET = Positronen-Emissions-Tomographie) konnte Rumsey (1992) bei dyslektischen

Männern eine verminderte Aktivierung des linken hinteren Schläfenlappens während Aufgaben mit Reimerkennung nachweisen, nicht jedoch bei anderen Aufgaben, die verbale Aufmerksamkeit erforderten, oder in Ruhe. In einer anderen Studie mit PET zeigten Gross-Glenn et al. (1991), daß während einer Leseaufgabe die normalerweise asymmetrische Durchblutung in der präfrontalen Rinde und im tiefen Scheitellappen-Bereich erwachsener Dyslektiker ungewöhnlich symmetrisch war. Diese Befunde wurden jetzt auch bei Koppelung des PET-Verfahrens an Akustisch Evozierte Potentiale (AEP = EEG-abgeleitete und computererrechnete Potentialveränderung im Stammhirn nach akustischer Reizung) bestätigt (Wood, 1991).

7.2. Neurophysiologische und neuropsychologische Befunde

7.2.1. Elektrophysiologische Befunde

Durch die Arbeit von Andreas Warnke (1990) konnten wichtige neuropsychologische Erkenntnisse gewonnen werden. Warnke fand, daß sich Kinder mit Legasthenie in ihrer Fähigkeit, Bilder und Muster zu erkennen und zuzuordnen, nicht von Vergleichspersonen unterscheiden. Erst wenn Warnke in den Testreihen die Bilder und bildähnlichen Informationen nach und nach zu visuellen Informationen mit buchstabenähnlichem Charakter veränderte oder verbale Lösungsstrategien möglich wurden, zeigten sich auch die Unterschiede zwischen den Gruppen immer deutlicher.

Warnke fand, daß sich keine prinzipielle Verringerung der Daueraufmerksamkeit bei Kindern mit Legasthenie nachweisen ließ. Lediglich bei Überprüfung der Aufmerksamkeit mit Buchstaben-Ketten waren sie den Kontrollkindern unterlegen. Dies entspricht auch den Ergebnissen einer früheren Arbeit von Schulte-Körne (1991), bei der Unterschiede zwischen legasthenen Jungen und Kontrollkindern in der selektiven Aufmerksamkeit signifikant waren, nicht jedoch in der Daueraufmerksamkeit. Remschmidt (1992) konnte diese Befunde später bestätigen: EEG-Analysen bei Legasthenikern unter den Bedingungen der visuellen Buchstabenerkennung führen bei zunehmendem Schwierigkeitsgrad eher zu einer globalen Aktivierung der hirnelektrischen Aktivität (schnellere Aktivierung von α-Wellen gegenüber Kontrollpersonen). Kein Unterschied bestand in der Langzeitaktivierung, aber eine Verzögerung der visuellen Aktivierung.

Hirnelektrische Befunde zeigen bei legasthenen Kindern linkshemisphärisch eine Verzögerung der visuell provozierten Erregungsvorgänge (Warnke, 1990). In einer EEG-Studie konnte Martinius (1972) ferner nachweisen, daß bei Kindern mit Legasthenie während eines Aufmerksamkeitstests (Lösen einer akustischen Diskriminationsaufgabe) mit einer Zunahme von Alphawellen über beiden Hirnregionen und mit einer Zunahme der interhemisphärischen Synchronie reagierten. Er wertete dies als Ausdruck einer allgemeinen Aktivierung und im Zusammenhang mit der geringeren Zahl von Augenbewegungen bei Legasthenikern als Zeichen einer beeinträchtigten selektiven visuellen Aufmerksamkeit. Auch Warnke (1990) konnte eine Verlangsamung der einfachen visuellen Reaktionszeit finden. Zudem unterstützen seine Befunde mit visuell evozierten Hirnpotentialen die Vermutung, daß die visuelle Informationsaufnahme bei Legasthenikern dysfunktionell ist. Weitere elektroenzephalographische Befunde stehen im Einklang mit den hirnanatomischen Befunden, die auf eine linkshemisphärische Störung im Bereich des Gyrus angularis und supramarginalis (Warnke, 1990; Johannes, 1994; Moll, 1994) deuten. Diese Regionen sind, wie wir oben gesehen haben, wichtig für die Integration sprachlicher und visueller Informationen. Wenn wir die Legasthenie als eine Störung von Teilbereichen der visuellen und der auditiven Wahrnehmung und Verarbeitung verstehen wollen, wird es wichtig sein, diese Bereiche neurophysiologisch noch genauer zu definieren.

7.2.2. Befunde im visuellen System

Was den visuellen Bereich anbelangt, wirken sich die oben beschriebenen neuronalen Sörungen in mehreren Teilfunktionen aus: in Störungen der Augapfelbewegungen (**Motilitätsstörungen**), in **Akkomodationsstörungen**, in **Störungen der visuell-räumlichen Wahrnehmung** und der **Reaktionszeit** und **Störungen der visuellen Speicherung** von Buchstaben und Wörtern. Eine fundierte Zusammenfassung der Forschungsergebnisse der letzten Jahre haben Willows, Kruk und Corcos (1993) publiziert. Die Erforschung visueller Phänomene bei Legasthenikern ist mit den Namen Breitmeyer (1989, 1992, 1993, 1995), Lovegrove (1989) und Livingstone (1987, 1988) verknüpft.

Augeneinstellbewegungen und die ruckartigen Augenfolgebewegungen (Sakkaden) unterliegen in hohem Maße unserer Aufmerksamkeit und unserer Erwartungshaltung. Einstellbewegungen sind also keine „Entscheidungen" des Auges sondern des Gehirns. Sie setzen eine bewußte Wahrnehmung und ein bewußtes Auswählen aus dem dargebotenen Material des gesamten Blickfeldes (oder von auditiven und taktilen Reizen) dar. Die Steuerung der Augenmuskeln, die den Augapfel in allen Richtungen drehen können, übernehmen Neurone des vorderen Vierhügelpaars (Colliculus superior), der hinteren Scheitelrinde und des frontalen Augenfeldes.

60–70% aller dyslektischen Kinder leiden unter Dysfunktionen der Augenbewegungen. Sie haben längere und variablere Fixationszeiten, kürzere Sakkaden und mehr Regressionen (rückwärtsgerichtete Sakkaden). Bei raschen Blick-folgebewegungen sieht man bei Legasthenikern oft überschießende Sakkaden, die sich dann nach einem Verweilen von 150–200 Millisekunden in der abwei-chenden Position auf den eigentlichen Zielpunkt einstellen. Die Fehlerhäufig-keit in den Sakkaden dyslektischer Kinder scheint bei zunehmender Wortlänge linear anzusteigen. In welchem Maße hier die fehlerhafte sensorische Merkmals-analyse des visuellen Substrats mit der fehlerhaften Kopplung an die Wortbe-deutung (mentales Lexikon) in direkter Beziehung steht, konnte noch nicht klar herausgearbeitet werden (Jacobs, 1992). Biscaldi (Biscaldi, 1993; Fischer & Biscaldi, 1995) zeigte, daß Legastheniker mit assoziierten Teilleistungsstörun-gen bei ihren Blickbewegungen starke Schwankungen der Reaktions- und Fixationszeiten hatten, eine große Ungenauigkeit beim Treffen eines Blickziels und eine große Unruhe bei der Fixation aufwiesen. Bei Tests, bei denen mehre-re Blicksprünge nacheinander gemacht werden mußten, kamen weniger aber größere Blicksprünge als bei Nicht-Legasthenikern vor. Legastheniker ohne assoziierte Teilleistungsstörungen zeigten kurze Reaktionszeiten und viele Kor-rektur-Sakkaden, die reflexartig ausgelöst wurden und damit zu einer ungenü-genden Fixationsgenauigkeit führten.

Neuere Forschungsarbeiten deuten darauf hin, daß es zwei unterschiedliche Neuronensysteme des seitlichen Kniehöckers und der Sehbahn gibt. Sie werden als kleinzellig (P = parvozellulär) und großzellig (M = magnozellulär) bezeich-net. Den beiden Systemen entsprechen unterschiedliche Funktionen und Leitungsgeschwindigkeiten. Es handelt sich wahrscheinlich um verschiedene neuronale Systeme, die man „tonisch" und „phasisch" genannt hat (in der anglo-amerikanischen Literatur sind die entsprechenden Bezeichnungen „sustained" und „transient"). Tonische Reaktionen (P-Zellen) sind gekennzeichnet durch eine lineare räumliche Lichtsummation im rezeptiven Feld, eine tonische Ant-wort auf gleichbleibenden optischen Kontrast, kleine und langsam leitende Fasern und durch die Bevorzugung von Reizen von hoher Ortsfrequenz und langsamer Bewegung. Phasische Neuronen (M-Zellen) hingegen sind zu unter-scheiden durch das Nicht-Auftreten der linearen Licht-Summation, der toni-schen Antwort auf gleichbleibenden Kontrast, durch phasische Reaktionen bei Anfang und Ende einer Reizdarbietung, durch große und schnell leitende Fasern und durch Bevorzugung von Reizen von niedriger Ortsfrequenz und rascher Bewegung.

Galaburda fand bei seinen neuroanatomischen Studien, daß Zelldysplasien bei Legasthenikern vor allem im magnozellulären System der Sehbahn zu beobachten waren. Funktionell ist somit das phasische System betroffen. Die Folgen für etwa 70% aller Legastheniker sind eine Beeinträchtigung der Fixa-tion einzelner Buchstaben in einer Sakkadenreihe, Störungen der visuellen Per-sistenz, der Flimmerempfindlichkeit, der Beurteilung der zeitlichen Reihenfolge kurz dargebotener Reize und des „Metakontrasts", einer Art Rückwärts-Maskierung, in der die Sichtbarkeit von Kontrast und Kontur eines kurz dargebotenen Zielreizes von einem zeitlich folgenden und räumlich benachbarten Maskenreiz gehemmt wird (Breitmeyer, 1992).

Offensichtlich führen die neuronalen Veränderungen bei einer großen Zahl von Legasthenikern zu einer Beeinträchtigung des simultanen Sehens mit beiden Augen bereits auf der Wegstrecke zwischen der Netzhaut und der primären Sehrinde. Durch funktionelle bildgebende Diagnostik hat man diese Befunde bei Legasthenikern jetzt direkt sichtbar machen können (Eden, 1996). Zwar wissen wir, daß 75% aller Menschen keine exakt symmetrisch baugleichen Augäpfel haben und keine exakt symmetrischen Augenbewegungen aufweisen (Heterophorie), aber dennoch in der Lage sind, die unterschiedlichen Abbilder der Wirklichkeit in ihrer Hirnrinde zu einem Bild zu verschmelzen (**binokulare Fusion**). Das gelingt ihnen, indem sie die Information des nicht-dominanten Auges ein wenig unterdrücken und nur die Wahrnehmungs-Information des führenden Auges durchlassen. Bei Legasthenikern ist jedoch dieses Koordinationssystem gestört. Wenn keine ausgeprägte Dominanz besteht, konkurrieren beide Augen oder besser gesagt: die Wahrnehmungssysteme beider Augen – um die Dominanz. Dies führt nach einiger Lesedauer zu störenden Doppelbildern oder zu instabilen Wortbildern.

Legasthenie

Offensichtlich besteht auch die Möglichkeit, daß eine ausgeprägte Dominanz eines Auges zu einer derartigen Unterdrückung des anderen Auges führt, daß die Wahrnehmung der supprimierten Seite funktionell wie eine Wortblindheit eines Auges imponiert. Wir kennen diese Entwicklung ja auch von schielenden Kindern. Solche Kinder erkennt man regelmäßig an der konstant asymmetrischen Körperhaltung und ihrer Kopfneigung beim Lesen. Die biophysikalischen Grundlagen dieses Effekts, der nur nach längeren Akkomodationsbelastungen auftritt, hat Ober (1995) erläutert.

7.2.3. Befunde im auditiven System

Die auditive Komponente der neuronalen Dysplasien führt bei Legasthenikern zu einer Fehlfunktion im Sinne einer **zentralen Fehlhörigkeit** und im Sinne von **partiellen Sprachwahrnehmungsstörungen**. Unter zentraler Fehlhörigkeit verstehen wir einen qualitativen Hörverlust im Bereich der zentralen Hörbahn bei normaler Hörschwelle (Esser, 1994). Dabei wird die Erkennung von Tönen kaum beeinflußt, Geräusche werden hingegen eher lauter als normal wahrgenommen. Das betrifft im Zusammenhang mit der Legasthenie vor allem die Wahrnehmung derjenigen Konsonanten, die höheren Geräuschcharakter haben und dadurch schlechter differenziert werden können. Das Problem potenziert sich, wenn aus der Umgebung Störgeräusche einfließen: das Hintergrundgeräusch anderer Kinder, Außengeräusche von der Straße, Maschinengeräusche von Haushaltsgeräten, Musik im Raum, ungünstige Hallverhältnisse in Schulklassen.

Kinder mit Störungen der auditiven Wahrnehmung und zentraler Fehlhörigkeit werden oft gefragt: „Hörst Du mir eigentlich zu?", „Kannst Du mich nicht hören, bist Du schwerhörig?", „Hörst Du nur mit einem Ohr zu?", „Hast Du eine lange Leitung?". Sie werden oft aufgefordert, aufmerksamer zu sein, richtig hinzuhören oder auf den Mund zu schauen.

Die Umgebungsbedingungen wirken sich bei ihnen gravierend auf ihre Konzentrationsfähigkeit und Aufmerksamkeitsdauer aus. Sie sind leichter ablenkbar, rascher ermüdet oder unruhig, verstehen Anweisungen und Lehrinhalte schlechter, fragen häufiger nach, wenden sich dem Partner mit einem Ohr zu,

Funktionen der zentralen Hörwahrnehmung (nach Keith, 1982)	
Richtungshören	Geräuschquelle lokalisieren
binaurale Synthese	Verschmelzung beidseits gleichzeitig oder nacheinander präsentierter unvollständiger Stimuli
Figur-Grund-Wahrnehmung	Vordergrundsignal vor konkurrierenden Hintergrundgeräuschen identifizieren
binaurale Trennung	mit einem Ohr zuhören, gleichzeitig Stimulation des anderen Ohrs unterdrücken
Gedächtnis	auditive Stimuli speichern und in korrekter Länge und Reihenfolge wiedergeben
Laute verbinden	Worte aus getrennt artikulierten Phonemen bilden
Diskrimination	Unterschiede zwischen ähnlichen Stimuli erkennen, zwei auditive Stimuli als gleich oder unterschiedlich differenzieren in ihrer Tonhöhe, Dauer oder Intensität
Zusammenfügen	Wahrnehmung eines ganzen Wortes oder Information aus Teilen
Aufmerksamkeit	Dauer des Zuhörens
Assoziation	Herstellen einer Verbindung zwischen nicht-sprachlichem Stimulus und Geräuschquelle
Kognition	Herstellen einer Verbindung zwischen sprachlichem Stimulus (lexikalisches Gedächtnis) und seiner Bedeutung (semantisches Gedächtnis)

hängen gespannt an den Lippen des Lehrers und schalten bei Überlastung ab. Auch das Richtungshören ist deutlich schlechter. Ihre Artikulationsqualität ist vor allem bei Hintergrundgeräuschen und in Gruppensituationen schlechter, d.h. sie werden auch schlechter verstanden, und ihre Sprachmodulation ist dann im Umfang und in der Differenziertheit geringer. Sie neigen eher zu Stammelfehlern (Dyslalie) oder haben in ihrer Vorgeschichte eine Phase von Sprachentwicklungsverzögerung (meist im Kleinkindesalter). Sekundäre Folgeprobleme sind nicht selten: Kinder mit zentraler Fehlhörigkeit neigen dazu, selbst laut zu werden, indem sie laut sprechen oder viele laute Geräusche produzieren und Musik laut hören. Wir gehen davon aus, daß sie damit erreichen, sich selbst deutlicher aus dem Hintergrundgeräusch herauszuhören. Es kommt dann zu dem zwiespältigen Eindruck, daß das gleiche Kind wegen scheinbarer Schwerhörigkeit dem HNO-Arzt zur Hördiagnostik vorgestellt wird, selbst aber bei anderer Gelegenheit sehr laut wird. Diese Kinder fallen oft als Störenfriede in der Klasse auf. Gelegentlich hören wir über diese Kinder auch, daß sie sich

---

Untersuchung der zentralen auditiven Wahrnehmung (nach Wirth, 1994)

- Prüfung der auditiven Aufmerksamkeit
- Prüfung der Geräuschlokalisation (Richtungshören)
- Prüfung der Klangassoziationsfähigkeit
- Prüfung der auditiven Differenzierungsfähigkeit:
    Prüfung des Erkennens unterschiedlicher Geräuschqualitäten
    Prüfung der Unterscheidungsfähigkeit von Sprachlauten
    Prüfung des Erkennens von Intensitätsunterschieden
    Prüfung des Erkennens von Unterschieden in der Tonlänge
    Prüfung der Fähigkeit zur Tonhöhenunterscheidung
    Prüfung der Fähigkeit zur Selektivität
    Prüfung der Simultaneität
    Prüfung der Figur-Hintergrund-Unterscheidung
    Prüfung des Erkennens auditiver Sequenzen und Symbolfolgen
    Prüfung der Fähigkeit, akustische und optische Signale zu verstehen
    Prüfung der Synthese und Analyse
    Prüfung der Ergänzungsfähigkeit
- Prüfung von Syntax und Morphologie
- Prüfung des expressiven Prozesses
- Prüfung der Segmentation
- Prüfung zum Ausschluß einer vokabularspezifischen Störung
- Prüfung der Klassifikationsfähigkeit
- Prüfung der akustischen Merkfähigkeit
- Prüfung des auditiven Gedächtnisses
- Prüfung der Wiedergabefähigkeit
- Prüfung der Hörgedächtnisspanne
- Prüfung der Fähigkeit der Imitation vorgegebener Strukturen
- Prüfung der Koordination komplexer Muster
- Prüfung des Langzeitgedächtnisses

über die Lautstärke in der Schule beklagen oder daß sie den Kindergartenbesuch beharrlich verweigert haben.

Kinder mit zentraler Fehlhörigkeit haben oft eine Störung im beidohrigen Hören: der dichotische Hörtest fällt häufig pathologisch aus. Auch im auditiven Wahrnehmungstrennschärfetest (WTT), der mit unterlegten Störgeräuschen arbeitet, sind die Fehlerzahlen häufig erhöht. Als Hinweis für eine verlangsamte Verarbeitungsgeschwindigkeit kann eine Verlängerung der auditiven Ordnungsschwelle gemessen werden. Wenn sich die zentrale Fehlhörigkeit auf die Sprachentwicklung negativ auswirkt, so sind meist die Lautdiskrimination und die Wahrnehmungsgeschwindigkeit beeinträchtigt. Die entsprechen Subtests aus dem Heidelberger Sprachentwicklungstest (HSET) oder dem Psycholinguistischen Entwicklungstest (PET) fallen dann pathologisch aus. Als Ausdruck der beeinträchtigten Sprachwahrnehmung finden wir bei Legasthenikern gehäuft leichte Artikulationsstörungen (partielle Dyslalie). Eine hervorragende Zusammenstellung der Ursachen und Einzelfaktoren der zentralen Hörstörungen liegt in der Materialsammlung vom 7. Interdisziplinären Kolloquium der Geers-Stiftung zu diesem Thema vor (Plath, 1994).

Eine detaillierte Zusammenfassung der Möglichkeiten, einzelne Prozesse der auditiven Wahrnehmung zu untersuchen, gibt Wirth (1994). In der praktischen Diagnostik bei Legasthenikern erweist es sich jedoch in aller Regel nicht als notwendig, alle Bereiche zu überprüfen. Folgende Schwerpunkte können gesetzt werden:

Bei Kindern mit Legasthenie scheinen vor allem folgende Prozesse der zentralen Hörwahrnehmung betroffen zu sein:

- ein phonematisches Defizit führt zu einem verlangsamten lexikalischen Zugriff
- die Klassifikation von Geräusch- und Klang-Stimuli erweist sich in einem nicht-phonematischen Bereich als gestört
- die Lautdiskriminationsfähigkeit ist verlangsamt
- das rasche Benennen von Buchstaben und Objekten ist verlangsamt
- Laute zu verbinden und zusammenzufügen ist erschwert
- gleichklingende Laute werden schlecht wiedererkannt
- Segmentierung von Worten in Einzelphoneme ist beeinträchtigt
- Schwächen bestehen in der beidohrigen Wahrnehmung von Geräuschen und Sprache

---

Eine unheilvolle Kombination ergibt sich dann, wenn Kinder mit Veranlagung zur Legasthenie im späten Säuglingsalter oder im 2. und 3. Lebensjahr häufige oder langanhaltende Mittelohrentzündungen oder Mittelohr-(Paukenhöhlen-)ergüsse (Mucotympanon) gehabt haben. Mehrere Untersuchungen haben gezeigt, daß diese Erkrankungen, die mit vorübergehender Mittelohrschwerhörigkeit in einer sprachprägenden Lebensphase einhergehen, zu bleibenden Beeinträchtigungen der Sprachentwicklung im Sinne einer Lautdifferenzierungsstörung führen können und daß diese Kinder häufiger Lesestörungen entwickeln (Updike, 1992). Besonders die Konsonanten mit hochfrequenten Anteilen (/f/, /s/), Konsonanten, die in der Wortmitte recht leise ausgesprochen werden (/p/, /h/, /g/) oder Lautkombinationen aus zwei Konsonanten in der Wortmitte (/ng/) sind in der Wahrnehmung bedroht und werden von Kindern mit leichten Hörstörungen schlecht erkannt (Downs, 1995). Als bleibendes Restmerkmal fand man bei Kindern mit früh abgelaufenen Mittelohrentzündungen leichte bis mäßig ausgeprägte Hochtonverluste in der Hörschwellenbestimmung (Moore, 1990; Zargi, 1992; Arcia, 1993; Margolis, 1993; Tharpe, 1991).

Im gleichen Maße potenzierend nachteilig wirken sich bei Kindern mit zentraler Fehlhörigkeit schlechte akustische Umgebungsbedingungen aus. In der Schulsituation ist dabei die Frage der akustischen Raumisolation nach außen ebenso wichtig wie die Innenakustik. Wird der Schall im Klassenzimmer ohne wesentliche Absorption an verschiedenen Flächen reflektiert, so entsteht eine Streuung, die als Nachhall bezeichnet wird. Langer Nachhall führt zu einer Verlängerung der Spektralenergie von vokalischen Phonen, die dann dazu neigen, benachbarte Konsonanten zu maskieren (Crandell, 1995). Klassenraumstörgeräusche und ungünstige Schallausbreitung können auch bei normalen Kindern schon zu einer Einschränkung der Sprachwahrnehmung um 10–30% führen. Um wieviel stärker mag die Beeinträchtigung der Kinder mit einer zentralen Fehlhörigkeit infolge einer Legasthenie sein?!

7.3. Theorien der Lateralisation

Die ungewöhnliche Symmetrie des Gehirns scheint Hypothesen zu bestätigen, die von einer Störung der Lateralisation bei Legasthenikern ausgehen. Sowohl in der Theoriebildung als auch in der Therapie überwiegen noch die Modelle der gestörten Hemisphärendominanz oder einer Störung der Corpus-Callosum-Funktion (siehe z.B. die einseitigen theoretischen Grundlagen der Kinesiologie). Die Grundlage dieser Betrachtungsweise wurde 1937 von Orton gelegt. Eine fundierte Kritik aus heutiger Sicht findet sich bei Corballis (1993).

Die Probleme der zerebralen Dominanz sind mit großer Sorgfalt und Sensibilität zu untersuchen. Zahlreiche Forschungsergebnisse wurden mit dem Wada-Test gewonnen, in dem vor neurochirurgischen Eingriffen ein schlafmittelähnliches Medikament in eine Halsschlagader injiziert wurde. Durch die darauf folgende, wenige Minuten dauernde Betäubung der entsprechenden Hirnhälfte konnte man u.a. kontrollieren, welche Hirnhemisphäre die Sprachfähigkeit oder andere Funktionen garantiert. Andere Erkenntnisse wurden aus Beobachtungen hirnverletzter Patienten oder von Schlaganfall-Patienten ge-

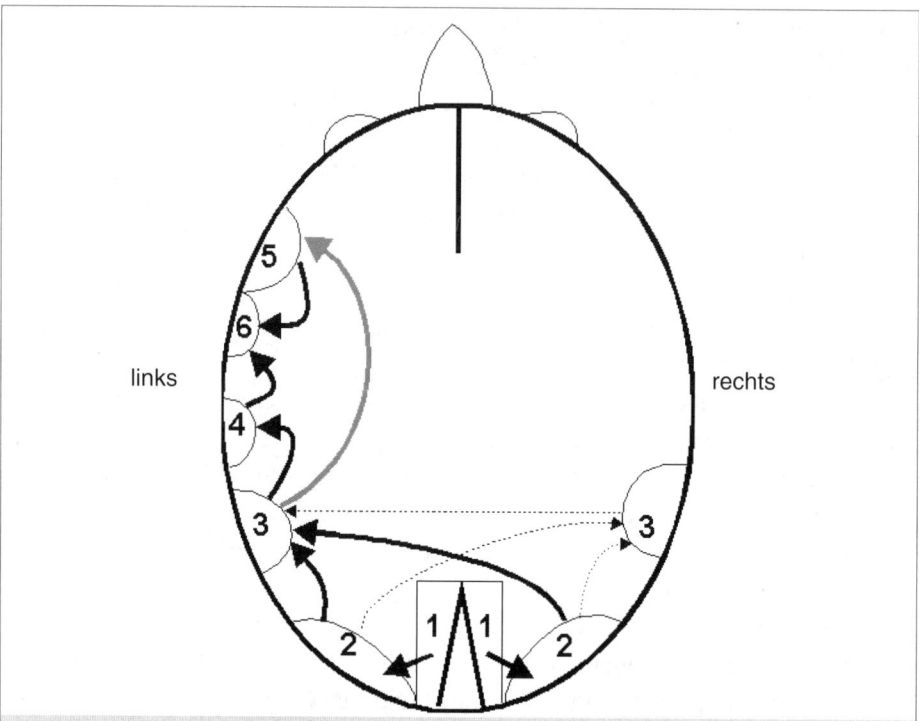

links

rechts

Die Hauptwege der zerebralen Verknüpfung beim Lesen in der Aufsicht der zerebralen Hemisphären: (1) visueller Kortex, (2) visuell assoziativer Kortex, (3) Lesezentrum im Gyrus angularis, (4) sensorisches Sprachzentrum linkes Schläfenhirn, (5) sensorisches Sprachzentrum linkes Stirnhirn, (6) motorisches Sprachzentrum (nach Chase, 1991)

sammelt. Nicht alle früheren Forschungserkenntnisse sind somit auf die Entwicklung von Kindern mit Schreiblesestörungen übertragbar. Es scheint jedoch gesichert, daß die rechte Hemisphäre bei den meisten Menschen die Soforterkennung von räumlichen Beziehungen dominiert, und zwar unabhängig davon, ob es sich um visuelle, auditive oder taktile Reize handelt. Es scheint eine gewisse Übereinstimmung zwischen Händigkeit und Sprachlateralisation zu geben, aber nur in der Weise, daß fast alle Rechtshänder (95%), aber nur 60% aller Linkshänder linkshemisphärisch sprachdominant sind. Weitere 20% aller Linkshänder weisen eine bilaterale Sprachkontrolle auf (Gaddes, 1985) und 20% eine rechtshemisphärische Kontrolle. Allerdings gibt es sicher auch Rechtshänder mit bilateral repräsentierter Sprachkontrolle. Händigkeit ist sicher trainierbar und somit ein unsicheres Zeichen. Am häufigsten haben wir wechselnde Händigkeit bei motorisch beidhändigen Kindern gesehen. Mit vorschnellen Schuldzuweisungen wegen gezieltem Umlernen dieser Kinder sollte man daher vorsichtig umgehen. Interkulturell gleichbleibend scheint die Zahl von 60% reinen Rechtshändern, 15% reinen Linkshändern und 15% Beidhändern zu sein. Nur in einem kulturellen Umfeld, in dem eine Festlegung auf eine Händigkeit gefordert ist, d.h. bei Einführung von Beschulung, bleibt es auch Beidhändern nicht erspart, sich in der Graphomotorik auf eine bestimmte Händigkeit festlegen zu müssen.

„Äugigkeit", „Händigkeit", „Ohrigkeit" und „Füßigkeit" sind keineswegs intraindividuell konstant. Nicht selten konnten wir Kinder mit sog. „gekreuzter motorischer Dominanz" finden, also z.B. Rechtshändigkeit und Linksfüßigkeit. Auch sagt die Händigkeit nichts darüber aus, welches Auge oder welches Ohr dominant ist. Untersuchungen mit dichotischen Hörtests zeigen in 70–75% eine Dominanz des rechten Ohrs: ein plausibler Befund bei der gleichzeitigen Annahme, daß Höreindrücke des rechten Ohrs zu 80% zum linkshemisphärischen Hörzentrum übertragen werden und das Hör- und Sprachverarbeitung bei 80% aller Menschen linkshemisphärisch dominiert werden. (Dichotischer Hörtest: per Kopfhörer präsentiert man beiden Ohren gleichzeitig zwei unterschiedliche Wörter. Das Kind soll eines oder beide Wörter nachsprechen. Entweder aus der Fehlerzahl oder der Wiedergabegeschwindigkeit lassen sich Rückschlüsse auf das dominante Ohr ziehen). Zumindest bis in die zwanziger Jahre dieses Jahrhunderts wurden praktisch alle Kinder in europäischen Schulen zwangsweise zu Rechtshändern geschult. Trotz der damit sicherlich verbundenen enormen Probleme für genetisch linkshändig veranlagte Kinder ist uns nicht bekannt, daß die Zahl der schreibleseschwachen Kinder seit Lockerung dieser derben Rituale geringer wurde. Während sich Händigkeit also – wenn auch unter Zwang – trainieren läßt, scheint ein Wechsel der hemisphärischen Sprachdominanz wesentlich schwerer möglich zu sein.

Bezugnehmend auf die **motorische Seitendominanz** (Händigkeit, Füßigkeit) begegnet man noch oft der Annahme, daß Linkshänder häufiger von Legasthenie betroffen sind als Rechtshänder. Diese Ansicht konnte eindeutig widerlegt werden (Bonato, 1990; Dornheim, 1994). Viele Therapeuten finden jedoch unter den Legasthenikern etwa 25% Beidhänder oder latente Beidhänder. Dieser Anteil ist etwa doppelt so hoch, wie aus der Zusammensetzung in der Gesamtbevölkerung zu erwarten wäre. Untersucht man die feinmotorische Koordination von Kindern mit Legasthenie, so findet man mit den gängigen Methoden keine sicheren Unterschiede zu Vergleichsgruppen. Bei komplexen Bewegungsmustern oder Mustern mit Rechts-Links-Koordination werden Unterschiede zu Ungunsten der Legastheniker deutlich, besonders wenn die Faktoren „Zeit" und „Geschwindigkeit" in die Analyse einbezogen werden. So fand Kinsbourne (1991) signifikante Unterschiede bei repetitiven Bewegungen der rechten Hand und des rechten Fußes. Berninger (1992) konnte bei Schreibleseanfängern mit Dyslexie Störungen der komplexen Fingerfunktionen, z.B. im beidhändig durchgeführten Fingerfolgetest, nachweisen. Gerade auch bei zeit- und rhythmus-abhängigen motorischen Prozessen ließen sich hohe Korrelationen darstellen: Legasthenikern fällt es schwerer, Rhythmusfolgen mit den Fingern beider Hände nachzuklopfen, wenn der Einsatz der Hände abwechselnd ist, nicht jedoch, wenn die Finger beider Hände unisono eingesetzt werden (Wolff, 1990).

Für den Bereich der **visuellen Seitendominanz** lassen sich Belege für eine Störung der Lateralisation nicht leicht erheben. Wahrscheinlich hängt dies mit der exakt bilateralen Repräsentation der visuellen Wahrnehmung und mit der Erregungsleitung im visuellen System zusammen. Eine physiologische Dominanz des linken Frontalhirns wie in der Motorik und in der Sprache gibt es nicht. Dennoch ließ sich in Teilbereichen der visuellen Perzeption bei Legasthenikern ein Defizit beweisen: vor allem scheinen Schwächen in der räumlichen Wahrnehmung zu bestehen (Bonato, 1990). Ausgehend von der Hypothese, daß Leseanfänger überwiegend rechtshemisphärisch lesen, lesekundige Kinder später dann jedoch linkshemisphärisch dominant im Lesen sind, hat Bakker (Bakker, 1990, 1995; Kappers, 1994) Legastheniker in P-(=Perceptual) und L-(=Linguistic)Typen eingeteilt und ein eigenes Therapiekonzept zur Förderung der Hemisphärendominanz entwickelt. Die Grundhypothese wird von Bakkers so formuliert: „Das Bilanzmodell besagt, daß die beiden Gehirnhälften beim Anfangslesen und beim fortgeschrittenen Lesen eine unterschiedliche Rolle spielen, obschon Lesen immer ein bi-hemisphärischer Prozeß ist. ... Im Anfangslesen ist Vermittlung über die rechte Hemisphäre am meisten fazilitierend seitens ihrer Spezialisierung in visuell-räumliche Prozesse. Bei einem fortgeschrittenen Leseprozeß ist Mediation durch die linke Hemisphäre am meisten fazilitierend wegen ihrer Spezialisierung auf linguistische Prozesse." Dabei bleibt wenig berücksichtigt, daß gerade bei Legasthenikern die Spezialisierung einer Hemisphäre, zumindest was die phonologische Aufgaben anbelangt, teilweise aufgehoben ist. Dementsprechend können auch 40% der legasthenen Kinder nicht sicher dem P- oder L-Typ zugeordnet werden. Eine ausführliche Kritik der Theorie von Bakker und Kappers findet sich bei Vellutino (1978).

Bei lateralisierten tachistoskopischen Darbietungen von Buchstaben und Wörtern hat man bei Legasthenikern untersucht, ob eine Hemisphärendominanz besteht. Bei normal guten Lesern hatte sich eine Überlegenheit der rechten Gesichtsfeldhälfte und damit der linken Sehrinde gezeigt. Diese Dominanz scheint bei Kindern mit Legasthenie abgeschwächt oder aufgehoben zu sein (Marcel, 1974). Kein Unterschied zwischen Legasthenikern und Nicht-Legasthenikern besteht jedoch dann, wenn man den Versuchspersonen tachistoskopisch Gesichter darbietet (Pirazzolo, 1979). So bestätigen sich auch die Ergebnisse der Untersuchung von Warnke (1990) über die Unterschiede zwischen der visuellen Worterkennung und der visuellen Objekterkennung bei Kindern mit Lese- und Schreibstörungen.

Besonders intensiv wurden Modelle der **auditiven und verbalen Seitendominanz** untersucht. Beim Hören von Alltagsgeräuschen zeigten Legastheniker eine normale Wahrnehmung über das linke Ohr. Wenn sie aufgefordert wurden, sich auf das rechte Ohr zu konzentrieren, konnten diese Kinder dichotisch präsentierte Geräusche für das linke Ohr nicht mehr trennen (Smith, 1987). Bei dichotischen Hörtests zeigt sich ja bei normalen Kindern eine Überlegenheit des rechten Ohrs, wenn Zahlen und Worte gehört werden sollen. Kinder mit Legasthenie zeigen nun meist eine Aufhebung dieser „Rechtsohrigkeit" oder sogar eine bessere Hörerkennung mit dem linken Ohr (Springer, 1990). Man kann die Überlegenheit des rechten Ohrs bei nicht-legasthenen Kindern oft auch an den Reaktionszeiten im Hörtest ablesen: bei der Bestimmung der Hörschwelle werden leise, gerade noch wahrnehmbare Sinustöne rechts rascher erkannt. Legastheniker haben hingegen eher seitengleiche Reaktionszeiten oder sogar kürzere Reaktionszeiten für das linke Ohr.

Auch in Teilbereichen der phonematischen Decodierung erwiesen sich Legastheniker als im Ergebnis unterlegen, besonders ausgeprägt wiederum bei Studien mit dichotischer Reizdarbietung (Kershner, 1991). Diese Ergebnisse werden aber ausdrücklich nicht als Defekt der Lateralisation sondern anders als in Ortons Konzept als ein übermäßiges Ansprechen der rechten Hemisphäre bei Geräuschsymbol-Repräsentation interpretiert. Perfetti (1988) überprüfte bei Leseanfängern einige Aufgaben aus dem Bereich der phonematischen Bewußtheit. Besonders eine Aufgabe wurde von schlechten Lesern nicht gut gemeistert: der Deletions-Test: aus einem gesprochenem Wort soll das Anfangs- oder das Endphonem bei Nachsprechen weggelassen werden. Im Extremfall wurde Legasthenie sogar als eine Sprachentwicklungsstörung interpretiert (Catts, 1989). Größere Resonanz finden jedoch Arbeiten, die die Entwicklung der Phonem-Graphem-Zuordnung als interhemisphärisches Problem untersuchen. Unter diesem Aspekt konnte Vellutino (1975) bei Legasthenikern eine Schwäche in der Kopplung von buchstabenähnlichen Symbolen und zugeordneten Lauten zeigen.

Die neuroanatomischen Forschungen zeigen uns, daß die alten Funktionsmodelle der interhemisphärischen Verknüpfung und der Seitendominanz nicht in dieser linearen Weise als ein ausschließlich kortikaler Prozeß beibehalten werden können. Teilweise Entfernung der linken Hippokampus-Region führt beispielsweise zu Defiziten im Wortgedächtnis, während rechtsseitige Teilresektionen zu Störungen im nonverbalen Gedächtnis führen. Störungen der auditiven Aufmerksamkeit und der Lautdifferenzierung werden sicher auch durch Beeinträchtigungen des Innenohrs und bestimmter Stammhirnzentren verursacht. Teile von Sprachentwicklungsstörungen und Störungen des Schreibleseerwerbs werden nicht durch eine interhemisphärische Fehlfunktion, sondern durch die symmetrische Struktur des Schläfenlappens und durch unterschiedliche Reifungsprozesse eingeleitet und möglicherweise durch genetische Einflüsse und immunologische Faktoren geprägt. Es ist denkbar, daß die Verzögerung der embryonalen neuronalen Differenzierung in Teilen des linken Kortex dazu führen könnte, daß es in der rechten Hemisphäre zu einer verminderten Zellregeneration und einer erhöhten Aussprossung und Synapsenbildung kommt. Denkbar wäre dann auch, daß Kinder mit Legasthenie umso erfolgreicher in „rechtshirnigen" Aufgabenstellungen sein könnten und daß so durchaus ein positiver Selektionsdruck entsteht.

Eine ausführliche Zusammenfassung der neurophysiologischen Forschungsergebnisse zum Thema „Lateralisation" haben Geschwind und Galaburda gegeben (1985). Sie weisen u.a. darauf hin, daß bis heute kein Genlokus für die Lateralisationsentwicklung des Menschen identifiziert werden konnte. Hingegen ist die Geschlechtspräferenz für das Vorkommen von Sprachentwicklungsstörungen, Legasthenie und schwächerer Hirnasymmetrie bei Knaben und Männern interkulturell konstant anzutreffen. Geschwind und Galaburda entwickelten daraus die Hypothese, daß wesentliche Teile der embryonalen Gehirnentwicklung, darunter auch die Entwicklung der funktionellen Hirnasymmetrie im Bereich des Schläfenlappens (besonders des Planum temporale), vom Geschlechtshormon Testosteron abhängig sind. Die hohe Testosteronproduktion männlicher Feten bis kurz vor der Geburt oder eine besonders hohe Sensitivität gegenüber mütterlichem Testosteron bei weiblichen Feten könnten dann die Entwicklung der linken Hirnhemisphäre hemmen oder eine symmetrische Hirnentwicklung begünstigen. Dies wäre dann ein Erklärungsmodell für die tendenziell geschlechtsunterschiedlichen Fähigkeiten bei der sprachlichen Entwicklung zugunsten von Mädchen und der räumlich visuellen Perzeption zugunsten von Jungen.

Geschwind und Galaburda (1985) und andere Arbeitsgruppen (Hugdahl, 1990) vertraten ferner die Hypothese, daß infolge der testosteronbedingten Einflüsse immunologische Veränderungen auftreten könnten, daß die Morphologie der von ihnen beschriebenen Hirnveränderungen bei Legasthenikern Hinweise für immunologische Prozesse zeige und daß bei Legasthenikern Immunerkrankungen und allergische Erkrankungen häufiger anzutreffen seien (Pennington, 1987; Knivsberg, 1997). Die Geschwind- und Galaburda-Hypothese ist jedoch bis heute Gegenstand kontroverser Diskussionen (Dellatolas, 1990; Tønnessen, 1997). Sicherlich werden wir jedoch künftig differenzierter und bereichert über Lateralisationstheorien in den Kategorien des neuronalen Netzwerks nachdenken.

7.4. Modelle der Gedächtnisprozesse

In der Neuropsychologie und in der Linguistik ist man heute übereinstimmend der Ansicht, daß es verschiedene Kategorien von Gedächtnisleistungen gibt. Anatomisch gesehen scheint eine Gehirnstruktur namens Hippokampus an vielen

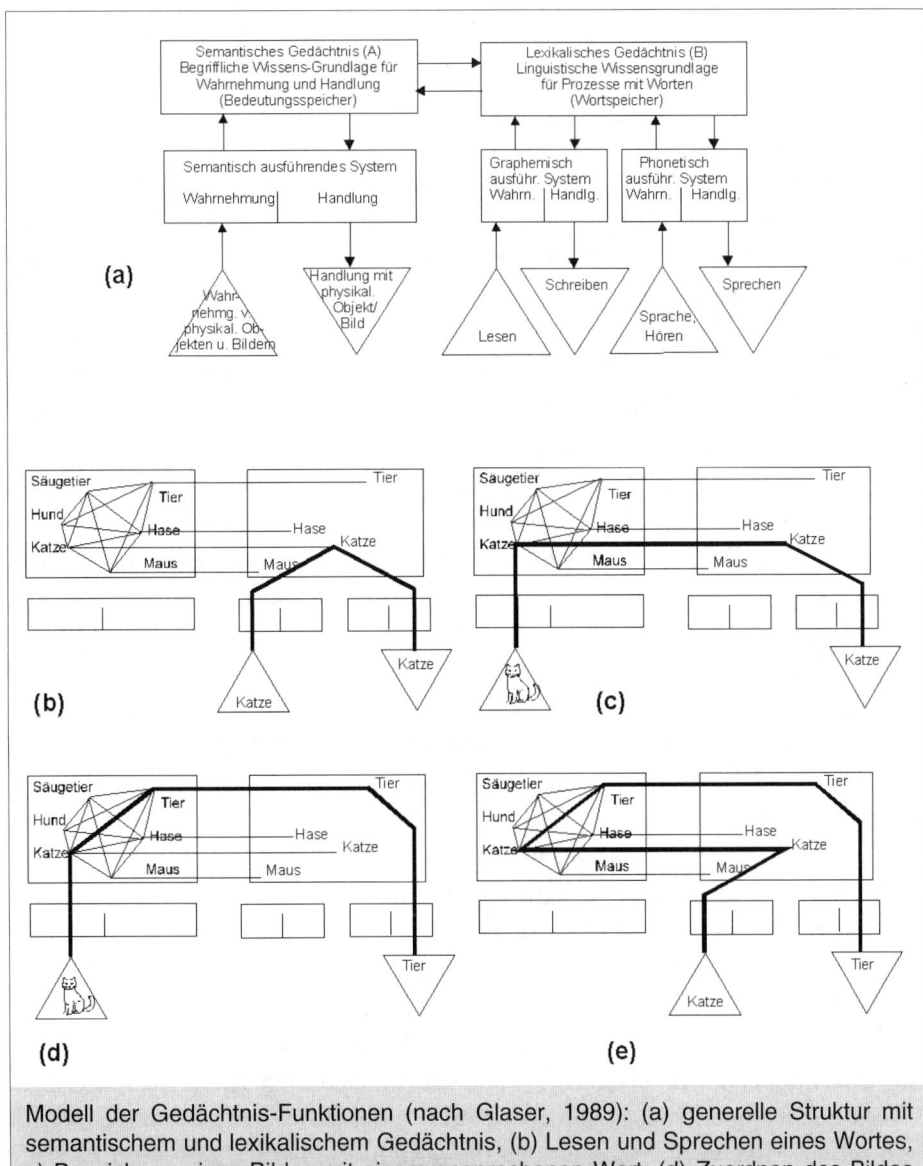

Modell der Gedächtnis-Funktionen (nach Glaser, 1989): (a) generelle Struktur mit semantischem und lexikalischem Gedächtnis, (b) Lesen und Sprechen eines Wortes, c) Bezeichnen eines Bildes mit einem gesprochenen Wort, (d) Zuordnen des Bildes zu einem Überbegriff und Sprechen des Überbegriffs, (e) Lesen eines Wortes und Bezeichnen mit einem Überbegriff

Gedächtnisleistungen beteiligt zu sein. Einen begrenzten Ort für Gedächtnis wird es im Zentralnervensystem wohl nicht geben. Unabhängig von den Modellen der Informationsaufnahme und -verarbeitung (siehe Kapitel 4.5.) und den Problemen der zeitlichen Sequenzen zwischen Kurz- und Langzeitgedächtnis (siehe Kapitel 8.6.) kann man davon ausgehen, daß verschiedene Gedächtnisinhalte in unterschiedlichen Speichern abgelegt werden: in einem semantischen und einem lexikalischen Gedächtnis. Glaser & Glaser (1989) haben eigene und fremde Forschungsergebnisse zu einer anschaulichen Hypothese verdichtet, die hier beschrieben werden soll.

Stroop entdeckte 1935, daß die Reaktionszeit zur Benennung eines Farbplättchens länger ist als die Reaktionszeit bis zum Lesen eines Farbnamens und daß das Benennen von Farben deutlich beeinträchtigt ist, wenn mit dieser Farbe der Name einer anderen Farbe geschrieben wird. In der Folgezeit wurden zahlreiche Stroop-ähnliche Experimente durchgeführt. Die Analyse der verschiedenen Reaktionszeiten und Interferenzen erbringt ein Bild der Gedächtnisleistungen. Dabei wird ein semantisches Gedächtnis für konzeptionelles Wissen von Wahrnehmung und Aktion von einem lexikalischen Gedächtnis für die linguistische Wissens-Basis für Wort-Operationen unterschieden.

Das semantische Gedächtnis erhält seinen Input durch die Wahrnehmung von physikalischen Objekten und Bildern, das lexikalische Gedächtnis nimmt hingegen das graphische System (Schrift) oder das phonetische System (Hören, Sprache) wahr. Dem entspricht im Output die Aktion mit physikalischen Objekten aus dem semantischen Gedächtnis heraus und das Schreiben und das Sprechen aus dem Gedächtnispotential des lexikalischen Gedächtnis (a). Wird also das Wort „Katze" gelesen oder gesprochen, so verzeichnet das Gedächtnis zunächst nur das Wortbild oder das Klangbild, ohne daß damit zwangsläufig die Erinnerung an ein Tier mit vier Beinen, Ohren, Schnauze und Schwanz gekoppelt sein muß (b). Im semantischen Gedächtnis sind mit der Bedeutung für Katze in einem Netzwerk auch ähnliche Begriffe abgelegt, wie z.B. „Hund" und „Maus" oder die Überbegriffe „Säugetier" und „Tier", aber auch assoziierte Begriffe, die zu „meinem Hund Fifi" gehören, wie z.B. der Briefträger, den er gebissen hat.

Das Bild einer Katze wird, bevor es sprachlich als „Katze" bezeichnet werden kann, nach Aufnahme im semantischen Gedächtnis der linguistischen Operation mit dem entsprechenden Wort zugeführt und durch das ausführende phonologische System in das gesprochene Wort umgewandelt (c). In Abbildung (d) und (e) sind die Verknüpfungswege dargestellt, die beschritten werden, wenn zu dem Bild einer „Katze" oder zu dem gehörten Wort „Katze" der gesprochene Überbegriff „Tier" gefunden werden soll. Man kann aus dem Schema gut die zunehmende Komplexität der Aufgabenstruktur und der Vernetzung erkennen wie auch den zunehmenden Zeitbedarf zur Problemlösung erahnen.

Darüber hinaus wird deutlich, welche Schwierigkeiten Kinder und besonders auch Legastheniker haben, wenn die Aufmerksamkeit ganz auf die Dechiffrierung eines Wortes gerichtet ist, von ihnen gleichzeitig aber auch eine Anbindung der Wortbedeutung erwartet wird. Gerade Legastheniker geraten immer wieder an ihre Grenzen, wenn sie konzentriert im Kurzzeitgedächtnis des linguistischen Systems arbeiten. Auch Kinder mit Sprachentwicklungsstö-

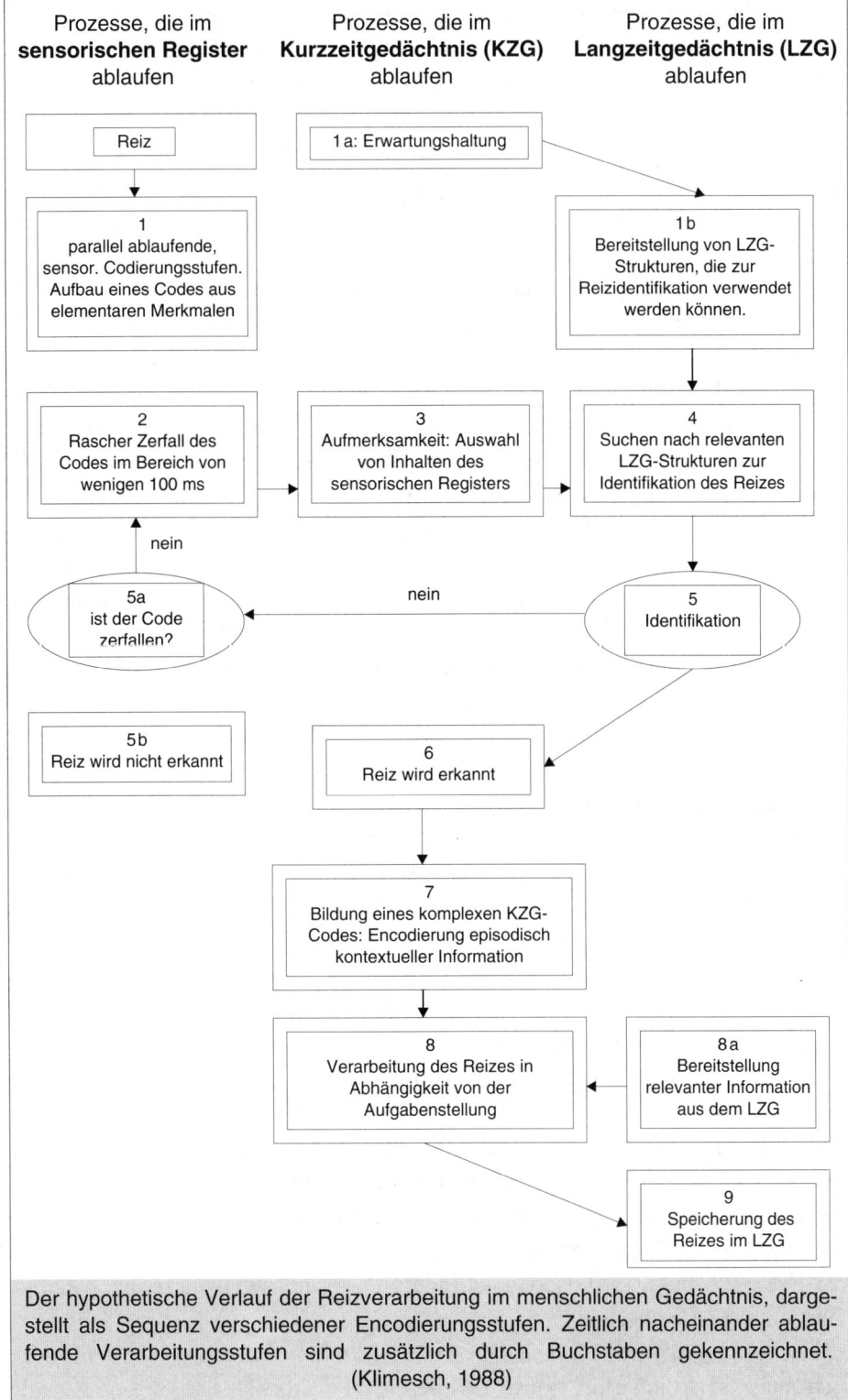

| Prozesse, die im **sensorischen Register** ablaufen | Prozesse, die im **Kurzzeitgedächtnis (KZG)** ablaufen | Prozesse, die im **Langzeitgedächtnis (LZG)** ablaufen |

Reiz

1 a: Erwartungshaltung

1
parallel ablaufende,
sensor. Codierungsstufen.
Aufbau eines Codes aus
elementaren Merkmalen

1 b
Bereitstellung von LZG-
Strukturen, die zur
Reizidentifikation verwendet
werden können.

2
Rascher Zerfall des
Codes im Bereich von
wenigen 100 ms

3
Aufmerksamkeit: Auswahl
von Inhalten des
sensorischen Registers

4
Suchen nach relevanten
LZG-Strukturen zur
Identifikation des Reizes

nein

5a
ist der Code
zerfallen?

nein

5
Identifikation

5 b
Reiz wird nicht erkannt

6
Reiz wird erkannt

7
Bildung eines komplexen KZG-
Codes: Encodierung episodisch
kontextueller Information

8
Verarbeitung des Reizes in
Abhängigkeit von der
Aufgabenstellung

8 a
Bereitstellung
relevanter Information
aus dem LZG

9
Speicherung des
Reizes im LZG

Der hypothetische Verlauf der Reizverarbeitung im menschlichen Gedächtnis, dargestellt als Sequenz verschiedener Encodierungsstufen. Zeitlich nacheinander ablaufende Verarbeitungsstufen sind zusätzlich durch Buchstaben gekennzeichnet.
(Klimesch, 1988)

rungen sind oft von diesen Schwierigkeiten betroffen. Jeder von uns kennt das Problem, wenn wir sehr müde sind und kurz vor dem Einschlafen lesen. Oft können wir uns am nächsten Tag nicht mehr an den Inhalt der zuletzt gelesenen Zeilen erinnern, obwohl uns das Lesezeichen beweist, daß die letzten Zeilen „gelesen" worden waren. Bei Legasthenikern scheint zudem häufig die Verknüpfung des semantischen mit dem lexikalischen Gedächtnis besonders erschwert zu sein, und man muß mit ihnen diese Verbindung langsam und mit kleinen Wortmengen üben.

Neben der Einteilung in die beiden wichtigen Speicherformen spielen die *Zeitfaktoren* und die *Speicherkapazitäten* die wichtigste Rolle in den Gedächtnisleistungen.

Die **Zeitfaktoren** werden in der Literatur unterschiedlich eingeteilt. Rahmann (1988) unterteilt die Gedächtnisdauern in das *Kurzzeitgedächtnis* (Dauer nach der Reizdarbietung: 6–25 Sekunden), das *Mittelfristige Gedächtnis* (Dauer: 5 Minuten – 24 Stunden) und das *Langzeitgedächtnis* (Dauer: 6–12 Stunden – Jahrzehnte). In unserem therapeutischen Alltag hat sich eine andere Zeiteinteilung bewährt: Kurzzeitgedächtnis (Sekunden bis wenige Minuten), mittelfristiges Gedächtnis (1–8 Stunden) und Langzeitgedächtnis (8 Stunden bis Jahre). Die neueren Forschungsergebnisse machen die Existenz eines Ultra-Kurzzeitgedächtnisses im Zeitrahmen von Zehntelsekunden wahrscheinlich (Klimesch, 1988). Alle Speicherformen sind modalitätsspezifisch; wir müssen also von spezifischen Speichern aller sensorischer Qualitäten ausgehen. Bilder im visuellen Kurzzeitspeicher werden bei fehlender Wiederholung oder Intensivierung bereits nach einer Sekunde wieder gelöscht, Hörreize aus dem auditiven Kurzzeitgedächtnis in weniger als vier Sekunden. Intermodale Speicherungen sind aber häufig (Rapin, 1982). Die Speicherung in den verschiedenen Bereichen geschieht über komplexe elektrische und chemische Prozesse, an denen Hormone und Neurotransmitter beteiligt sind.

Die Bedeutung der verschiedenen Zeitsektoren ergibt sich aus der Beobachtung, daß ein erfolgreiches Lernen in einem bestimmten Zeitrahmen nicht mit Konsequenz zu einem Transfer des Gelernten in den nächsten Zeitrahmen führen muß. Vielmehr ist es gerade für Kinder mit Legasthenie typisch, daß erst mehrere Wiederholungen im Kurzzeitspeicher die Wahrscheinlichkeit für eine Übertragung in das Langzeitgedächtnis erhöhen. Für jedes einzelne Kind muß man daher herausfinden, welche Wiederholungsfequenz in jedem Zeitrahmen für eine erfolgreiche Speicherung nötig ist. Hinzu kommt, daß Erwartungshaltung und Aufmerksamkeit einen starken Filter für Gedächtnisleistungen darstellen, da aus dem sensorischen Input nur geringe Mengen in die jeweilige Gedächtnisphase übertragen werden.

Zusätzlich stellen sich in jeder Phase der Decodierung eines gelesenen Wortes verschiedene Speicherfunktionen und deren Gedächtnisleistungen ein. Auf die

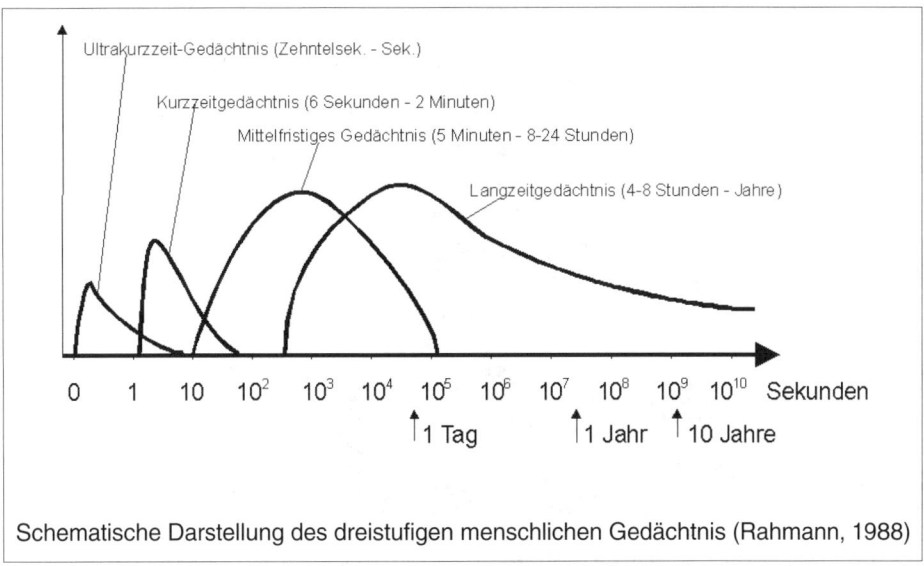

Schematische Darstellung des dreistufigen menschlichen Gedächtnis (Rahmann, 1988)

Bedeutung der Speicherschwächen, die bei Kindern mit Legasthenie für visuell erfaßte Buchstaben und Wörter obligat auftreten, und den Konsequenzen für die Lernstrategien werden wir später zurückkommen.

Der dritte wichtige Faktor der Gedächtnisleistung stellt die **Speicherkapazität** dar. Sie ist für alle Menschen unterschiedlich und hängt von der angeborenen Speicherfähigkeit, vom Übungsstand, vom Alter und vom Grad der Aufmerksamkeit ab. Grob gesagt können wir von Kindern bei Einschulung erwarten, daß sie in der Lage sind, fünf gehörte einsilbige Worte der Umgangssprache

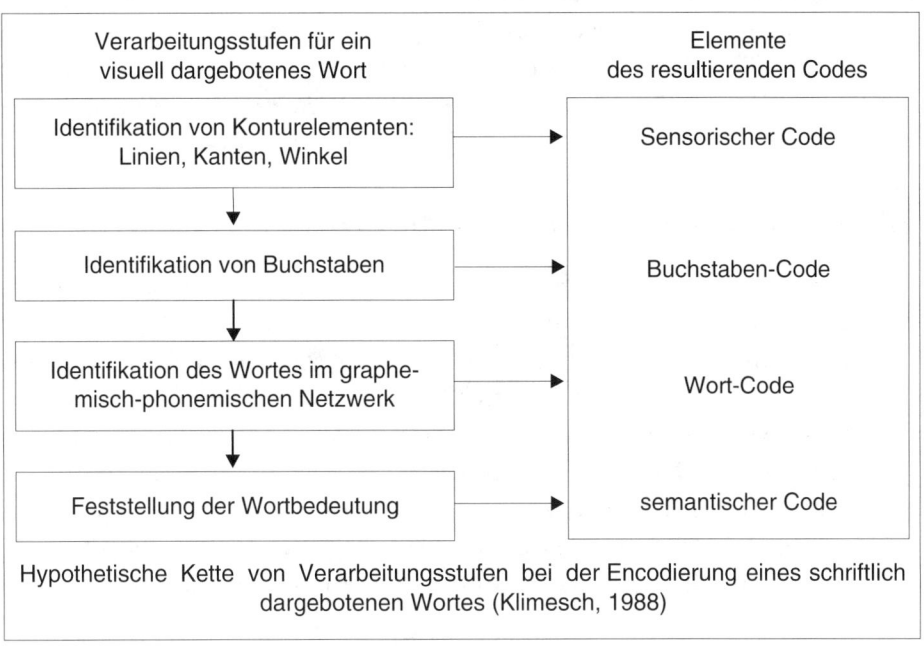

Hypothetische Kette von Verarbeitungsstufen bei der Encodierung eines schriftlich dargebotenen Wortes (Klimesch, 1988)

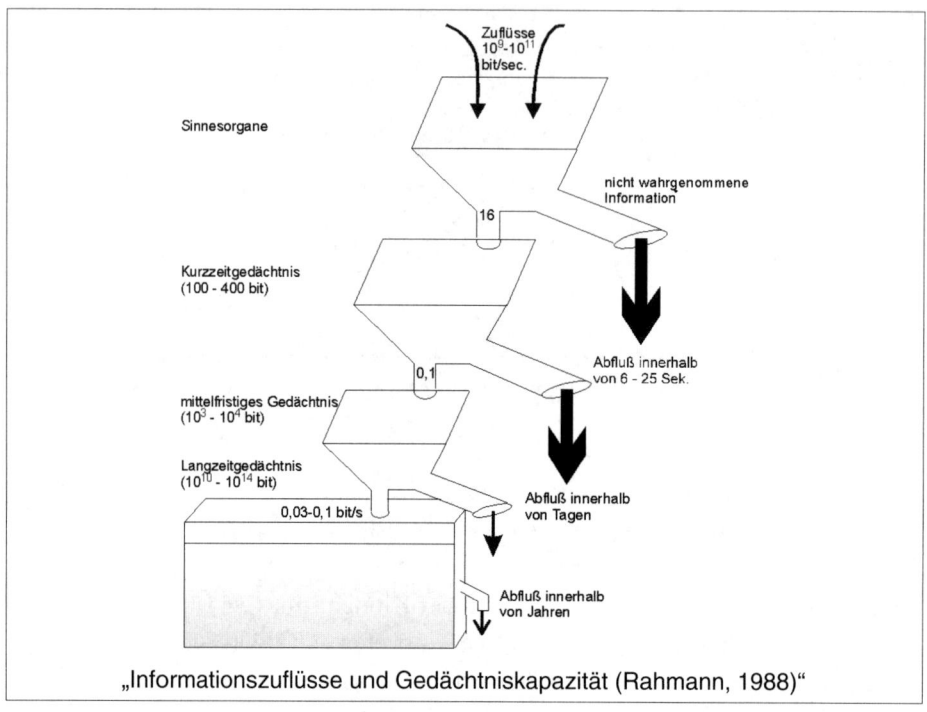

„Informationszuflüsse und Gedächtniskapazität (Rahmann, 1988)"

oder fünf einstellige Zahlen zu wiederholen und eine gesehene Objektmenge von fünf mit einem Blick zu erfassen. Legastheniker haben das große Problem, Buchstaben-Graphoelemente in nur sehr begrenzter Anzahl im visuellen Gedächtnis speichern zu können: begrenzt also bezogen auf die Buchstaben*menge* als auch auf die Speicher*dauer*. In der Eingangsdiagnostik ist es überaus wichtig, sich eine Information über diese Kenngrößen bei jedem einzelnen Kind zu verschaffen. Sie sagen uns viel über den Schweregrad einer Legasthenie, -oft sogar mehr als jeder Schreib- und Lesetest. Gerade eine Verbesserung der visuellen Speicherkapazität ist unsere Aufgabe im Legasthenietraining.

7.5. Phasentheorie des Schreibleseerwerbs

Uta Frith (1986) stellte die Hypothese auf, daß die Schreibleseentwicklung phylogenetisch und ontogenetisch ähnlich abläuft. In dieser Analogie nennt sie den chinesischen Weg „logographisch", den phönizischen „alphabetisch" und die modernen Schriften „orthographisch".

Unter **logographisch** versteht sie die Worterkennung auf der Basis einer gängigen graphischen Darstellung. Zum Beispiel erkennt „jedes Kind" bei einem bestimmten Interesse das Wort *ESSO*, wenn es im Kontext einer Tankstelle vorkommt oder von einem bestimmten Muster (Logo) umrahmt ist, wie auch den typischen Schriftzug von *Coca-Cola* oder das vertraute Autokennzeichen von Städten.

Unter **alphabetischer** Strategie versteht Frith die Klanganalyse Buchstabe für Buchstabe: ein sequentielles Zusammensetzen von Wörtern durch Aneinanderreihung von Buchstabenklängen, später mit dem Ein- und Zusammenschleifen der Klänge. Alphabetisches Schreiben ist mithin das Schreiben nach Klängen. Beispiel von U. Frith: DADDY I EM SRY TAT U R SIC (=Daddy, I am sorry that you are sick).

In der **orthographischen** Phase wird das sofortige Erkennen morphemischer Wortteile erlernt, später auch ganzer Worte. Hierbei wird nicht der Buchstaben-Klang sondern nur die Buchstaben-Reihenfolge erfaßt. Beim Erreichen dieser Stufe gewinnen die Kinder rasch an Lesegeschwindigkeit.

Frith geht davon aus, daß die Legasthenie bei einer Störung der ersten Phase stärker ausgeprägt sein muß als bei einer Störung der zweiten Phase. Die therapeutischen Strategien sollten auf die Erlernung der jeweiligen Phase Bezug nehmen. Der Schrittmacher für die logographische Phase und für die orthographische Phase ist Lesen, für die alphabetische Phase hingegen das Schreiben. Mit zunehmend „höherer" Strategie nimmt die Bedeutung von Verknüpfung zwischen Wortbild/ -klang und Bedeutung zu. Morton (1989) hat diese Theorie detailliert beschrieben und theoretisch untermauert. Er geht sogar soweit zu sagen, daß bei Nicht-Erreichen der nächsten Stufe eine Blockierung eintrete.

In der Interpretation des Stufenmodells liegt aber gerade die Gefahr, „tiefer" gelegene Stufen als minderwertig zu interpretieren. So wurde z.B. die logographische Strategie, die das Erlernen von Wörtern anhand ihrer visuellen Form- und Merkmalscharakteristika beschreibt, lange Zeit als belastend für das Gedächtnis und als ineffizient angesehen. Wie wissen heute jedoch, daß lernbehinderte Kinder mit dieser „optischen Methode" oft leichter lernen und daß sogar gehörlose Vorschulkinder in der Lage sind, auf diese Weise über einen Wortschatz von 500–1000 Wörtern zu verfügen (Günther, 1989).

Die Theorie von Frith war nicht nur für die Forschung befruchtend. Auch in der praktischen Anwendung wurden viele Rückschlüsse aus dem Stufenmodell gezogen. Heute noch basiert die Fehleranalyse vieler deutscher Rechtschreibtests auf diesem Modell (so z.B. in den qualitativen Auswertungsmodellen des Diagnostischen Rechtschreibtests (DRT) und jüngst auch in den Auswertungskategorien der Hamburger Schreibprobe (HSP)). Die Stufentheorie blieb allerdings nie unwidersprochen. Eine fundierte Kritik findet sich bei Marshall (1989).

So zeigte sich sehr bald, daß in der Fehlerdiagnostik eine eindeutige Zuordnung des Fehlers zu einer bestimmten Stufe nicht möglich ist und daß es im Schreibleseerwerb vieler Kinder Überschneidungen der Phasen oder ein gleichzeitiges Nebeneinander von zwei Phasen gibt, und zwar sowohl in der ungestörten Schreibleseentwicklung als auch bei Legasthenikern. Beispielhaft sei an dieser Stelle auch erwähnt, daß viele Kinder mit schwerer Legasthenie oder Kinder mit geistiger Behinderung sehr wohl lesen lernen können mit einer Methode, die ganze Wörter visuell mit Bildern verknüpft. Eine gute Schilderung des Leseerwerbs bei behinderten Kindern gab Glenn Doman (Teach your Baby to Read, London, 1965). Ein Projekt für Kinder mit Down-Syndrom haben S. Cairns und M. Pieterse geschildert (Macquarie-Programm, Deutsche Ausgabe von Dr. B. Oberwalleney, Arbeitskreis Down-Syndrom, Burgweg 43, 5860 Iserlohn).

Frith (1985) selbst hat später eine differenziertere Stufentheorie vorgelegt: ein Sechs-Stufen-Modell. Sie bleibt dabei allerdings unverändert in einem dualen und sequentiell gegliederten System. Das oben geschilderte duale neurologische Modell ging von der Hypothese aus, daß der visuelle Input beim Lesen zunächst in der primären Sehrinde basal analysiert wird und danach in den kortikalen Zentren nach und nach von occipital nach temporal und später nach parietal fortschreitet. Dabei werde auch die auditorische Rinde durchlaufen mit den semantischen und motorischen Sprachzentren (Wernicke, Broca). Lesen wird also verstanden als ein auf sprachlichen Vorgängen basierender Prozeß, in dem visuelle Muster im Gyrus angularis des Schläfenlappens in den sprachlichen Code umgewandelt werden. Ursprünglich wurde diese Theorie von den Forschungen mit fokal hirnverletzten Menschen abgeleitet. Diese Modellkonzeption scheint ein System des Leseerwerbs offenzulegen, in dem ein Kind jede Stufe in gleicher Reihenfolge erarbeitet und aus dem eine Fehleranalyse und ein therapeutischer Ansatz aus der Analyse des erreichten Niveaus abgeleitet werden kann.

In einer Untersuchung über die Leseentwicklung von Kindern im ersten Schuljahr zeigte Klicpera (1993), daß die Mehrzahl der Kinder rasch lernt, „die im Unterricht vorgestellten Graphem-Phonem-Zuordnungen auf das Lesen bislang unbekannter Wörter anzuwenden". Diese Kinder durchlaufen keine Phase des logographischen Lesens. Gut ein Drittel der Kinder hatte Schwierigkeiten, die erlernten Kenntnisse auf unbekannte Wörter zu übertragen und das Prinzip des phonologischen Rekodierens anzuwenden. Dabei zeigte sich, daß der Leseunterricht zu einer ausgeprägten Steigerung der phonematischen Bewußtheit führte, so daß der Schluß naheliegt, daß phonematische Bewußtheit ab einem bestimmten Differenzierungsgrad sowohl Voraussetzung für das Lesenlernen darstellt wie sie auch Folge des Leseunterrichts ist.

Klicpera (1995) hat genau ausgeführt, welchen Gang die Leseforschung in den letzten 20 Jahren gemacht hat. Er referiert detailliert, wie das Modell des „zweifachen Zugangswegs" (direkte orthographische Kodierung und postlexikalische phonologische Rekodierung) zunächst abgelöst wurde durch das Analogiemodell von Patterson und Coltheart, das auf der Hypothese von Glushko beruht, „daß ein Großteil des Einflusses der Regelmäßigkeit in der Graphem-Phonem-Zuordnung durch die Konsistenz der Aussprache von Buchstabenfolgen erklärt werden kann". Neuere Netzwerkmodelle modifizieren diese Annahmen wesentlich: sie verzichten auf die Annahme von Graphem-Phonem-Zuordnungsregeln wie auch auf die Annahme eines einheitlichen lexikalischen

Gedächtnisses. Man geht dabei von Lernerfahrungen über Buchstaben- und Phonemabfolgen ohne die Anwendung spezifischer Regeln sondern über das Erlernen statistisch gehäufter Kovariationen aus. Das Lesen eines Wortbestandteils triggert über das Erlesen des Anfangsbuchstabens eine mehr oder weniger große Anzahl interner orthographischer Repräsentationen anderer kleiner Buchstabeneinheiten. Klicpera: Der Leser erliest also Wörter nicht dadurch, daß er den einzelnen Graphemen Phoneme zuordnet, sondern er lernt, wie bestimmte Buchstabenfolgen in Phonemfolgen übersetzt werden.

Neuere neurophysiologische Interpretationen, wie sie von Paula Tallal (Chase, 1991) hervorragend dargestellt wurden, gehen ebenfalls von einem neuronalen Netzwerk aus, das interaktiv parallel arbeitende Neuronengruppen postuliert, die mit hoher Geschwindigkeit und Präzision Buchstaben- und Lautanalyse verarbeiteten. Dabei werden sich gegenseitig aktivierende und hemmende Impulse genutzt. Tallal führt die PET-Studien an, die regionale Durchblutungsveränderungen im Kortex erfassen können. Hierbei hat sich gezeigt, daß die verschiedenen am Leseprozeß beteiligten Zentren nicht in zeitlicher Reihenfolge vermehrt durchblutet werden und daß gleichzeitig mehrere Zentren erhöhte Aktivität zeigen, die topographisch z.T. weit voneinander entfernt liegen. Darüber hinaus werden wohl auch einige subcortikale Areale aktiviert.

Die früher postulierte Linearität der Informationsübermittlung widerspricht ganz der neurophysiologischen Grundlagenforschung, die uns zeigt, daß eine Aktivierung eines sehr begrenzten kortikalen Areals bereits innerhalb einer Millisekunde sowohl zur Bahnung als auch zur Hemmung in angrenzenden Arealen führt. Erwachsene Leser können hingegen bekannte Worte nach einer Darbietungszeit von 50 Millisekunden und weniger erkennen. Allein die Übertragungsdauer von der Retina bis zum primären visuellen Kortex beträgt 25–50 Millisekunden. Komplexe Vorgänge wie die visuelle Wortanalyse und die Umsetzung in Sprache sind unter den Bedingungen eines linearen Prozesses in dieser kurzen Zeiteinheit nicht denkbar. Tallal schildert daher das Modell des „Parallel Distributed Processing (PDP)".

Bahnende und hemmende Prozesse laufen gleichzeitig nebeneinander her. Es gibt keine koordinierende Obereinheit. Es werden nur unterschiedliche Aktivierungsniveaus über eine Zeiteinheit stabilisiert. Aktivierung kann durch interne Schwellen modifiziert werden. Innerhalb eines Netzwerks solcher Einzelsysteme werden zahlreiche Inputs und Outputs in der Verbindung zu einer Untereinheit gewichtet. So wird ein Minimum- und ein Maximum-Level länger erhalten und eine Aktivierung in einer kürzeren Zeiteinheit erreicht.

Beim Lesen eines vierbuchstabigen Wortes wird jeder Buchstabe einzeln durch vier Detektorsysteme analysiert. Netzwerkfunktion mit gleichzeitig ablaufenden bahnenden und hemmenden Aktivitäten bedeutet hierbei: Prozesse der visuellen und der akustischen Segmentation laufen parallel und zur gleichen Zeit kaskadenartig im jeweiligen System ab. Wenn dieses System zusätzlich interaktiv arbeitet, so werden die Informationen zudem gleichzeitig von einer basalen zu einer höheren Analysestufe und zurück weitergegeben. Bereits bei der Analyse des ersten Buchstabens im Wort werden mögliche Verbindungen zu anderen Worten mit gleichem Anfangsbuchstaben hergestellt und beim Vergleich mit dem folgenden Buchstaben aktiviert oder durch Hemmung unterdrückt/verworfen. Somit ermöglichen subkortikale Detektorsysteme und Ebenen überspringende Verarbeitungssysteme, schon beim Anlaut eines Wortes Auswahltriggervorgänge in den schnellen, assoziativen Wortspeichern zu aktivieren. Erst durch solche gleichzeitig in mehreren Richtungen arbeitenden Elemente ist die enorme Geschwindigkeit der Informationsverarbeitung im Zentralnervensystem zu erklären.

Nur mit einem solchen Modell kann die Vorstellung von Ehri (Gough, 1992) Gewicht gewinnen, daß die gleichzeitige visuelle und phonologische Informationsverarbeitung sowohl eine rasche Verbindung zu phonologischen Einheiten des lexikalischen Gedächtnis herstellen kann als auch eine Verbindung zu seiner Bedeutung und seiner Aussprache schafft. In einer fortgeschrittenen Phase des Leselernprozesses werden Wörter dann über „Sichtung" gelesen und immer vollständigere und längere Einheiten visuell-phonologischer Verbindungen geknüpft.

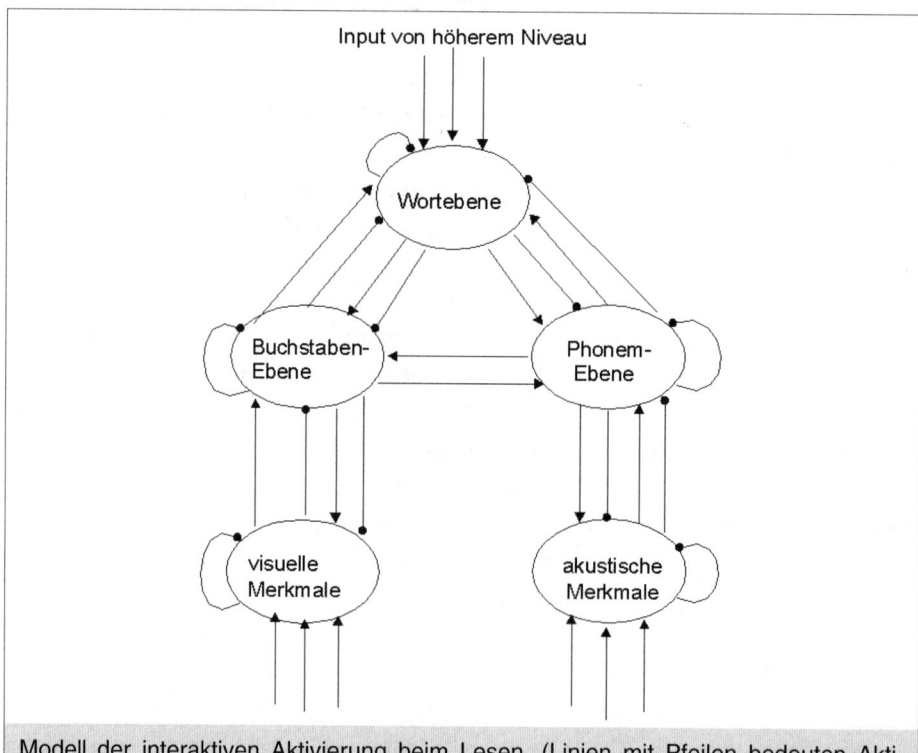

Modell der interaktiven Aktivierung beim Lesen. (Linien mit Pfeilen bedeuten Aktivierung mit Erregung, Linien mit Punkten bedeuten hemmende Aktivierung) (nach Chase, 1991)

Vor diesem Hintergrund wird klar, daß lineare oder duale Systeme der Schreibleseentwicklung der Vielfalt und der Komplexizität der neuronalen Verknüpfung nicht ausreichend Rechnung tragen. Außerdem kann man mit Hilfe von Netzwerkmodellen besser die Bedeutung von redundanten Lern- und Verarbeitungsstrategien verstehen, besonders im Hinblick auf Zeitgewinn und Konzentrationszuwachs. Es wird uns auch deutlich, daß die Gruppe der leseschwachen Kinder keine so vollständige Aufgliederung ihres Leselernprozesses zeigt, wie sie in den einfachen Stufenmodellen postuliert wurde. Gerade bei den leseschwachen Kindern besteht häufig ein Nebeneinander von logographischen und alphabetischen Strategien. Sie beherrschen die Buchstaben-Laut-Verbindungen so schlecht, daß sie unbekannte Wörter kaum erlesen können, scheinbar gar an einzelnen Buchstaben verhaftet bleiben und die bereits durchgenommenen Wörter kaum behalten. Gerade in Unterrichtsformen, in denen die Graphem-Phonem-Korrespondenzen erst spät eingeführt werden, ist bei leseschwachen Kindern der Übergang in ein alphabetisches Lesestadium verzögert.

7.6. Psycholinguistische Legastheniediagnostik

Grissemann (1980, 1990) hat in seinen Arbeiten über die Förderdiagnostik bei Legasthenikern der Redundanztheorie einen hohen Stellenwert eingeräumt. **Redundanz** bedeutet die Stützung einer Grundinformation und damit das Weglassen überflüssiger Elemente. Bezogen auf den Leselernprozeß heißt das: Im Zuge zunehmender Lesefertigkeiten braucht ein Schüler immer weniger Informationen aus dem Wortbild, um das phonologische Element zu decodieren. Ein Wort kann auf viele Weisen erlesen werden. Dem entspricht auch eine Reihe zunehmend komplexer Redundanzstrategien:

1. *Die Information auf der Graphemebene.* Schwierigkeiten ergeben sich für den Leser in der Graphem-Laut-Zuordnung („s" vor „t" ergibt „sch") und bei mehrdeutigen Graphemen (z.B. „a" und „e": geschlossen vs. offen, oder: lang vs. kurz).
2. *Die Information auf der Konsonantenebene.* Das sind Konsonantenkombinationen, die eine automatische Zuordnung einer lautlichen Struktur nach dem Reiz-Reaktionsmuster bewirken, z.B. st, br, bl, kr, schm.
3. *Die Information auf der Silbenebene.* Die Anzahl der Informationsverarbeitungen reduziert sich bei Kenntnis von häufig vorkommenden Silben. Beim Lesen hilft der Einsatz rhythmischer Lautabfolgen beim silbenweisen Segmentieren.
4. *Die Information auf der Signalgruppenebene.* Als Signalgruppen bezeichnet man häufig vorkommende Vokal-Konsonantenkombinationen als Hör-Sprech-Muster, ohne inhaltlichen Bedeutungsgehalt (siehe Kapitel 8.4.).

5. *Die Information auf der Morphemebene.* Die Morphemsegmentation deckt sich häufig nicht mit der Silbensegmentation.
6. *Kombinatorische Wortredundanz.* Das ist die Information durch die Auftretenswahrscheinlichkeit innerhalb eines Wortes, z.B. ist nach „st" und „sch" ein Vokal zu erwarten, nach „q" muß ein „u" folgen usw.
7. *Semantische Satzredundanz.* Die Information durch sprachlich-inhaltliche Satzzusammenhänge. „In einem Zeitungsbericht über Pilzvergiftungen steht: <Besteht der Verdacht auf eine Pilzvergiftung, benachrichtige man unverzüglich einen ...>. Die Fortsetzung des Textes findet sich in einer neuen Spalte. Redundanz ist in diesem Satzanfang gegeben, weil er <Arzt> schon mitträgt." Oder: nach dem Satz „Die Raucherentwöhnungskurse stießen auf großes Interesse" wird die inhaltliche Erwartung derart gestützt, daß auch das folgende lückenhafte Wort ergänzt werden kann:

Z ga tt enst mel

8. *Grammatisch-syntaktische Redundanz.* Die Leseerwartung kann bestimmt werden durch das Satzbild (Aussagesatz, Ausruf, Frage, Befehl) oder sich durch gelesene Satzteile, durch Artikel, durch Einzahl- und Mehrzahlendungen oder andere grammatikalische Strukturen aufdrängen.
9. *Textredundanz.* Information durch Textstrukturierung in:
   - Gliederung in Abschnitte
   - Hervorhebung von wichtigen Passagen (z.B. Kursivschrift, Unterstreichungen)
   - Interpunktion

7.7. Der Mediatorenansatz in der Legastheniietherapie

In den vergangenen Jahren wurden in allen Schulen Förderstunden gestrichen. Angesichts der sich verknappenden Ressourcen wird man keine gegenteilige Entwicklung erwarten dürfen. In dieser Situation erscheint es kaum sinnvoll, in den verbliebenen Zeiteinheiten mit den bisherigen Methoden wenigen Kindern wenige Förderstunden zukommen zu lassen (womöglich noch als Fortsetzung des normalen Unterrichts mit den gleichen Methoden).

Andererseits möchten die meisten Eltern, die ihr Kind in einem Lernproblem gefangen sehen, ihrem Kind durch zusätzliche häusliche Übungen helfen. Sie arbeiten dabei, so gut sie können und entsprechend den Fähigkeiten, die sie selbst in der Schulzeit erworben haben. Sie sind sich jedoch meistens darüber im Klaren, daß diese Methoden bei einem Kind mit Legasthenie nicht greifen oder gar falsch sind. Sie erwarten sehr oft ausgesprochen oder stillschweigend, daß Lehrerinnen und Lehrer sie dabei unterstützen und anleiten. Die beim Lernen und Üben häufig auftretenden Spannungen zwischen Kind und Eltern veranlassen Pädagogen häufig zu dem Rat, das Lernen mit den Kindern zu Hause ganz einzustellen. Selbst wenn dieser Ratschlag in einzelnen Fällen gerechtfertigt ist, läßt er die Eltern in einer zwiespältigen Gefühlsspannung zurück: in dem Widerspruch zwischen dem fachlichen Rat und dem dringenden Wunsch, dem eigenen Kind helfen zu wollen. Meistens wird gegen diesen Rat weiterhin mit dem Kind gearbeitet.

Folglich wäre es überaus sinnvoll, die knappen Zeitspannen der Lehrer und das Engagement der Eltern für ihre Kinder in einem Konzept der Zusammenarbeit zwischen Lehrkräften und Elternhaus zu koordinieren. Wenn Lehrer ihr pädagogisches Wissen über effektive Lernmethoden bei Legasthenie an Elterngruppen weitergeben, dann multipliziert sich dieser relativ geringe Zeitaufwand über die kontinuierliche Arbeit der Eltern mit ihren Kindern. Lehrer und Therapeuten als Berater der Eltern stehen vor einer neuen Herausforderung und vor einer neuen Chance. Eine solche Zusammenarbeit erweist sich im Sinne einer frühen Hilfe zur Selbsthilfe (Schlienger, 1990) als sehr effektiv und eröffnet andere Kooperationsformen zwischen Lehrern und Familie.

Für Lehrer wie für Therapeuten gilt es dabei, flexibel nach Arbeitsformen zu suchen, die dem Bedarf und Wissensstand der Kinder und der Eltern angepaßt sind. Neben der klassischen Einzelförderung und -therapie ergeben sich auch Möglichkeiten, Elterngruppen zu bilden, in denen Grundkenntnisse vermittelt werden. Von dort aus kann man, wenn es nötig ist, auch wieder in die Einzelförderung der Kinder oder die Einzelberatung der Eltern zurückgehen. In unserer Arbeit hat es sich bewährt, Lernsituationen mit den Kindern mit Video zu filmen und mit den Eltern zu analysieren. Dieses visuelle Medium erlaubt wie kaum ein anderes, Veränderungen detailliert zu planen, die Umsetzung zu beobachten und dann in einer erneuten „Feineinstellung" nachzubessern.

Aus der Einbeziehung der Eltern ergeben sich entscheidende Vorteile:

- Eltern bieten ihrem Kind eine positive und gewachsene Beziehung an.
- Therapeuten und Pädagogen können in der Regel ein bis drei Stunden Einzelarbeit pro Woche anbieten, Eltern hingegen viele Stunden heilender Beziehung täglich.
- In der Supervision durch den Therapeuten werden bei den Eltern frühzeitig Verhaltens- und Lernmodifikationen induziert, die beim Kind tiefgreifende und positive Veränderungen erreichen lassen.
- Frühzeitige Modifikation ungünstiger Beziehungsmuster beugen einer Verfestigung der Schwierigkeiten vor.
- In der Therapie erleben die Eltern den Erfolg und sie gewinnen das Gefühl, die Güte der Beziehung zu ihrem Kind jetzt und in Zukunft selbst beeinflussen zu können. Diese positiven Gefühle und Gedanken wirken anderen Gefühlen von Schuld und Hilflosigkeit entgegen (Innerhofer, 1990).

- Bei den meisten Kindern mit Lernstörungen kommt es nur zu Beginn einer neuen Leistungssituation zu Erregtheit, Anspannung und erhöhter Aufmerksamkeit. Wenn das Lernen für die Kinder schwierig ist und mit Mutlosigkeit und Enttäuschung verknüpft ist, reagieren viele Kinder mit Müdigkeit, Unlust und rasch abnehmender Aufmerksamkeit. Sie schützen sich dadurch vor Überlastung und beugen neuen und womöglich noch schwereren Aufgabenstellungen vor. Sie geben dem erwachsenen Lernpartner durch Gähnen, Abwendung, Blässe und nachlassende Muskelspannung nonverbale Signale, die zur Beendigung der Lernsituation auffordern. Zudem produziert die Lustlosigkeit des Kindes rasch eine nachlassende Motivation bei den Erwachsenen. Die Reaktionen des Kindes sind beeinflußt vom Vegetativen Nervensystem und beeinflussen ihrerseits stark die Reaktionen dieses unbewußten Steuerungssystems. Die Schwankungen der Aktivierung von Sympathikus- und Vagus-System können indirekt durch laufende Puls- und Blutdruckmessungen quantitativ beurteilt werden. Jansen und Streit (1992) konnten so nachweisen, daß viele Kinder, die in Lernsituationen Unlust empfinden und sich überfordert fühlen, mit einem Absinken des Blutdrucks reagieren. Dieser Schutzreflex des Kindes mindert seinerseits den Lerneffekt und die Aufmerksamkeit. So wird eine Aufgabe bei leicht absinkendem

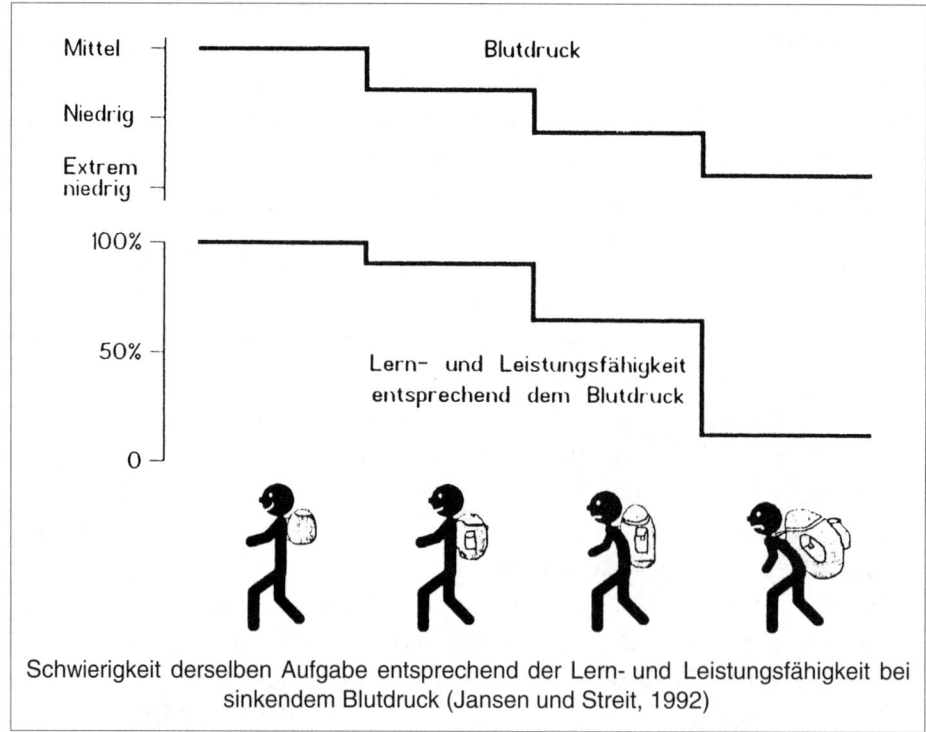

Schwierigkeit derselben Aufgabe entsprechend der Lern- und Leistungsfähigkeit bei sinkendem Blutdruck (Jansen und Streit, 1992)

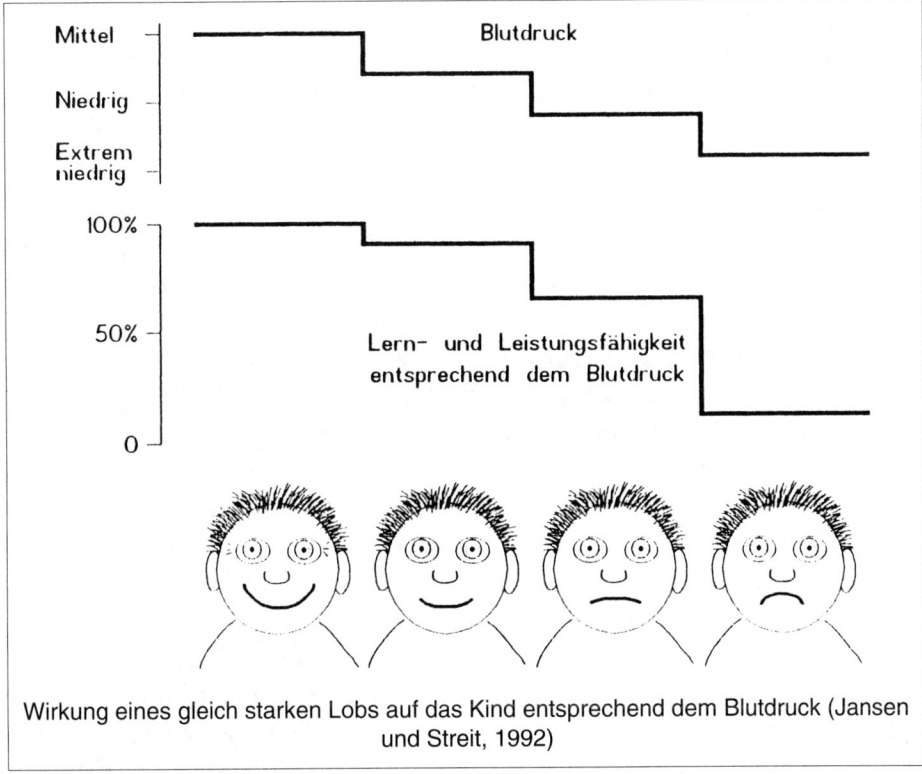

Wirkung eines gleich starken Lobs auf das Kind entsprechend dem Blutdruck (Jansen und Streit, 1992)

Blutdruck nur wenig schwerer, bei weiterem Absinken des Blutdrucks resultiert für das Kind jedoch eine massive Erhöhung der Schwierigkeit.

- Mit absinkendem Blutdruck und sinkendem Leistungsvermögen wirken Lob und Zuwendung der Eltern immer weniger. Je stärker der Blutdruck absinkt, desto stärker muß man nun das Kind loben, um einen gleich guten Lerneffekt zu erreichen. Dann kann sich das Kind auch bei größerer Unlust (= bei niedrigem Blutdruck) über das Lob freuen. Die mimische, gestische und verbale Stärke des Lobs muß also dem Aufmerksamkeitsniveau des Kindes angepaßt sein.

- Wenn das Kind das Lernen wegen häufiger Enttäuschung und Erfolglosigkeit ablehnt und meidet, muß nicht nur das Lob verstärkt werden sondern auch das Anforderungsniveau am Anfang der Lernsituation stark reduziert werden.

Die Eltern als Mediatoren zu gewinnen, ist eine schöne Aufgabe. Intensive Elternarbeit hat sich seit Jahren auch in der Arbeit mit aggressiven, sozial unsicheren und hyperkinetischen Kindern bewährt (Petermann, 1986, Petermann & Petermann, 1988, Döpfner, 1997). Ist dieses Ziel erreicht, sind Eltern engagiertere und geduldigere Übungspartner ihrer Kinder als jede andere Person.

Therapeuten und Pädagogen werden dann zu Beratern der Eltern. Dabei müssen zunächst auch die Ängste vieler Lehrer vor direkten Beratungsgesprächen abgebaut werden. Eine Supervision von Lehrern durch erfahrene Therapeuten und Arbeitsgruppen von Lehrern wären Möglichkeiten, die Lehrer sicherer zu machen und sie kontinuierlich zu begleiten.

Die Arbeit mit Eltern schließt natürlich ein, daß nicht nur die Vermittlung von Lernmethoden wichtig ist, sondern auch die Beobachtung von Eltern und ihren Kindern in der Lernsituation und in einer entspannten Spielsituation. Erst dann kann man den Eltern die Reaktionen ihrer Kinder auf Enttäuschung, Unlust und Überforderung zeigen, Vorschläge für konstruktive Veränderungen machen; es gilt auch, den Eltern Mut zu machen, Verständnis für ihre schwierige Lebenssituation zu gewinnen und an sie zu appellieren, sich und ihrem Kind Zeit zu lassen.

Es hilft viel, mit den Eltern Absprachen über den erreichten Lernstand der Kinder zu treffen, über notwendige Klassenwiederholungen frühzeitig zu sprechen, Umfang der Hausaufgaben zu verabreden, Kommunikationsformen zu intensivieren (Vermerk in ein Heft des Kindes, in das Hausaufgabenheft) und ihnen Informationen zu geben über die geplante Benotung der Rechtschreibleistung. Nicht in jedem Bundesland gibt es Erlasse, die eine Notenbefreiung regeln. Immer aber können Lehrer zumindest in der Grundschule eine vorübergehende Notenbefreiung aus pädagogischen Gründen auch ohne ministerielle Erlasse erwirken und verantworten.

Besonders bei Schulwechsel ist eine enge Absprache mit den bisherigen und den künftigen LehrerInnen nötig, ganz besonders bei weiterführenden Schulen. Oft ist dem Kind nicht damit gedient, wenn eine weiterführende Schule avisiert wird, die zwar der intellektuellen Begabung entspricht, aufgrund der fremdsprachlichen Anforderung und der Schreiblese-Anforderung aber zu einer absehbaren chronischen Überforderung führen würde. Ein geduldig aufbauender Weg ist für diese Kinder zwar langwieriger, aber er ist auch mit mehr Lebensfreude und Motivation verbunden. Leider ist nämlich die Förderung von LRS-Kindern an weiterführenden Schulen ein Stiefmütterchen in der Ausbildung der Lehrer und in ihrer Bewußtheit von spezifischen Lernschwächen. Vorschläge für die Förderung in der Sekundarstufe haben z.B. Breuninger und Betz (1996) gemacht.

7.8. Früherkennungsprogramme

Wie bei allen anderen Entwicklungsstörungen gilt die Grundidee der Früherkennung, um frühzeitig mit der Therapie beginnen zu können und um der Entstehung von Sekundärsymptomen vorbeugen zu können (Thewalt, 1990). Demnach wäre es nützlich, biologische Marker für Legasthenie zu kennen.

Zumindest für die Fälle mit hoher Familiarität liegt es nahe, an eine genetische Frühdiagnostik zu denken. Ein chromosomales Korrelat hat sich bislang jedoch noch nicht nachweisen lassen. Wahrscheinlich gibt es auch verschiedene Genorte oder ein komplexes Genmuster, das einer Diagnostik mit den heutigen Methoden noch nicht offensteht. Andere biologisch determinierte Marker (EEG-mapping, funktionelle PET-Untersuchungen) finden und lokalisieren bereits die Basis der abnormen neuronalen Prozesse (Eden, 1996), sind aber bislang nur in aufwendigen Studien mit wenigen Betroffenen durchführbar (Frith, 1996). So bleibt uns bislang in der praktischen Früherkennung nur der Weg über aufwendige, neuropsychologisch abgesicherte Suchprogramme.

Auf dem Gebiet der Legasthenieforschung nimmt die Früherkennung leider nur einen geringen Raum ein. Bisher durchgeführte Längsschnittstudien hat H. Marx (1992a) in einem Übersichtsreferat zusammengetragen. Leider werden in Deutschland immer noch die meisten Fälle von Legasthenie erst nach dem zweiten Schuljahr erkannt. Die abwartende oder verdrängende Haltung vieler Lehrer hängt vielleicht auch mit ihrer Ohnmacht zusammen, da die Eltern des betroffenen Kindes naturgemäß nach der Diagnosestellung eine spezielle Förderung des Kindes erwarten und im Wissensstand der Pädagogen spezielle Kenntnisse und die Möglichkeit einer effizienten Beratung voraussetzen.

Wenn Kinder erstmals in der Schule mit dem Lernen von Buchstaben und Worten konfrontiert werden, kann sich ja auch erst die Veranlagung zur Legasthenie manifestieren. Insoweit beschränkt sich Früherkennung bei uns eher darauf, Legasthenie im ersten Schuljahr zu erkennen. Bezogen auf den Ist-Zustand in Deutschland wäre dies schon ein beachtlicher Erfolg (Klicpera, 1993). Streng genommen bedeutet Früherkennung aber, Legasthenie zu erkennen, bevor sie „ausbricht", d.h. vor der Einschulung. Hier liegt ein scheinbarer Widerspruch, denn zur Früherkennung in diesem Sinne müßte man mit Kindern im Vorschulalter auch mit Buchstaben und Wortbestandteilen arbeiten. Buchstabenerkennungs- und Buchstabenspeicherfähigkeit sowie die Graphem-Phonem-Zuordnung sind bisher nur unzureichend herangezogen worden. Die Machbarkeit eines solchen Vorgehens hat sich darstellen lassen (Kimmich, 1994).

Die ersten Früherkennungsprogramme basieren entweder auf Screening-Programmen zur visuellen Perzeption oder auf Testbatterien aus dem phonetischen Bereich (Schneider, 1989). Programme, die ausschließlich auf der Beurteilung der visuellen Erkennungs- und Unterscheidungsfähigkeit beruhen, müssen zwangsläufig scheitern, wenn sie nur mit Bildmaterial arbeiten, z.B. mit Frostigs Entwicklungstest der visuellen Wahrnehmung. Wie oben beschrieben, korrelieren Bild- und Mustererkennungsfähigkeit und visuomotorische Koordination nicht mit der Manifestation von Legasthenie.

Einen besseren prädiktiven Wert erhält man, wenn Vorschulkinder in rascher Reihenfolge Bildobjekte benennen sollen. Maryanne Wolf (1986) konnte recht gute Korrelationen erzielen, wenn sie die Geschwindigkeit beim Benennen von Bildern, Zahlen und Buchstaben bestimmte. Bryant und Mitarbeiter (Maclean, 1988) fanden, daß die Kenntnis von Kinderreimen und die Fähigkeit zur Bildung von Reimen und Alliterationen im Kleinkindesalter einen guten Aussagewert hat. Auch Vellutino (1988) findet in seiner Studie, daß Aufgaben aus dem Bereich der phonologischen Bewußtheit den besten Vorhersagewert besitzen. In ihrer Arbeit erweisen sich die Subtests „Konsonantenerkennung" und „Wechseln eines Anfangskonsonanten" als besonders geeignete Prädiktoren für eine Lesestörung.

Wie im Kapitel 3 beschrieben, haben sich in den Sprachtests lediglich die Subtests für Laut- und Wortunterscheidung als signifikante Parameter erwiesen. Die Trennschärfe dieser Tests ist aber wegen der Überschneidung mit Störungen der Sprachwahrnehmung unscharf. Eine etwas genauere Vorhersage gelang Virginia Mann (1984) in ihrer großen Longitudinalstudie. Sie fand in einer umfangreichen Testbatterie folgende Aufgabenstellungen als signifikant korreliert mit dem späteren Auftreten von Legasthenie: Schwächen im verbalen Kurzzeitgedächtnis, in der Silbenbildungsfähigkeit in gesprochenen Worten und in der Phonemzuordnung. Dabei konnte etwa ein Viertel der späteren Legastheniker durch schlechtere Ergebnisse in zwei Aufgaben identifiziert werden: im Nachsprechen einer Reihe nichtreimender Worte und im Zählen von Silben in gesprochenen Worten. Der prädiktive Wert dieser Untersuchung ist allerdings stark eingeschränkt durch die hohe Zahl an falsch negativen Befunden.

Catts (1991) gelingt es, in seiner Studie mit Kindergarten-Kindern mit Sprachentwicklungsstörung zu zeigen, daß vor allem diejenigen Kinder, die semantisch-syntaktische Sprachdefizite hatten, zur Ausbildung einer Legasthenie neigten, nicht jedoch die Kinder mit vorwiegenden Störungen der Artikulation.

Ein Ansatz zu einer differenzierten Früherkennung „sprachbezogener Wahrnehmungsleistungen" findet sich im deutschsprachigen Raum in der „Differenzierungsprobe" von Breuer und Weuffen (1994). Der Test beinhaltet das Abmalen buchstabenähnlicher Zeichen (im Sinne eines graphomotorischen Tests), einen Lautdifferenzierungstest, eine Nachsprechprobe, eine Überprüfung der melodischen Differenzierungsfähigkeit und eine Überprüfung der rhythmischen Differenzierungsfähigkeit. Kinder mit Legasthenie haben fast immer in mindestens einer der Subtests hervorstechende Schwierigkeiten. Die Überschneidung mit der Gruppe der Legastheniker ist hoch, aber nicht ausreichend, um als Früherkennungsinstrument für Legasthenie geeignet zu sein.

In Deutschland gab es in den vergangenen Jahren zwei große Früherkennungsstudien: Die Arbeit von Schmidt, Birth und Rothmaler (1990) und die **Bielefeld-Studie**. In der Bielefeld-Studie von Marx und Jansen (1994) gelingt die Identifikation von 75% aller Kinder, die später eine LRS entwickeln, allerdings mit einem hohen Preis: einer fast genau so hohen Rate an falsch positiven

Differenzierungsprobe nach Breuer und Weuffen (1994)

1. *Optisch-graphomotorische Differenzierung*
   (Kinder malen vorgegebene Zeichen nach)

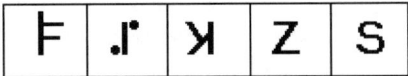

2. *Akustisch-phonematische Differenzierung*
   (Kinder sprechen Worte nach und ordnen Bilder zu)

Kopf	–	Topf	Kanne	–	Tanne
Tanz	–	Gans	Nagel	–	Nadel
Sack	–	satt	Kamm	–	Kahn
krank	–	trank	Tasche	–	Tasse
backen	–	baden	Wache	–	wasche

3. *Kinästhetisch-artikulatorische Differenzierung*
   (Prüfung spezifischer Mund-, Zungen- und Lippenbewegungen beim Nachsprechen)

Post - kutsche
Alu - minium
Schell - fisch - flosse

4. *Melodische Differenzierung*
   (Singen eines einfachen Liedes)

5. *Rhythmische Differenzierung*
   (Vor- und Nachklatschen)

1. Aufgabe:	– • •
2. Aufgabe:	• • •

Befunden; d.h., daß sehr viele Kinder zu Recht als Hochrisiko-Kinder für Legasthenie identifiziert werden, aber eine sehr große Gruppe von Kindern „umsonst" an einem Frühtherapie-Progamm teilnähme. Die Zahl und Gewichtung von Aufgaben aus dem Bereich der phonematischen Aufmerksamkeit ist relativ hoch. Im Bereich der visuellen Wahrnehmung werden vorwiegend Benennung von Farben und Bildobjekten abgefragt. Die Berliner Studie aus der Ex-DDR simuliert als einzige deutsche Studie konsequent Leselernprozesse mit buchstabenähnlichen graphischen Symbolen und kombiniert sie mit zum guten Teil bereits erprobten Aufgaben aus dem Bereich der phonematischen Bewußtheit, z.B. mit Tests von Breuer und Weuffen, die für sich genommen keine ausreichend gute Vorhersagemöglichkeit darstellen.

Testitems des Bielefelder Screening zur Früherkennung von Lese-Rechtschreibschwierigkeiten	
Reimen	Entscheidung, ob sich ein Wortpaar reimt: *Buch-Tuch, Hund-Eisenbahn*
Wort-Vergleich-Suchaufgabe	aus einer Gruppe von Wörtern ein bestimmtes „Buchstabenbild" wiedererkennen
Laute Assoziieren	Laute verbinden: *Ei-s, Z-ange*
Schnelles Benennen Wissen	Farben von Obst- und Gemüsesorten sollen möglichst schnell genannt werden
Schnelles Benennen von Farben nichtfarbiger Objekte	Farben von nicht-kolorierten Obst- und Gemüsebildern sollen benannt werden
Schnelles Benennen von Farben farbig inkongruenter Objekte	mit falscher Farbe markierte Obst- und Gemüsebilder werden vorgelegt, die richtige Farbe soll genannt werden
Silben Segmentieren	Silben sprechen und klatschen: *fin-den*
Laut-zu-Wort	Hörst du /au/ in *Auto*? Hörtst du /au/ in *Schwein*?

Die Studien von Wolf (1984) haben den hohen Vorhersagewert von schnellem Benennen von Objekten für spätere Leseleistungen (besonders Einzelwort-Lesen) gezeigt. Größere Unklarheit besteht jedoch über die Frage, wie die Leistungen der phonematischen Bewußtheit bei Vorschulkindern zu überprüfen sind. Als Indikatoren gelten das Erkennen und Benennen von lautlichen Segmenten (Analyse), das Verschmelzen von vorgegebenen lautlichen Segmenten zu einer größeren sprachlichen Einheit (Synthese) und der indirekt erschlossene Zugang zu phonologischen Regelhaftigkeiten (z.B. Reimpaare erkennen) (Mannhaupt, 1989). Eine Schwierigkeit besteht darin, daß das Leistungsniveau, über das in der englischsprachigen Literatur berichtet wird, bei deutschen Vorschulkindern nicht wiedergefunden werden konnte. So zeigt sich auch im Subtest „Laute verbinden" aus dem Psycholinguistischen Entwicklungstest, daß die Leistungen der Kinder in der Lautsynthese wesentlich davon abhängen, ob ihnen in den ersten Aufgaben Bildmaterial zur Verfügung gestellt wird. Die zusätzlichen Bildinformationen verbessern die Lautsynthesefähigkeit wesentlich, lassen aber auch Zweifel daran aufkommen, ob mit diesem Lösungsweg wirklich nur die akustische Diskriminationsfähigkeit überprüft wird. Schließlich lassen die Zusammenhänge zwischen phonematischer Bewußtheit und phonologischer Rekodierung im Kurzzeitgedächtnis den Schluß zu, daß beide Fähigkeiten in einem Set überprüft werden können. Zusätzlich sind Rekodierungsvorgänge im lexikalischen Gedächtnis zu diesen Fähigkeiten so hoch interkorreliert, daß sie in gemeinsamen Aufgabenstellungen überprüft und trainiert werden können. Letztlich bleibt also umstritten, ob die Beziehung zwischen phonematischer Kodierfähigkeit und der Leseleistung wirklich kausal ist (Schneider, 1989).

Ein gutes Früherkennungs-Programm steht also noch aus. Die methodischen Probleme wurden bereits gut definiert (Marx, 1992b). Ein gutes Screening-Programm sollte folgende Voraussetzungen erfüllen: an einer ausreichend großen Gruppe erprobt und validisiert, gute prognostische Aussage, gute Trennschärfe gegenüber nicht betroffenen Kindern, zeitlich und von der Motivation der Kinder her gut durchführbar im Vorschulalter, Durchführbarkeit durch angelernte Fachkräfte, Anbindung des Tests an ein zu entwickelndes Frühtherapie-Programm.

Immerhin konnte in Trainingsstudien, die spezifische Fähigkeiten der phonematischen Bewußtheit mit Vorschulkindern und jungen Schulkindern übten (z.B. Reimpaare bilden oder unterscheiden, Silbenklatschen, Silben-Zusammenziehen, Phonemdifferenzierung), gezeigt werden, daß sich der Trainingsgewinn auf den frühen Schriftspracherwerb positiv auswirkte. Der Beweis für die Effektivität eines Trainings, das zu einem Zeitpunkt vor der Zuordnungsfähigkeit zwischen gesprochener und geschriebener Sprache durchgeführt wird, scheint also erbracht zu sein (Schneider, 1997). Studien, die das Üben von visuellen Buchstabeninformationen, das rasche Buchstaben- und Objektbenennen und eine frühe Graphem-Phonem-Zuordnung in das Übungsprogramm einbeziehen, stehen allerdings noch aus.

Kapitel 8

Neuropsychologische Legastenietherapie

8.1. Blickkontakt

8.1.1. Blickkontakt als Informationsquelle

Wenn wir das Kind in der Lernsituation anschauen, erhalten wir Informationen über seine Gefühlssituation, über seine Körpersprache, über sein Befinden, über seine Kooperationsbereitschaft und über den Grad seiner Aufmerksamkeit. Wir sehen ihm, ob es bei der Sache ist und ob es bereit ist, sich auf die Aufgabenstellung einzulassen. Wir lesen auch den Ausdruck von Unmut, Unlust, Erleichterung oder Freude ab. Und wir haben die beste Kontrolle darüber, ob das Kind die Aufgabe verstanden hat. Der Blickkontakt zum Kind ist eine entscheidende Größe in der Lernsituation. Wir betrachten ihn als wichtigste Informationsquelle und nonverbale Kommmunikationsebene beim Lernen.

Das Herstellen des Blickkontakts erfordert von uns eine hohe Konzentrationsarbeit. Dies ist auch meist der erste Schwerpunkt in der Arbeit mit den Eltern. Bei mehr als 80% aller Eltern aber auch bei vielen Lehrern und Therapeuten richtet sich die Aufmerksamkeit bei angestrengter Arbeit überwiegend auf das Lern- und Arbeitsmaterial. Dieses Verhältnis umzukehren, erfordert eine bewußte Umkehr. Sie gelingt nur, wenn der erwachsene Lernpartner die sachlichen Lerninhalte beherrscht, sozusagen seine Lernzeit gut vorbereitet hat und sich in den Informationsübermittlungen sicher ist. Bei diesem Prozeß ist ein Lernen mit der Videotechnik hilfreich. Die Videoanalyse macht es uns leicht, das Anschauen durch gesehenes Erleben zu erlernen.

Wenn der Blick des Erwachsenen ganz überwiegend die Augen und die Mimik des Kindes sucht und dafür seltener, eher orientierend auf das Papier gerichtet ist, ergibt sich eine hohe Wahrscheinlichkeit, fragende Blicke des Kindes zu erwidern oder ihnen verbal oder nonverbal zu antworten. Ein ermutigendes Lächeln, ein Nicken, ein lobendes und anerkennendes Wort machen das Kind sofort sicherer. Wenn das Kind an seiner Lösung zweifelt, unsicher oder entmutigt ist, können wir sofort reagieren und geraten nicht in Gefahr, diese Signale zu übersehen und über das Kind hinweg im Lernen fortzufahren.

8.1.2. Verstärkung über Blickkontakt

Zwischen Kind und Übungspartner wechseln zahlreiche nonverbale Informationen. Der Blickkontakt ermöglicht es, diese Kommunikationsmittel bewußt wahrzunehmen. Bei positiver Zuwendung kann der Blickkontakt für *beide* Seiten das Gefühl von Wärme, von Vertrauen und von Zuversicht verstärken. Auch auf der sachlichen Ebene bringt schon die nonverbale Bestätigung, die Anerkennung und das Lob eine Verstärkung mit sich. Schon ein unbewußtes Kopfnicken oder ein bestätigendes Schließen der Augen wird vom Kind als eine wirksame Soforthilfe wahrgenommen. Wir wissen, daß das Kind diese Informationen in seinem peripheren Blickfeld erfassen kann, d.h. es nimmt auch dann Notiz von der Mimik des Übungspartners, wenn sein Blick nicht direkt auf ihn gerichtet ist. Eine Bestätigung, die dem Kind in Sekundenbruchteilen nach einem richtig buchstabierten Wort gegeben wird, verstärkt den Lerneffekt erheblich und macht das Kurzzeitgedächtnis, seinen Arbeitsspeicher, rasch wieder für die Erfassung des nächsten Wortes bereit.

8.1.3. Sitzordnung

Direkt neben dem Kind zu sitzen, verhindert die Aufnahme von Blickkontakt. Einander gegenüber zu sitzen ermöglicht zwar guten Blickkontakt, macht jedoch einen Blick auf das Heft/Buch und eine Berührung schwer. Uns scheint günstig zu sein, „über Eck" zu sitzen, in einem rechten Winkel also zueinander.

8.1.4. Beobachtung der Augen

Übungspartner eines Kindes müssen besonders zu Beginn des Trainings lernen, über welchen Sinneskanal das Kind Gedächtnisleistungen erbringt: wird das Speichern und Abrufen von Worten über visuelle, über auditive oder über taktil-kinästhetische Strategien erreicht? Lernt das Kind also vorwiegend mit den Augen und der Sehwahrnehmung, mit den Ohren und der Hörwahrnehmung oder mit dem Spüren, dem Fühlen und mit dem Erfahren von Muskelspannungen und von Bewegungen?

In der Anfangsphase ist es das Ziel unseres Legasthenietrainings, möglichst häufig das visuelle Wortbild-Gedächtnis zu aktivieren. Tatsächlich lernen die meisten Menschen mit der Hilfe aller Sinnesorgane. Sie haben bei bestimmten Lernaufgaben jedoch einen bevorzugten Sinneskanal. Es hat sich gezeigt, daß die meisten erfolgreichen Lerner in der Präferenz visuelles Lernen benutzen. Aus der vorausgegangenen Beschreibung der Sinnesorgane und der Wahrnehmung wissen wir, daß visuelle Sinneseindrücke rascher und sicherer verarbeitet werden, daß der Verarbeitungsweg der visuellen Reize weniger assoziative Synapsen hat und wir wissen, daß bei den meisten Kindern das Kurzzeitgedächtnis für visuelle Reize die größte Aufnahmekapazität hat. Da uns die Pathophysiologie lehrt, daß bei Legasthenikern wahrscheinlich eine Beeinträchtigung sowohl der auditiven Lautdiskrimination als auch der visuellen Buchstabenspeicherung und -wiedergabe vorliegt, könnte man argumentieren, daß ein Üben mit Legasthenikern ebenso gut über den Hörkanal erfolgen kann oder daß ein Training immer beide Wege berücksichtigen muß. In unserer Erfahrung hat sich gezeigt, daß es wie in jedem anderen biologischen System eine gemischte Beteiligung der Beeinträchtigungen gibt: es gibt Kinder mit Legasthenie, bei denen ganz überwiegend der visuelle Verarbeitungsbereich betroffen ist und andere, bei denen ganz überwiegend die auditive Verarbeitung von Schriftsprache beeinträchtigt ist. Zwischen diesen beiden Polaritäten steht die große Gruppe derjenigen, bei denen eine jeweils individuelle Mischung der Beeinträchtigung vorliegt.

Wir glauben, daß bei der überwiegenden Mehrzahl der betroffenen Kinder ein Lernen über den visuellen Kanal rascher, sicherer und effizienter ist und daß ein überwiegend visuell orientierter Trainingsansatz bei den meisten Kindern am erfolgreichsten ist. Eine jeweils relativ kleine Gruppe von Kindern braucht eher ein auditiv ausgerichtetes oder ein taktil-kinästhetisches Übungskonzept oder eine Mischung aus mehreren sensorischen Stimulationen. Wir beginnen daher fast immer zuerst mit einem visuellen Programm.

Man kann dem Kind die Lernstrategie als ein Lernen von **Wörtern als Bilder** beschreiben. Solche Bilder aus Buchstaben (Wortbilder) lassen sich imaginär wie ein Diapositiv auf eine gegenüberliegende Wand „projizieren" oder in das Innere des eigenen Kopfes, meist direkt hinter die mittlere Stirnpartie. Wir bitten dabei die Kinder, das Wort, das ihnen zuvor auf einer großen Wortkarte präsentiert worden war, „im Geiste" wiederzufinden und innerlich auf einen freien Bereich einer gegenüberliegenden Wand zu projizieren oder das Wort „dorthin zu sehen". Danach kann das Kind dieses Wort „in seinen Kopf herein" nehmen und dort hinter der Stirn anschauen, zunächst mit geschlossenen, später auch mit offenen Augen. Für diesen Prozeß brauchen wir natürlich eine ruhige und entspannte Atmosphäre und ein gutes Vertrauensverhältnis zum Kind. Bei einiger Übung gelingt die Visualisierung von Wörtern nicht nur in der Einzelsituation sondern auch in Gruppen und Schulklassen. Es ist immer wieder erstaunlich, wie sich diesem Lernschritt auch diejenigen Kinder konzentriert und hingebungsvoll widmen, die als unaufmerksam gelten. Wichtig ist, jeden einzelnen Teilschritt nach seinem Erfolg abzufragen („Kannst du das Wort/ die ersten zwei Buchstaben schon sehen?", „Wo siehst du sie?", „Wie groß sind die Buchstaben?", Wieviel Buchstaben kannst du sehen?", „Bleiben die Buchstaben stehen oder verändern sie sich?").

Man muß den Vorgang anfangs intensiv üben. Bei Kindern mit schwerer Legasthenie beobachten wir stets, daß sie sich nur mit Mühe einzelne Buchstaben auf diese Weise vorstellen können, später dann nur kleine Buchstabenmengen, z.B. dreibuchstabige Worte. Dies gibt uns eine Idee über die momentane Speicherfähigkeit des Kindes. Je nachdem, in welche Gegend der Stirn das Kind beim Speichern deutet, kann man oft Lateralisationstendenzen erkennen. Wir sind später bestrebt, die Aufnahmekapazität zu vergrößern. Manchmal bleibt sie jedoch sehr gering. Wir müssen dann längere Worte zergliedern, z.B. in Gruppen von zwei oder drei Buchstaben. Eine Wortkarte wird gleichzeitig an der Gliederungsstelle mit einem Farbstift deutlich sichtbar markiert. Die einzelnen Buchstabengruppen werden separat gespeichert und später wieder zusammengesetzt.

Gelingt die Übernahme dieser Lerntechnik, so blicken lernende Kinder bei Aktivierung ihres visuellen Gedächtnisses nach oben, bei sehr flüssig gelernten Worten auch geradeaus. Lernpsychologische Erfahrungen und die Anwender des **NLP (Neuro-Linguistisches Programmieren)** (Grinder, 1995) zeigen uns, daß man die Aktivierung des Gedächtnis an den Augenbewegungen und den Blickwendungen erkennen kann.

Erinnert sich ein Kind beim Buchstabieren an die Buchstabenabfolge eines Wortes, so wendet es seine Augen meist nach rechts oben. Ruft man sich eine Landschaft oder ein Bild ins Gedächtnis zurück, zeigen unsere Augenbewegungen nach links oben. Wenn wir solche Blickwendungen nach oben bei unseren Gesprächspartnern wahrnehmen, so interpretieren wir sie bewußt oder unbewußt als ein angestrengtes und konzentriertes Nachdenken. Doch nicht nur visuelle Aufnahme- oder Gedächtnisreaktionen erkennt man an den Augenbewegungen, auch auditive („Lernen durch Hören") und taktil-kinästhetische („Lernen durch Spüren und durch Bewegung") Lernwege spiegeln sich in den Augenbewegungen wider. Sehen wir solche Augenbewegungen bei Schülern, so erhalten wir Informationen über ihren augenblicklich favorisierten Sinneskanal. Uns wird dabei zugleich ein Beobachtungsinstrument zugänglich, das uns Auskunft darüber gibt, welche Sinneseindrücke der Lernreiz aktiviert.

Augenbewegungen in der Horizontalebene signalisieren uns, daß das Kind auditiv konstruierte oder auditiv erinnerte Klänge, Geräusche oder Worte aufnimmt oder abruft. Augenbewegungen nach unten zeigen die Erinnerung an kinästhetische Empfindungen an. Anhaltenden direkten Blickkontakt finden wir z.B. beim Buchstabieren dann, wenn das Kind das Wort sehr sicher und zügig (automatisiert) erinnert.

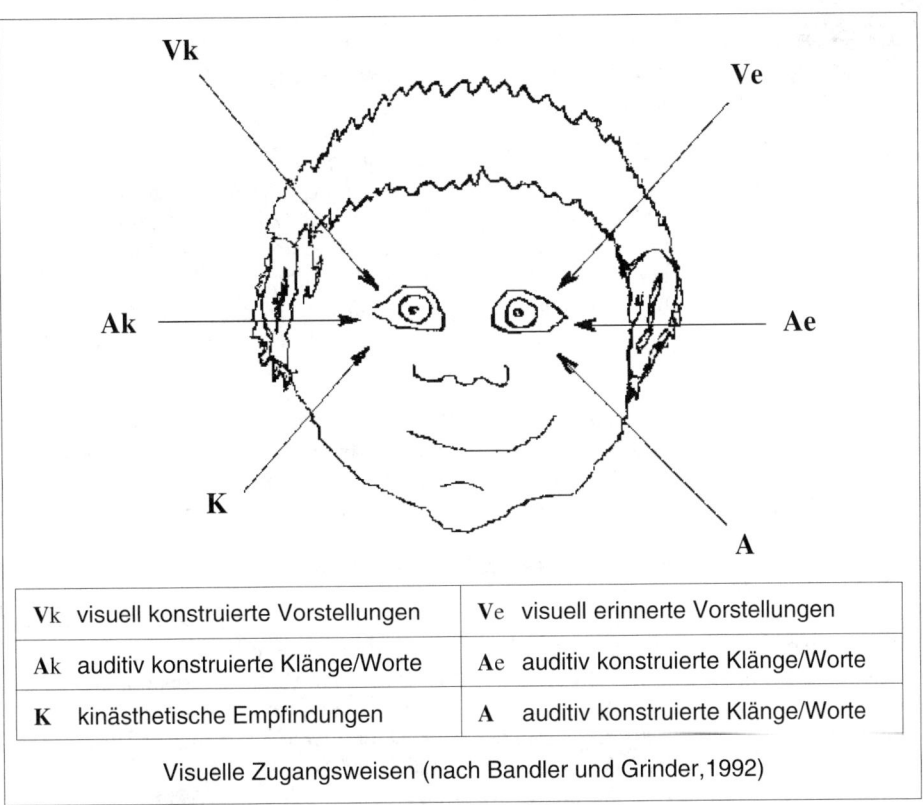

Vk	visuell konstruierte Vorstellungen	Ve	visuell erinnerte Vorstellungen
Ak	auditiv konstruierte Klänge/Worte	Ae	auditiv konstruierte Klänge/Worte
K	kinästhetische Empfindungen	A	auditiv konstruierte Klänge/Worte

Visuelle Zugangsweisen (nach Bandler und Grinder,1992)

Selbstverständlich gilt auch für Lehrer, Therapeuten und Eltern, daß sie jeweils eigene präferierte Lernweisen und Zugangswege nutzen. Die bewußte und unbewußte Beobachtung des Partners zeigt uns also stets ein vielfältiges Repertoire an Ausdrucksmustern, die von Grinder als „Neurologische Indikatoren" (Grinder, 1995) bezeichnet werden.

Natürlich haben wir auch als Erwachsene unsere Lernstile und Lernpräferenzen. Sie drücken sich unbewußt auch in unserer Lehrmethodik aus, selbst wenn wir uns bemühen, multisensorisch zu arbeiten. Wenn wir uns über unsere eigenen Lernwege bewußt werden, können wir leichter feststellen, welchen Schülern wir besonders gut helfen können und welchen wir damit Schwierigkeiten bereiten.

Auch in die französische Pädagogik-Literatur haben Konzepte Eingang gefunden, die der Beobachtung der sensorischen Wege und ihrer Perzeption eine zentrale Rolle in der Analyse von Lernprozessen zumessen. Unter dem Stichwort **„Gestion Mentale"** hat Antoine de La Garanderie empirisch gewonnene Befunde und Lerntechniken gesammelt und erläutert. Einen wichtigen Stellenwert nimmt darin der Begriff der Evokation ein. „Evokation ist die innere aktive Rückkehr auf die Sinneseindrücke, um ihnen Sinn zu verleihen, sie zu interpretieren, sie in Verbindung mit Vorwissen zu bringen oder einfach sie zukodieren und zu memorieren. Dies geschieht, indem sich das Subjekt sinnbe-

Augen	Bewegung	Stimme und Tempo des Vorgangs	Lokalisierung des Prozesses	Augen (verwendete Begriffe)
visuell	ruhig	sehr schnell, neigt zu Kategorisierungen, braucht Planung und „Überblick", hat Bilder im Kopf	Bewegung u. Veränderungen im Augenbereich, z.B. Blinzeln, Zwinkern, Hochziehen der Augenbrauen	sehen, enthüllen, sich vorstellen, konzentrieren, betrachten, beobachten, bemerken, scheinen, klar, trübe
auditiv	rhythmische Kopf- und Körperbewegungen	gleichmäßig, braucht Sequenzen und rhythmische Abfolgen, erinnert sich an Besprochenes, liebt Diskussionen	Bewegung, Veränderung, um den Mund und Ohren; Ausrufe wie „ah", „hmm", ausdrucksvolle Stimme	sagen, erklären, zuhören, klingen, mitsprechen, reden
taktil-kin-ästhe-tisch	viel Bewegung	sehr langsam, lernen durch tun, „begreifen", berühren, zerlegen, mag Bücher mit viel Handlung	Veränderungen und Bewegungen vom Hals abwärts, viel Mimik und Gestik, agiert Vorstellungen aus	begreifen, erfassen, fühlen, handhaben, „ich pack es an"; handlungsorientierte Wörter
Neurologische Indikatoren (Grinder, 1992)				

deutsame innere Vorstellungen vorwiegend visueller oder auditiver Art von dem Wahrgenommenen verschafft." (Roth, 1992)

Gelingt es, einem Kind das bewußte Visualisieren beizubringen, erwerben die Kinder eine neue Fähigkeit, die ihre Wahrnehmung bereichern kann. Davis (1995), selbst von Legasthenie betroffen, hat die Überwindung der visuellen Desorientierung durch die bewußte Wahrnehmung von dreidimensionalen Bildern und dann auch Worten als eine solche Bereicherung geschildert, daß er soweit geht, Legasthenie als ein Talentsignal zu interpretieren. Die Handlungsanweisung von Davis heißt (in komprimierter Form): Nimm ein Objekt in die (bei Rechtshändern) linke Hand und betrachte es bei geschlossenen Augen mit einem „geistigen" Auge, das wenige Zentimeter vor der Stirn liegt. Wenn man dann das imaginierte Auge nach links und rechts von der Mittellinie weg wandern läßt, erhält man mit ein wenig Übung ein räumliches Bild des Objekts. Im weiteren Verlauf wird dieses „geistige Auge" an einen Punkt hinter dem Hinterhaupt verlegt und in verschiedenen Übungen stabilisiert. Von diesem Auge aus betrachtete Wörter sollen dann als dreidimensionale Bilder wahrgenommen und leichter gespeichert werden.

8.2. Arbeitstempo

Beim Üben vom Schreiben und Lesen kommt es darauf an, daß der erwachsene Übungspartner nicht viele Worte macht und daß er langsam spricht. Dieser Grundsatz ist besonders bei Kindern mit Sprachentwicklungsstörungen wichtig. Ein Kind, das eine Laut-/ Wortunterscheidungsschwäche hat oder über ein nur begrenztes auditives Kurzzeitgedächtnis verfügt, ist bei längeren Sätzen rasch überfordert. Es muß sich den Sinn der Aussage sozusagen mit hohem Risiko für ein falsches Ergebnis zusammenreimen.

Zu schnell sprechende Erwachsene haben auch wenig Möglichkeiten, im Gesicht des Kindes abzulesen, ob die Aussage verstanden wurde. Sie laufen Gefahr, ohne Überprüfung des Lerneffektes über das Kind hinwegzureden.

Es hat sich daher in Lernsituationen bewährt, einen schematischen Ablauf einzuhalten: Es werden beim Lernen kleine Unterabschnitte mit klarem Beginn und Ende gebildet. Sie fangen mit ➟**Blickkontakt** und ➟**Sammlung der Aufmerksamkeit** an, gehen dann über in ➟**Aufgabenstellung** und ➟**Durchführung** und enden mit ➟**Blickkontakt**, ➟**Bestätigung**, ➟**Lob**, ➟**Lernkontrolle**. Bei Legasthenikern gilt dieser Ablauf auf jeder Schwierigkeitsstufe, z.B. nach jedem geschriebenen Buchstaben, nach jedem Wort, nach jedem Satz. Kurze Lerneinheiten gewähren rasche Rückmeldungen, verbessern die Merkfähigkeit und machen den Kopf für die nächste Aufgabe frei.

8.3. Der angemessene Schwierigkeitsgrad

Kennt man die Leistungsstufe eines Kindes nicht genau, empfiehlt es sich, auf der niedrigsten Schwierigkeitsstufe zu beginnen: der Buchstabenebene. Um Mißerfolge und Überforderung zu vermeiden, beginnt man mit dem Speichern und Benennen von Buchstaben, danach erst mit dem Schreiben von Buchstaben. Bei schwerer Legasthenie ist es günstig, anfangs nur große Druckbuchstaben zu benutzen. In der Aussprache sollte man die lautgetreue Benennung bevorzugen: „f" spricht sich „fff" und nicht „eff". Erst wenn alle Buchstaben automatisiert sind, folgen zweibuchstabige Wörter und Silben, dann dreibuchstabige Wörter usw.

Bei schweren Formen von Lesestörung kennen Kinder viele Buchstaben nicht. Für ein Buchstabentraining empfiehlt es sich, zunächst bei einem oder wenigen Buchstaben zu bleiben, um die Kinder nicht durch zu häufigen Wechsel zu verunsichern. Aus dem gleichen Grund dürfen lautähnliche Buchstaben nicht miteinander geübt werden. Am besten beginnt man mit Buchstabenkarten, die nur einen einzigen großen Druckbuchstaben zeigen (zur Herstellung siehe Kapitel 9.). Nicht immer ist es jedoch günstig, die Buchstaben allein zu üben. Schließlich kann sich das Kind unter dem Laut / Buchstaben / Phonem wenig Sprache vorstellen. In diesem Fall wäre die „einfachste" Einheit das zwei- oder dreibuchstabige Wort, dem sich eine Bedeutung und ein Bild zuordnen läßt.

Bereits in der ersten Diagnostikstunde entscheidet sich, ob das Kind Vertrauen zu der/dem Erwachsenen bekommt. Von Anfang an gilt es, Überforderungen und Niederlagen für beide zu vermeiden. Eine gute Anfangssituation stellt Ilse Gäbe (1990) her, wenn sie auf der Wortebene mit Bildkarten beginnt, auf denen nicht das Wort steht:

Das Kind wird aufgefordert, sich fünf Karten auszuwählen und die dazugehörigen Wörter aufzuschreiben (oder zu buchstabieren, d.V.). Greift es Karten heraus, die ein Ei, ein Haus oder einen Baum darstellen, so traut es sich entweder an schwierigere Wörter nicht heran oder es kann sie tatsächlich nicht bewältigen. Sind diese leichten Wörter richtig geschrieben, lobe ich das Kind: „Du hast alles richtig gemacht". Finden sich jedoch schon in diesen Wörtern (Ei, Haus, Baum) Fehler, so darf ich eine hochgradige Schwäche vermuten. Ich merke die Fehler nicht an, sondern sage mit Bezug auf seine Bereitwilligkeit, überhaupt zu schreiben, nur: „gut" oder „danke". Und später, bei der Schilderung einer einfachen Diktatsituation sagt sie: „Anfangs diktiere ich nur wenige Hauptwörter, etwa fünf bis sieben. Ich möchte dem Schüler am Ende sagen können: Sie sind alle richtig geschrieben." Dieses Lob hat ein legasthenisches Kind meistens lange entbehrt. So strebe ich während der gesamten Unterrichtszeit danach, an der „Nullfehlergrenze" zu arbeiten, d.h. ich versuche, das Kind immer nur soweit zu fordern, daß es nicht scheitert, um wenigstens bei mir Versagenssituationen auszuschließen.

In einer Übungssitzung kommt es darauf an, die Zahl der bereits beherrschten Buchstaben/Wörter nur zu steigern, wenn die Lerngeschwindigkeit dies zuläßt. Bei Kindern mit Speicherschwächen kann es schon ein großes Problem sein, einen Buchstaben nach 15 Sekunden richtig zu wiederholen, erst recht, wenn der Buchstabe in der Zwischenzeit durch eine andere Nachfrage aus dem Kurzzeitspeicher gelöscht wurde.

Überforderung kann nur vermieden werden, wenn die Bezugsperson „auf der sicheren Seite" bleibt („Nullfehlergrenze"), d.h. wenn der Erfolg des Kindes gewährleistet bleibt. Dazu muß gelegentlich die Zahl der Wiederholungsdurchgänge stark gesteigert werden und es muß die Zahl der neu zu lernenden Worte eng begrenzt bleiben. Der Schwierigkeitsgrad ist so festzulegen, daß das Kind eine Chance von mindestens 80% hat, richtige Antworten zu geben. Das bedeutet, daß die Bezugsperson darauf zu achten hat, daß auf eine falsche Antwort mindestens vier richtige Antworten folgen müssen, daß also auch der

Schwierigkeitsgrad bei den folgenden Antworten so zu wählen ist, daß mit absoluter Sicherheit richtige Antworten kommen können.

Kann das Kind beim Buchstabieren oder Schreiben die richtige Lösung nicht innerhalb weniger Sekunden geben, so ist es besser, die richtige Lösung kurz vorzugeben, als noch länger auf eine Antwort zu warten. Der Erwachsene hält dann die Wortkarte oder das Buch / Heft hin, deutet kurz mit dem Finger auf das Wort und nimmt die Karte / das Buch rasch wieder weg. Eventuell sagt er vorher mit wenigen Worten: „Schau her, ich zeige dir kurz das Wort." Mit dieser Hilfe eine richtige Lösung erreicht zu haben ist besser, als ohne Hilfe keine Lösung zu erreichen. In der Regel kommt bei längerem Zuwarten auch keine Lösung durch „Nachdenken" zustande. Vielmehr sinken die meisten Kinder auf eine niedrigere Aufmerksamkeitsebene ab und sind dann umso schlechter neu zu motivieren.

In diesem Sinne kann man auch im Unterricht Wortlisten oder ein Wörterbuch zulassen. Für LRS-Schüler sollen Differenzierungsmöglichkeiten eingeplant werden: statt Diktat dürfen die schreibleseschwachen Kinder einen Lückentext ausfüllen oder den Text lediglich abschreiben. Man kann in gewissen Fällen darauf verzichten, abschauen negativ zu bewerten, und man kann zufriedener sein, wenn kleine Abschnitte fehlerlos gemeistert wurden (lieber 5 Sätze richtig geschrieben als in 10 Sätzen 8 Fehler gefunden).

8.4. Lernschritte

Ist das Speichern, Erkennen und Benennen von Buchstaben sicher erlernt, können die Buchstaben geschrieben werden. Der nächste Schritt ist das Zusammenziehen und Lesen von Zweier-, dann von Dreiergruppen. Beim zusammenziehenden Lesen soll jeder Buchstabe von einer Fingerbewegung begleitet werden. Das Zeigen der Buchstaben mit dem Finger soll wirklich mit der Benennung synchron sein. Als Zwischenstufe zwischen drei- und vierbuchstabigen Wörtern empfiehlt es sich, zweisilbige Worte mit je zwei Buchstaben zu verwenden, z.B. Vokal-Konsonant-Verbindungen oder Konsonant-Vokal-Verbindungen.

MO	OM
MA	AM
ME	EM
MI	IM
MU	UM

TA	AT
TU	UT
TE	ET
TI	IT
TO	OT

Solche Tabellen können auch auf Kartonstreifen geschrieben werden oder als kleine Einzelkärtchen vorbereitet werden, die dann von den Kindern in Reihen mit gleichlautenden Anfangskonsonanten sortiert werden. Später können sie zu Silbenverdopplungen oder zur Kopplung von zwei Silben benutzt werden. Schließlich bilden sie den Grundstock für Karten mit Silben- und Signalgruppen; man kann sie als Wortanfänge benutzen oder zu ganzen Worten ergänzen und auf größeren Papier- oder Kartonkarten zusammenlegen und -kleben. Sie eignen sich auch zum Wortvergleich: verschiedene Worte werden gezeigt und das Kind ordnet ihnen gleiche Kärtchen mit den entsprechenden Vokal-Konsonant-Verbindungen zu, z.B. Wortkarte KINO wird gelegt, Kind sucht Karten KI und NO.

Beispiel:

Vorgelegte Wortkarte:

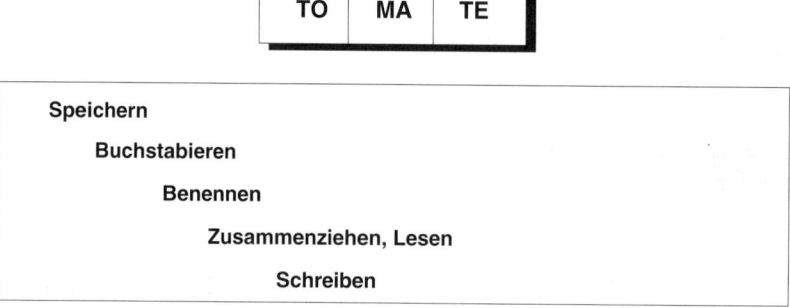

Kind sucht aus verschiedenen Vokal-Konsonant-Kärtchen die passenden heraus:

Das Lesen eines einzelnen Wortes -und sei es noch so kurz- soll nach der bestätigenden Rückmeldung der Bezugsperson von einem kurzen Wiederholungs-Lesen des Kindes gefolgt sein. Ein solches „Überlernen" verstärkt den Eindruck eines Wortes im Bildgedächtnis und optimiert den Lernprozeß.

Anfangs reicht eine Wortmenge von zwei bis drei neuen Worten pro Tag völlig aus. Bei lernschwachen Kindern muß sie sogar noch unterschritten werden. Liegt das Kind in seiner Leistungsfähigkeit nicht sehr weit vom Klassenniveau entfernt, können auch diejenigen Worte genommen werden, die in aktuellen Diktaten oder in Hausaufgaben falsch geschrieben worden waren. Wenn das Kind soweit ist, daß es Diktate schreiben kann, so sollten zu Hause kleine Diktate mit bekannten Worten geübt werden. Die Wortmenge sollte zunächst auf etwa drei Sätze begrenzt bleiben, damit das Kind nicht mehr als zwei bis drei Fehler macht. Häufig stellt selbst das Schreiben von geübten Diktaten in der

Schule eine unerwartete Hürde dar. Wenn das Kind bei gleichem Schwierig-keitsgrad in der Schule deutlich mehr Fehler macht als zu Hause, liegt dies mei-stens daran, daß das Kind die Technik der Aktivierung des Bildgedächtnisses in der Schule nicht mehr praktiziert. Ein mangelhafter Transfer läßt sich durch häufiges Diktatschreiben mit geübten Worten zu Hause überwinden. Falls in den Texten viele schwere Worte vorkommen, kann man dem Kind den Text vorab zu lesen geben, um auf diese Weise das Bildgedächtnis zu aktivieren.

Grissemann (1990) betont das Üben von einzelnen Silben und Signalgrup-pen. „Als Signalgruppen bezeichnet man häufig vorkommende Vokal-Konsonantenkombinationen als Hör-Sprech-Muster, ohne inhaltlichen Bedeu-tungsgehalt." Die Signalgruppe *-ell-* kann z.B. vorkommen in

	b	*ell*	en
	S	*ell*	erie
dargest		*ell*	t
schn		*ell*	
h		*ell*	
Ges		*ell*	schaft

Signalgruppen sind manchmal Morpheme, manchmal Lexeme, manchmal Pho-neme. „Durch die vielen Möglichkeiten der Morphemkombinationen ergibt sich immer eine große Auftretenshäufigkeit von Signalgruppen, die dem Leser eine zusätzliche Hilfe bei der Worterfassung anbieten können. Die Signalgruppen stellen jedoch noch eine besondere Hilfe für die Rechtschreibung dar (beson-ders Signalgruppen mit Verdopplungen, mit ck und mit tz: -eel-, -ack-, -etz-)." (Grissemann, 1990)

„ ... Wortveränderungsdiktate mit Signalgruppen ... bahnen in diesem Be-reich die Rechtschreibung an, lange bevor entsprechende Regeln eingeführt werden. Und wahrscheinlich sind solche Übungen mit der Speicherung häufig vorkommender Signalgruppen wirksamer als die aufwendigen Bemühungen um entsprechende Regeln der Rechtschreibung (Grissemann, 1980).

Beispiele aus der Arbeitsmappe „Psycholinguistische Legasthenietherapie":

Signalgruppe - ing -

gel	ing	en	Pudding
Zw	ing	er	Sperling
spr	ing	en	ging
	Ing	e	fing
g	ing		Inge
f	ing		springen
Sperl	ing		Zwinger
Pudd	ing		gelingen

spr ------ en   F ------ er
s ------ en   R ------
r ------ en   D ------
zw ------ en   Kl ----- el
schw ------ en   ------ eborg
kl ------ eln   Pfifferl ------
gel ------ en   Setzl ------
verschl ------ en   Frühl ------
dr ------ end   Spr ------ er
neuerd ------ s   Neul ------
R ------ elnatter   Bed ------- ung

Heute hat Tante Inge wie am Sonntag gekocht. Alle waren satt. Die Teller waren leer. „Ich hole den Pudding !" sagte Ingrid und ging. Sie lief in die Küche und packte das Tablett. „Schnell, schnell die Tür auf ! Die Schüssel mit Pudding ist schwer !" Es polterte an die Tür. Die Mutter sprang auf. Da klirrte es im Flur – der Pudding klatschte hin. „Tante komm her ! Bring die Löffel mit!". „Oh Ingrid, mein Liebling, heute sind wir ohne Pudding !" erwiderte Tante Ingrid und fing an, mit Lappen und Wasser aufzuputzen.

Andere Signalgruppen: - upp - (z.B. Puppe)
  - och -   - all -
  - ill -   - atz -
  - ack -   - ink -
  - opf -   - ank -
  - ück -   - üss -

ach	**machen, nach, Nacht**, Dach, Sache, wach, Bach, lachen, Fach, flach, Krach, schwach, Rache, Drache, gedacht.
and	andere, Hand, Wand, Rand, Land, stand, Sand, fand, Band, Strand.
ann	**dann, kann, Mann**, wann, Wanne, Kanne, Tanne, Panne, Pfanne, kannte, rannte, nannte, brannte.
aus	**aus, Haus, Maus**, sausen, Laus, heraus, hinaus, Nikolaus, Pause, Brause, Faust, braust.
ein	**ein, kein, mein, sein, nein, klein**, dein, Bein, scheint, Stein, rein, fein, Wein, Schwein, allein, hinein, herein.
eit	Leiter, Leitung, weit, Zeit, -heit, -keit, seit, breit, schreit, schneit, reiten, gleiten, streiten, Zeitung.
ich	**ich, nicht, sich**, -lich, mich, Licht, dich, richtig, sicht -, Strich, dicht, bricht, sticht, spricht, wichtig
imm	**immer**, schwimmen, Zimmer, Himmel, Stimme, stimmt, glimmt.
ind	**sind, Kind**, finden, Wind, Rind, blind, binden.
och	**doch, noch**, hoch, kochen, Loch, Knochen, gebrochen, gestochen, gerochen, gesprochen.
oll	wollen, soll, voll, Zoll, rollen, Wolle, Stolle.
und	**und**, Hund, Mund, rund, Grund, Pfund, gesund, Wunde, Stunde, gefunden, gebunden.

128

Eine andere Definition von Signalgruppen gibt Müller (1993): Als Signalgruppe „definiere ich einsilbige phonetische und optische Einheiten, die mehr als zwei Buchstaben umfassen, mit einem Vokal beginnen und in vielen häufigen Wörtern auftreten. Das typische Merkmal der Signalgruppe (im Gegensatz zum Morphem) ist nicht ihre Bedeutung, sondern ihre prägnante Klanggestalt. Es ist eine *phonetische* Einheit." Als eine gute Basis für ein „Speichertraining" sieht Müller eine Gruppe von häufig vorkommenden Wörtern aus dem Grundwortschatz mit den 12 häufigsten Signalgruppen an (besonders häufige Wörter sind fett gedruckt und unterstrichen) (s. S. 128).

Das Lernen von **Rechtschreibregeln** ist eigentlich eine recht unwichtige Angelegenheit. Sicher kann man in den ersten zwei Grundschulklassen (vielleicht auch noch länger) 80% aller Rechtschreibfehler vermeiden, ohne Regeln zu beherrschen. Die Aufstellung von Regeln erscheint mir als eine typische Erwachsenenstrategie. In konkreten Arbeitssituationen wie z.B. im Diktat haben die Kinder kaum Zeit, neben der Gedächtnis-, der Wahrnehmungs- und der Graphomotorik-Leistung noch Regeln abzurufen, sie abzuwägen und zu entscheiden. Vor allem Legastheniker werden für solche Prozesse keine Zeit und Kapazität haben, wollen sie nicht an anderer Stelle ins Hintertreffen geraten. Oder wie Balhorn (1989) sagt: „Es ist also zweierlei, *richtig schreiben* zu können und *regeln sagen* zu können. Ob es überhaupt für schreiben *direkt* hilfreich ist, wissen wir nicht. Das konglomerat von regelangeboten in sprachbüchern nach ein paar hundert jahren rechtschreibmethodik drückt in seiner halbherzigkeit das intuitive wissen aus: regeln, schon gar als *vorgaben*, sind nicht der richtige weg zum rechten schreiben."

Eine der wenigen und frühzeitig wesentlichen Rechtschreibregeln stellt -bis zu einer hoffentlich bald durchgesetzten Rechtschreibreform- die Groß- und Kleinschreibung dar. Beispielhaft kann man die Großschreibung von Hauptwörtern heranziehen. Gewöhnlich wird man den Kindern beibringen, versuchsweise einen Artikel vor das Wort zusetzen. „Paßt *der, die* oder *das* vor das Wort *Haus*?". Die Schwierigkeiten beginnen mit der Einführung eines Adjektivs vor dem Substantiv („*das alte Haus*"). Wenn das Kind nun glaubt, in dem Adjektiv das groß zu schreibende Wort erkannt zu haben („*das Alte haus*"), wird man ihm beibringen, das Adjektiv an das Satzende zu stellen („*das Haus ist alt*") oder eine Probenfolge anzustellen („kann *alt* allein stehen?"). Auch diese Methode zeigt ihre Grenzen, wenn es um abstrakte Substantive geht („*der, die, das Glück; der, die, das Zukunft*"). Später müssen Regeln für substantivierte Verben eingeführt werden. Der Zeitbedarf während des Schreibens wird bei Regelanwendungen immer größer. Man beobachtet dann regelmäßig, daß die Kinder vor sich hin murmeln, die Lippen bewegen und versuchen, die Regeln mit sprachlichen Mitteln abzuleiten. Erklärungen oder Regeln finden hier ihre Grenzen. Dieses Beispiel zeigt, daß bald auch in Bereichen, in denen die Anwendung von Regeln unumgänglich scheint, schnellere und einfachere Methoden benutzt werden. Hier bieten sich Lerntechniken an, die das visuelle Lernen unterstützen. Wortkarten, auf denen großgeschriebene Anfangsbuchstaben farbig geschrieben oder mit einem Farbstift umkreist werden, werden zu Wortkarten mit Adjektiven und mit Artikeln sortiert. Von drei Stapeln mit den verschiedenen Wortgruppen werden Kombinationen gelegt. Später lassen sich daraus mit Verbkarten ganze Sätze bilden.

Breuninger (1996) schlägt vor, in den ersten beiden Schuljahren lediglich drei Regeln einzuführen: 1. Endkonsonanten durch verlängern (Wald – Wälder, Kind - Kinder), 2. Umlaute durch Wortstamm (Bäume – Baum, fröhlich – froh), 3. Groß-/Kleinschreibung, beschränkt auf „sichtbare Namenwörter" („Alles, was ich auf dem Fernsehbildschirm sehe, alles, was wir in der Klasse sehen, wird groß geschrieben").

Legastheniker lesen nicht gerne. Lesen ist für sie eine schwierige, oft enttäuschende Arbeit: man arbeitet hart und kommt doch nicht vorwärts. Theoretisch ist jedem klar, daß es ihnen helfen würde, oft zu lesen und durch das Lesen die Wortbilder im Gedächtnis aufzufrischen und damit zu wiederholen. Sie müssen also regelmäßig zum Lesen verführt werden. Abwechselndes Lesen („Jeder von uns beiden liest abwechselnd einen Satz") von kurzen Abschnitten entlastet das Kind, schafft kurze Pausen, gibt Gelegenheit zum Mitlesen und bringt die Möglichkeit, im Lesestoff zu einem vereinbarten Ende (Abschnitt, Kapitel, kurze Geschichte) zu kommen. Die Auswahl des Lesestoffes überläßt man zunächst dem Kind, selbst wenn es „nur" Comics lesen will oder eine Geschichte über Dinosaurier. Nur wenn das Kind keine eigenen Ideen hat oder sich allzu sehr überfordert, gibt der Erwachsene Vorschläge zu Texten oder lädt das Kind zu einem gemeinsamen Besuch der örtlichen Bücherei ein.

Bei Leseübungen ist es wichtig, dem sinnerfassenden Lesen anfangs keine Bedeutung beizumessen. Das Dechiffrieren der Buchstaben und die Speicherung des Wortbildes ist ein anderer Wahrnehmungsprozeß als die Erfassung der Wortbedeutung. Wir haben ja im Kapitel 7.4. gesehen, daß das semantische und das lexikalische Gedächtnis auf unterschiedliche Weise aktiviert werden. Zwar können wir immer wieder Kinder beobachten, die trotz stockendem und mühevollem Verbinden der Laute erstaunlicherweise den Sinn erfassen. In aller Regel jedoch kann die Bedeutung erst nach erfolgreichem Entziffern miterfaßt werden. Korrekturen sollten daher beim Lesen nur dann angebracht werden, wenn die Lesefehler den Sinn entstellen.

Auch beim Lesen gilt es, einen vorsichtigen Aufbau zu planen: von Konsonant-Vokal-Verbindungen über Silben zu Worten. Als Lernspiele bieten sich Buchstaben- oder Silbenkarten an, die sich zu Wörtern ergänzen lassen.

8.5. Legasthenie und graphomotorische Teilleistungsstörungen

Schönschrift ist keine Hauptsache! Dies gilt besonders bei Kindern mit graphomotorischen Teilleistungsstörungen. Bei Kindern mit Legasthenie, die assoziierte graphomotorische Steuerungsstörungen haben, gilt dies natürlich auch. Andererseits ist es gerade bei Legasthenikern wichtig, daß sie zu einer verbesserten Eigenkontrolle des selbst Geschriebenen finden. Dabei hilft ihnen ein nicht mehr lesbares Schriftbild nicht. Versuche, das Schriftbild zu verändern, sollten Klarheit, Einfachheit und Wiedererkennbarkeit der Buchstaben zum Ziel haben (Buck, 1995).

In den meisten Bundesländern ist die Anwendung von Druckschrift als Ausgangsschrift für Schulanfänger erlaubt (Bremen, Mecklenburg-Vorpommern, Niedersachsen, Rheinland-Pfalz) oder ausdrücklich empfohlen (Baden-Württemberg, Berlin, Brandenburg, Hamburg, Nordrhein-Westfalen, Saarland, Thüringen). In Bayern ist sie sogar obligatorisch gefordert. Bei Legasthenikern möchte ich die Druckschrift mindestens im ersten Schuljahr als die einzig sinnvoll anzuwendende Schriftform ansehen.

Bei Nutzung der Druckschrift oder zumindest der vereinfachten Ausgangsschrift gewinnt das Wortbild an Klarheit. Dann kann sich die Schreibgeschwindigkeit erhöhen. Das klare Wortbild der Druckschrift ist für Legastheniker immer von Vorteil, besonders in den ersten zwei Grundschulklassen. Große Druckbuchstaben sind als Graphoelemente in Lesetexten und auf Wortkarten zu bevorzugen. Bei Kindern mit schwerer Legasthenie sollten anfangs nur große Druckbuchstaben eingesetzt werden. Gerade der Verzicht auf Auf- und Abschwünge, auf Drehrichtungswechsel, auf Deckstriche und auf Verbindungslinien in der Druckschrift oder in der vereinfachten Ausgangsschrift erleichtert die Wahrnehmung beim Lesen und die anstrengende Steuerung und Koordination in der Schreibarbeit. Auch sollte eine fehlervermeidende Strichführung bei visuell ähnlichen Buchstaben eingeübt werden: vertikale Striche in **p**, **b** oder **d** immer zuerst und von oben nach unten schreiben, dann den Bogen anfügen (Frostig, 1994).

Das Zusammenspiel zwischen visueller Wahrnehmung, visueller Steuerung und feinmotorischer Koordination nennt man Visuomotorik. Ein Spezialfall der Visuomotorik, nämlich die Steuerung eines Stiftes in der Hand, ist die Graphomotorik. Aus einem konfusen Schriftbild kann man nicht sofort eine Diagnose stellen: etwa daß die Handmotorik gestört sein müsse oder daß es sich zwangsläufig um eine Störung der visuellen Perzeption handeln würde. Nicht selten wird man finden, daß bei diesen Kindern die rein motorische Seite (z.B. Daumen-Zeigefinger-Opposition, Rotationsbewegungen und andere Bewegungsmuster) altersentsprechend differenziert ablaufen. Läßt man Kinder mit graphomotorischen Störungen z.B. auf unliniertem Papier malen oder schreiben, sieht

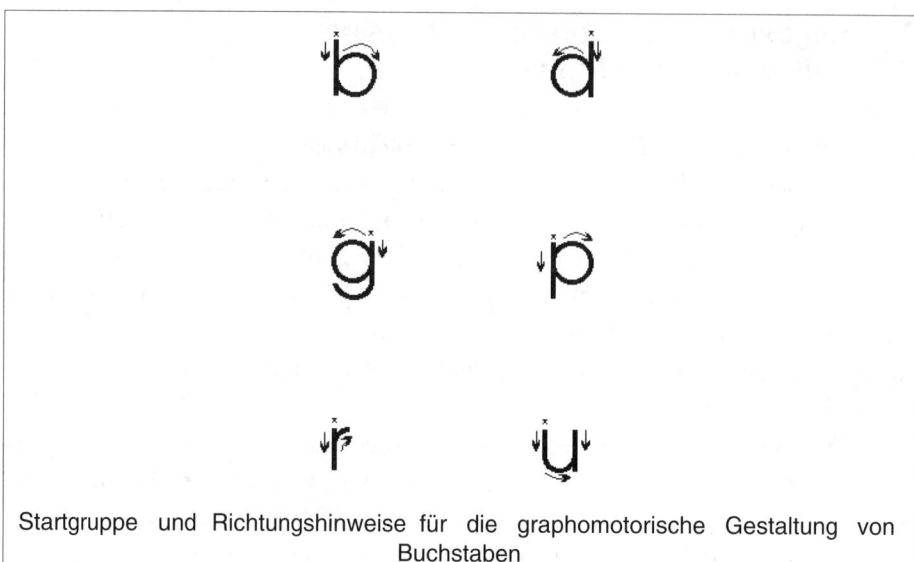

Startgruppe und Richtungshinweise für die graphomotorische Gestaltung von Buchstaben

man nicht selten, daß die Buchstaben 2,5 bis 3 cm Höhe erreichen. In solchen Fällen ist es günstig, den Kindern unliniertes Papier anzubieten oder Papier mit nur einer Zeile in dem jeweils benötigten Zeilenabstand. Zum Üben liniert man ein Blatt Papier in dem gewünschten Zeilenabstand durch und kopiert es dann mehrfach. Die Erfolge sind oft verblüffend: allein durch den größeren Zeilenabstand gewinnt das Schriftbild an Klarheit, und manche Kinder kommen mit einem Bruchteil an Aufdruckkraft aus. Sie ermüden daher nicht mehr so schnell beim Schreiben. Bei zunehmender Fertigkeit wählt das Kind später von selbst kleinere Buchstabengrößen.

Der Verzicht auf unliniertes Papier erleichtert vielen Kindern auch die visuelle Erkennung. Die vielen parallelen Linien eines Schulheftes scheinen eine Störung der Figur-Hintergrund-Erkennung zu provozieren. Bei diesen Kindern sollte „Schrift" vorübergehend nicht benotet zu werden. Die Schreibschrift ist ein komplexes Bild, das schwierig zu dechiffrieren ist und das gerade bei Kindern mit graphomotorischen Störungen die Fehlerzahl erhöht, Ungenauigkeiten provoziert und dem Kind mit Legasthenie zusätzliche Konzentrationsenergie entzieht.

Eine verkrampfte Stifthaltung verhindert flüssige Schreibbewegungen. Dabei bleibt die Hand oft auf der gleichen Stelle der Unterlage, während sich die Finger mühsam fortbewegen. Eine zu schlaffe Haltung des Stiftes, oft kenntlich daran, daß das Handgelenk von der Schreibunterlage abgehoben wird, führt ebenso zu rascher Ermüdung der Hand und in der Folge zu einer Störung der gesamten Körperhaltung. In beiden Fällen kann auch die Fehlsteuerung durch eine Schwäche der taktilen Wahrnehmung begründet sein. Immer muß dann in den therapeutischen Bemühungen eine Verbesserung im Spüren und Fühlen

angestrebt werden. Dies erreicht man durch großflächigere Mal- und Schreibbewegungen, durch Rhythmisierung der Bewegung, durch eine Verbesserung
der Sitzhaltung und eine Optimierung der Sitzhöhe, durch Schwungübungen,
durch Nachfahren vorgegebener Mal- und Schreibstrukturen und durch sogenannte Schreibhilfen. So nennt man Stiftverdickungen aus weichem Plastikmate-
rial, die auf den Stift geschoben werden und die durch ihr dreieckiges Profil und
ihre Länge die Auflagefläche der Finger vergrößern und ordnen (Bezugsquelle s.
Kapitel 14.). Lange Zeit mit dem Bleistift zu schreiben, ist für Legastheniker
sinnvoll, da die Fehlerkorrekturen weniger sichtbar sind als beim Schreiben mit
dem Füller oder dem Tintenstift und da die Kraftdosierung leichter fällt.

Ein sehr pragmatisches Übungsprogramm, das sowohl in der Einzeltherapie
als auch in der Gruppe oder in der Schulklasse durchführbar ist, gibt Hauke
Stehn (1993) in der „Hilfe für das schreibauffällige Kind". In diesem Buch
werden viele feinmotorische Übungen beschrieben, die die graphomotorischen
Fähigkeiten verbessern können.

Bei Kindern mit Handdominanzproblemen ist es nicht sinnvoll, die „richtige" Schreibhand vorzuschreiben oder die Körperhaltung zur Seite zu korrigieren. Hier hat es sich bewährt, mit einfachen, großformatigen Schwüngen zu
üben, die auf großem Papier oder einer Tafel ausgeführt werden. Möglichst
sollen die Bewegungen mehrere Gelenke stimulieren und sie sollen so breit
angelegt sein, daß die Körpermitte überschritten wird. Zu Übungszwecken läßt
man anfangs gleichzeitig beidhändig mit einem Stift in jeder Hand oder beidhändig mit einem Stift zwischen beiden Händen malen. Später werden Formen
und Muster in allen Richtungen gezeichnet. Bei diesen Kindern hat sich auch
das Malen einer großen, liegenden Acht bewährt, so wie wir das aus der Kinesiologie kennen. Dabei steht das Kind vor dem Knotenpunkt der Figur und
verfolgt den Stift gut mit beiden Augen (siehe Kapitel 13.).

Linkshänder dürfen im Schulalter nicht mehr auf Rechtshändigkeit umer-
zogen werden!

- Die Sitzhaltung von Linkshändern sollte nicht in eine Parallelstellung zum
  Tisch korrigiert werden, sondern in eine Sitzposition, in der die linke
  Schulter nach vorne gebracht wird.
- Auch das Schreibheft soll bei Linkshändern nicht parallel zur Tischkante
  liegen sondern etwas nach vorne geschoben und etwa um 30 Grad nach
  rechts geneigt werden. Die Schreiblinie verläuft dann von links oben nach
  rechts unten. So kann das Kind immer die Stiftspitze sehen und die Schreib-
  bewegung visuell kontrollieren.
- In der Schulklasse haben es Linkshänder leichter, wenn sie linke Eckplätze
  erhalten. Sie kollidieren dann bei umfahrenden Bewegungsmustern nicht mit
  ihren Nachbarn.

8.6. Gedächtnis

Beim Lernen eines neuen Wortes speichern wir zunächst im Kurzzeitgedächtnis ab. Das Kurzzeitgedächtnis liegt im Zeitbereich von 1/100 bis 1 Minute. Erst wenn ein neues Wort fest im Kurzzeitgedächtnis verankert ist, hat es eine Chance, in das mittelfristige Gedächtnis und das Langzeitgedächtnis übernommen zu werden (siehe Kapitel 7.4.).

Die Speicherdauer herauszufinden gelingt leicht über das Wiederholen: sofort, nach 1, 3, 5 Minuten, 1, 2 Stunden. Im Kurzzeitgedächtnis hängt viel davon ab, ob das Wort sofort wiederholt wird oder ob man das Gedächtnis im Sekundenbereich durch Abfragen eines anderen Wortes „löscht".

Lernen geschieht zunächst im Kurzzeitspeicher. Um erfolgreich zu bleiben, werden Wiederholungsschleifen in den Zeitspannen aufgebaut, in denen im Kurzzeitgedächtnis eine gesicherte Wiedergabe zu erwarten ist. Konkret sieht die Übungssituation also so aus: ein Kind kann ein bestimmtes Wort mit vier Buchstaben 5 Minuten lang speichern. Um eine sichere Abspeicherung im Kurzzeitspeicher zu erreichen, muß die Bezugsperson dieses Wort mehrfach wiederholen. Der Zeitabstand zur letzten Wiederholung muß unter 5 Minuten liegen.

Das Ziel dieser häufigen Wiederholungen ist es, jedes zu lernende Wort zu „automatisieren". Worte sind dann automatisiert, wenn sie flüssig aus dem Gedächtnis abgerufen werden können. Automatisierte Worte erfordern kürzere Aktivierungszeiten und weniger Aktivierungsenergie. Nicht-automatisierte Worte bringen eine deutlich höhere Fehlerquote in der Wiedergabe mit sich und verringern die Schreib- und Lesegeschwindigkeit erheblich.

Häufiges Wiederholen im Kurzzeitspeicher-Bereich und Automatisieren fördern die Übernahme der Worte in das Langzeitgedächtnis. Daher ist es rationeller, kleine Wortmengen häufig zu wiederholen, z.B. dreimal täglich 10 Minuten lang. In der Beratungssituation ist es wichtig, mit den Eltern zu überlegen, wie die Wiederholungsphasen in den Tagesablauf der Familie passen. Häufige Wiederholungsphasen können den Eltern zunächst qualvoll vorkommen. Rasch merken sie aber, wie ihr Kind an Sicherheit und Geschwindigkeit gewinnt, und durch den Erfolg gut motiviert bleibt. Nicht selten scheuen sich die Eltern, ein und dasselbe Wort in solch kurzen Abständen zu wiederholen. Sie können jedoch bemerken, daß ihr Kind sich nicht schämt, eine richtige Antwort auch mehrfach zu geben. Für das Kind wiegt die Zufriedenheit und das Ausbleiben der Enttäuschung sichtbar schwerer.

8.7. Erfolgreich lernen

Bisher waren folgende Punkte für erfolgreiches Lernen hervorgehoben worden: Blickkontakt, angemessenes Arbeitstempo, angemessener Schwierigkeitsgrad, organisch aufgebaute Lernschritte und Automatisieren durch Wiederholen. Wir werden jetzt noch einige wichtige Aspekte ergänzen.

Eine Mutter, die mit ihrem Kind schreiben und lesen lernt, hat gegenüber einer Lehrerin zahlreiche Vorteile in ihrer Rolle als Mutter, wenn sie nicht vergeblich versucht, Lehrerin ihres Kindes zu werden:

- sie kann gut auf die Worte „falsch" und „nein" verzichten
- sie braucht keine Fehler anzustreichen (vor allem nicht mit Rotstiften)
- sie braucht nicht die Geschwindigkeit zu forcieren („schreib schneller")
- sie braucht nicht die Aufmerksamkeit mit Worten binden („konzentrier dich")
- sie braucht nicht auf das Schriftbild zu achten („schreib sauber")

Ihre Stärke liegt in ihrer Person als Mutter: in ihrer Beziehung zum Kind und in ihrer Motivationsfähigkeit und Kreativität.

Die Umstellung auf ein Lernen im Bildspeicher bringt den Verzicht auf auditive Lernhilfen mit sich. Von Lernhilfen über den verbal-auditiven Kanal profitieren Legastheniker aus zwei Gründen nicht: einmal, da sie ja fast alle an einer Laut- und Wortunterscheidungsschwäche leiden, und zum anderen, da die deutsche Sprache durch die Lautuntreue zahlreiche Fehler offenhält. „Wiese" klingt nicht anders als „Wise" oder „Wihse" oder „Wiehse". Viele Laute werden bei betonter Aussprache erst hörbar, und oft wird von Lehrern und Eltern sogar eine Konsonantenverdopplung o.ä. erst herbeigeredet. Das Kind, das sich daran gewöhnt hat, wird bei etwas unschärferer oder schnellerer Aussprache diese „Hilfestellung" nicht mehr wahrnehmen und prompt zusätzliche Fehler machen. Durch unnatürliche und übertriebene, sozusagen „geschriebene" Artikulation wird dem Kind eine auditive Regelhaftigkeit vorgespielt, die der Schreibwirklichkeit nicht entspricht, die nicht in konstanter Qualität beibehalten werden kann und die die Kinder auf einen Irrweg führen kann. Alle Verrenkungen des Halses oder der Lippen beim Diktieren können dann unterbleiben, wenn das Kind das diktierte Wort aus seinem Bildgedächtnis aktiviert. Folgende Sätze der Bezugspersonen werden also überflüssig: „Schau auf meinen Mund", „Hör doch mal gut zu", „Hör mal, was ich sage", „Sprich deutlich", „Sprich dir das Wort doch einmal selbst vor".

8.8. Visuelles Lernen

Erfolgreiches Lernen ist zu allererst visuelles Lernen. Wir bewahren die Kinder vor orthographischen Konflikten und Regelkonflikten, wenn wir das visuelle Lernen in den Vordergrund der Lernmethodik stellen. Das visuelle Lernen ist bei 80% aller legasthenen Kinder die schnellere und sichere Lernform. Dabei wird vor allem die Aufnahme und das Wiedererkennen von Wortbildern geübt. Die Schwierigkeiten durch die fehlende Lauttreue unserer Sprache (68% aller Worte der deutschen Sprache sind nicht lauttreu) werden vermieden. Selbst bei Lernbehinderten ist der visuelle Weg offenbar vorteilhafter als der auditive (Böhm, 1989).

Die Überlegenheit von visuellem Lernen wird deutlich, wenn man weiß, daß viele Schüler mit Legasthenie im ersten Englischunterricht erfolgreicher lernen als im Deutschunterricht. Die Erklärung für dieses Phänomen liegt darin, daß die englische Sprache in noch geringerem Maße lautgetreu geschrieben wird als die deutsche und die Lerntechnik daher zwangsläufig stärker visuell über Wortbilder als auditiv über das Klanggedächtnis ausgerichtet sein muß.

Lernen im Bildgedächtnis macht auch den größten Teil der Regelableitungen überflüssig. Tatsächlich lernen wir meist nur vorrübergehend über Regelableitungen. Wenn diese Wörter schließlich gut überlernt sind, werden auch sie automatisiert aus dem Bildgedächtnis abgerufen. Wer oft genug „Wälder" geschrieben hat, muß sich nicht den Singular „Wald" ableiten, um nicht „Welder" zu schreiben. Schreibgeschwindigkeit und Fehlerzahl hängen also auch vom Grad der Automatisierung und damit vom Verzicht auf Regelableitungen ab.

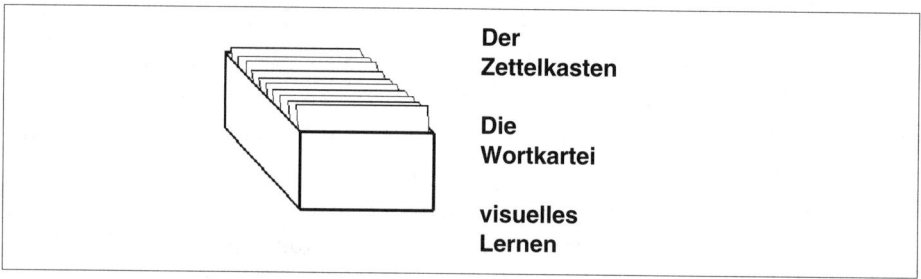

Der
Zettelkasten

Die
Wortkartei

visuelles
Lernen

Ein wirksamer Schutz vor Überforderung und Enttäuschung ist die objektive Lernkontrolle und Lernmengenquantifizierung. Als Lernmittel bietet sich hier eine **Lernkartei („Zettelkasten")** an. Anstelle eines richtigen Karteikastens tut es auch ein Schuhkarton. Der hat den Vorteil, daß er auch größere Kartenformate annimmt. Als Faustregel kann gelten, daß das Papierformat umso größer sein sollte, je jünger das Kind oder je schwerer die Legasthenie ist. Keinesfalls sollten die Karten DIN-A-6-Größe unterschreiten. Besonders gut wirkt unliniertes, weißes und kartoniertes Papier. Am besten macht man sich dabei klar, daß der Seheindruck für das Kind die Intensität einer Reklamewand haben sollte. Dann wird auch klar, daß die Schrift sehr kontrastreich und eindrucksvoll wirken muß. Breite Filzstifte in verschiedenen „Lieblingsfarben" wirken dabei besonders gut.

Auf jeder Karteikarte sollte nur ein Wort geschrieben sein. Der Karteikasten muß mindestens sieben Fächer haben. Im vordersten Fach werden die ganz neuen Wörter untergebracht (anfangs pro Tag höchstens drei Wortkarten). Die Karten werden zum Buchstabieren oder Diktieren herausgeholt. Ist die Aufgabe vom Kind richtig gelöst worden, wandert die Karte in das nächste Fach. War die Antwort sehr unsicher oder falsch, rückt die Karte wieder ein Fach zurück. Im hintersten Fach stecken also nur diejenigen Wörter, die mindestens sieben mal richtig buchstabiert oder geschrieben wurden. Wenn diese Worte an fünf bis sieben Tagen nacheinander korrekt kamen, werden sie aus dem letzten Fach heraus nur noch einmal wöchentlich wiederholt: zur Auffrischung im Langzeitgedächtnis. Die Zahl der Fächer steht für den Schweregrad der Legasthenie: möglicherweise reichen fünf Fächer aus, bei schwierigen Situationen können zehn Fächer nötig sein. Aus den „sicheren" Worten im letzten Fach rekrutiert sich auch die Gruppe derjenigen Worte, die den schwierigen Wörtern zur Erfolgssicherung beigemischt werden müssen.

Bei schwerer Legasthenie ist es gelegentlich notwendig, den visuellen Eindruck zu verstärken. Das gelingt durch Koppelung des Wortes an ein Bild: zu dem Wort „Baum" wird ein Baum gezeichnet oder ein Bildausschnitt aus einer Zeitung geklebt. Sortimente von Wort- und Bildkarten können auch gekauft werden (z.B. ABC-Bilder, Bezugsquelle s. Kapitel 14.). Die Wortbildgestalt kann durch einen gemalten Rahmen wirkungsvoll hervorgehoben werden.

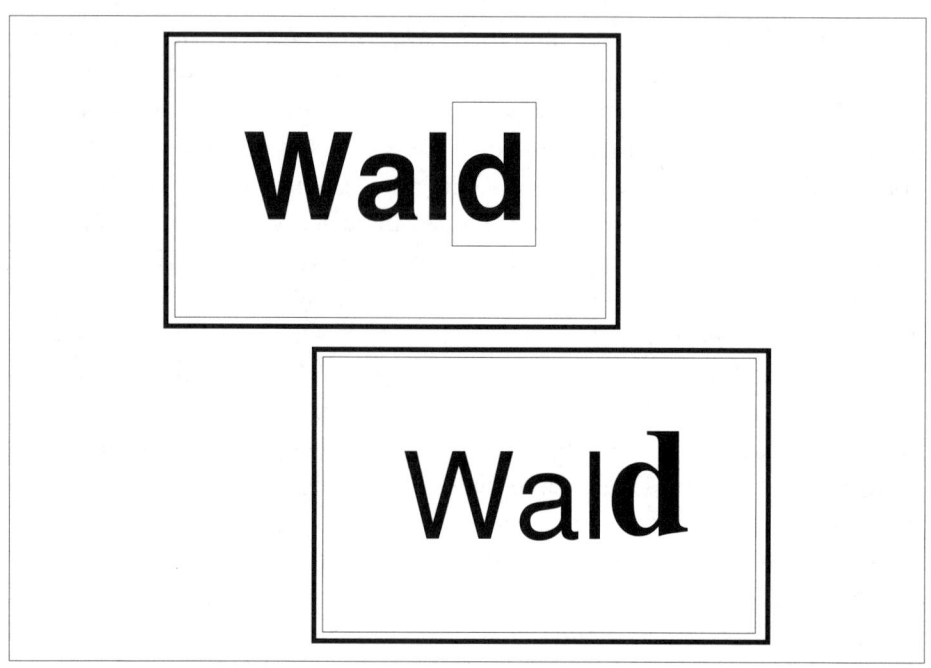

Die meisten Kinder wissen recht genau, welche Buchstaben in einem Wort schwierig sind, sodaß es in der Regel nicht notwendig ist, das gesamte Wortbild neu zu lernen. Die schwierige Stelle in einem Wort sollte visuell markiert werden: durch eine andere Buchstabengröße, durch eine andere Buchstabenart, durch Markierung mit einem Farbstift in einer anderen Farbe oder durch Markierung mit einem Farbmarker.

Man kann den Bildeindruck auch durch Vergrößerung verstärken. Dabei wird die Wortkarte auf die doppelte Größe vergrößert oder als Plakat gestaltet und nach dem Lernen an ungewöhnlichen Stellen im Haus angebracht, z.B. im Zimmer des Kindes aufgehängt, an eine Tür geklebt, auf einen Spiegel geschrieben. Das Interesse an einem Wort kann durch sinnvolle Veränderung geweckt werden: Verlängerung oder Abänderung des Wortes, Bildung von Wortgruppen zum gleichen Thema, Kombination mehrerer Wortkarten zu Gruppen, Sätzen, Reimpaaren.

Eine andere Lerntechnik ist die **Blitzworttechnik** („Flash", stroboskopische oder tachistoskopische Technik). Grundlage ist die Erfahrung, daß sehr kurz gezeigte Wortbilder zu einer starken Aufmerksamkeitssteigerung führen und das Gedächtnis rasch aktivieren. Das zu buchstabierende oder zu schreibende Wort wird auf einer Wortkarte nur sehr kurz gezeigt („Zeigen und nach einer Sekunde umdrehen"). Der Erfolg dieser Technik beruht möglicherweise auf einem Aktivierungseffekt des bei Legasthenikern geschädigten magnozellulären Systems der Sehbahn (siehe das Kapitel über die visuelle Sensorik 4.3.).

Wenn man die Blitztechnik anwendet, wird das visuelle Gedächtnis sehr stark angeregt, und die Kinder buchstabieren und lesen aus dem Bildgedächtnis heraus. Es macht ihnen erstaunlich viel Spaß und verbessert die Aufmerksamkeit. Diese Methode ist daher gerade für solche Kinder attraktiv, die zum „Austeigen" oder zum „Abschalten" neigen. Besonders in Situationen, in denen während der Übungseinheit die Fehlerquote ansteigt, ohne daß gleichzeitig der Schwierigkeitsgrad höher geworden wäre, oder wenn Kinder anfangen, durch langes „Nachdenken" auf eine richtige Lösung zu kommen, bietet die Flash-Technik eine gute Kompensationsmöglichkeit.

Im Unterricht kann die Blitztechnik durch schnelles Auf- und Abdecken eines Wortes am Tageslichtprojektor eingesetzt werden. Eine praktische Anwendung beschreibt M. Dehn (Wallrabenstein, 1981):

Das „Blitzlesen" hat allen Kindern viel Spaß gemacht. Wir haben es richtig trainiert: jeden Tag 5–10 Minuten lang. Zuerst habe ich einzelne Wörter mit dem Overheadprojektor aufblitzen lassen. Dann habe ich jeweils 2 Wortkarten genommen, in jede Hand eine Karte, auf denen ähnliche Wörter standen (Rolli – Ulla, Max – Maus, Rolli – Lolli, Baum – Raum, Bauen – blau, du – der, der – die, malt – malen, nein – ein). Die habe ich kurz hochgehalten, und die Kinder mußten sagen, welche Karte ich in der rechten bzw. linken Hand hatte. Da mußten sie also 2 Wörter auf einmal lesen. An die Tafel habe ich öfter Worthaufen geschrieben, die ich kurz aufgedeckt habe. Die Kinder sollten schnell herausfinden, ob ein bestimmtes Wort dabei war. Bei allen Aufgabenformen haben wir jedesmal zur Kontrolle die Wörter nochmals angesehen, damit auch diejenigen, die die Lösung nicht gleich gefunden hatten, das Ergebnis nachvollziehen konnten. Etwas Ähnliches habe ich mit Sätzen gemacht. Auch hier haben wir jedesmal geprüft: Was steht da genau?

Das „Blitzen" ist auch Grundlage vieler Computer-Programme (z.B. „Blitzwort" im Programm „Uniwort" oder im Programm „Zauberer").

Fehlschreibungen oder falsch buchstabierte Buchstaben „müssen *sofort* „gelöscht" werden". Und, wie Edith-Maria Soremba (1995) so schön schreibt: „Die Augen dürfen die Fehler nicht aufsaugen". Löschen geht leicht an einer Tafel. Im Heft sollte nicht lange radiert, gekillert oder überklebt werden. Das rasche Nachschreiben in der korrigierten Form festigt den Lerneffekt. Beim Buchstabieren hilft das kurze Vorzeigen der Wortkarte, das Fehlerbild aus dem Kurzzeitgedächtnis zu löschen.

Weitere Möglichkeiten zur Förderung des Visualisierens:

- Einzelne Worte, die trotz häufigem Wiederholen den Weg ins Langzeitgedächtnis nicht finden wollen, werden zum **„Wort des Tages"** oder zum „Wort der Woche" erklärt, groß aufgeschrieben und an markanten und stets wechselnden Stellen im Zimmer, im Bad oder in der Toilette aufgehängt oder mit Wäscheklammern auf eine Leine oder an eine Lampe geklemmt oder ...

- Das **Lesen in Spiegelschrift**: Spiegel über einen Text halten; Wörter mit dickem Filzstift auf ein Papier schreiben und umgekehrt gegen das Licht halten; Computerprogramm „Spiegelschrift" im „Uniwort". Gar nicht so selten stellt man verblüfft fest, daß ein Kind in Spiegelschrift schneller liest als in Normalschrift. Oft sind es die Kinder mit Beidhändigkeit oder Lateralisationsproblemen, die diese Fähigkeit besitzen. Im „Uniwort" dreht sich das richtig gelesene und richtig eingegebene Wort dann blitzschnell in die Normalschrift um, sodaß der Rechts-Links-Transfer sofort eingeübt wird.
- Das Abfragen der **Position einzelner Buchstaben in einem Wort**. „Sag mir den dritten Buchstaben von ...", „welcher Buchstabe steht in der Mitte von dem Wort ... ?", „welcher Buchstabe kommt davor und welcher danach?"
- **Buchstabieren rückwärts**: „Sage die Buchstaben von ... rückwärts auf"
- Ein Wort wird an die Tafel geschrieben und jeder einzelne **Buchstabe unterstrichen**: K i n d e r . Danach werden die Buchstaben ausgewischt und der Übungspartner deutet auf die übriggebliebenen Striche. Er läßt sich zu jedem Strich _ _ _ _ _ _ den zugehörigen Buchstaben aufsagen.
- Wenn das Kind schon soweit ist, daß es in schwierigen Worten die unsicheren Stellen kennt, kann man dazu übergehen, das Buchstabieren des ganzen Wortes zu ersetzen durch das **Abfragen der „Knackpunkte"** in diesen Wörtern: „Welche Buchstabe ist schwierig in dem Wort ‚Stadt'?"
- „Stell' Dir das Wort vor, als ob es ein Bild wäre. Schließe Deine Augen oder schaue auf eine hohe Stelle an der gegenüberliegenden Wand. Versuche, möglichst viele Buchstaben des Wortes innerlich zu sehen und buchstabiere das Wort."
- **Wörtersalat** heißt die Aufgabe, bei der aus vertauschten Wörtern neue Sätze gebildet werden sollen. Beim Buchstabensalat werden visuell präsentierte Worte mit Buchstabenverwechslungen zur korrekten Buchstabenreihenfolge gebracht.
- Beim **Silbenmemory** werden Übungskarten mit vorgefertigten Silben zu Wörtern zusammengelegt oder sie werden verdeckt und das Kind muß die zweite, gleichlautende Silbe wiederfinden.

LA	MA	SCH O	KO	LA	DE

- **Memory**-Spiel der Kieler Spielekartei. Es enthält je zwei Karten pro Wort.

Rose	Reise	Susi
Rosi	Meise	Suse
Oma	Maus	rosa
Omi	Saum	Raum

Das Kind sucht ein gleiches Wortpaar, nimmt es auf und liest es laut vor, darf danach noch zwei weitere Karten aufnehmen. Stufenweiser Aufbau aus Einzelbuchstaben, Konsonant-Vokal-Verbindung, Silben, Wörtern.

- **Lautähnliche Wörter** sind zu bilden und zu buchstabieren oder vorgelesene lautähnliche Wortpaare von Wortkarten sollen identifiziert werden: Kanne – Tanne, Kind – Rind, Tasse – Kasse usw. (nicht bei schwerer Legasthenie am Beginn des Worttrainings oder des Lautsynthesetrainings!).
- **Quatschsätze lesen und schreiben**: dem Kind werden unvollständige Sätze vorgelegt und eine Anzahl von Wortkarten, die so ergänzt werden sollen, daß dabei Unsinn herauskommt:

Oma sitzt im	Auto	Apfel	Baum
Die Maus spielt mit dem			
Der Frosch springt auf den	Hund	Radio	Bach

- **Wortketten und Wortpyramiden** bauen das Wortbild auf:

Ich ging.	Baum
Ich ging mit Klaus.	Baumhaus
Ich ging mit Klaus zu dir.	Baumhausleiter
Ich ging mit Klaus zu dir ins Haus.	Baumhausleitersprosse

- Im **Wortsalat** (Abfolge beliebiger Wortketten) oder in kleinen Geschichten bestimmte, mehrfach vorkommende Silben oder Wörter wiederfinden und unterstreichen.
- Kombination verschiedener Präfixe und Suffixe mit Wortstämmen. Dabei werden Silbenkarten mit Anfangsmorphemen mit Verb- oder Substantivkarten kombiniert. Beide werden einzeln erlesen und dann werden die Karten aneinandergelegt. Anfangsmorpheme sind: be-, ge-, an-, ab-, da-, er-, um-, zu-, auf-, aus-, ein-, her-, hin-, los-, mit-, vor-, ver-, ent-, über-, unter-. Endmorpheme sind: -lich, -ung -chen, -heit, -keit.
- Übungswörter für Anfangs- und Endmorpheme findet man bei Müller (1993):

Anfangs-morphem	Zusammengesetzte Wörter
ge-	gefahren, gefallen, gefragt, geholt, gekauft, gekommen, gelaufen, Gefahr, gemalt, gespielt, gesucht, gemacht, gehalten
be-	befahren, bekommen, bemalt, besucht, behalten
an-	Anfahrt, Anfall, Anfrage, ankommen, angelaufen, anmalen, angemacht, angehalten
ab-	abfahren, Abfahrt, abgefallen, abgefragt, abholen, abgekauft, ablaufen, abgemalt, absuchen, abgemacht, abhalten, Abspiel

er-	Erfahrung, Erholung, erhalten
zu-	zugemacht, einzuholen, aufzumalen, mitzuspielen, auszufragen, Zufall, Zufahrt
auf-	aufgefallen, aufgehen, aufgeholt, aufmalen, aufsuchen, aufgemacht, aufhalten, Auffahrt
aus-	ausgefahren, ausgefallen, ausfragen, ausgehen, ausholen, ausgekommen, ausgelaufen, ausmalen, ausspielen, aushalten
ein-	Einfahrt, Einfall, eingehen, einholen, einkaufen, einkommen, eingelaufen, eingemacht
hin-	hingefahren, hingefallen, hingehen, hinkommen, hingelaufen, hinmalen
mit-	mitfahren, mitgehen, mitgekommen, mitgelaufen, mitspielen, mitmachen
ver-	verfahren, vergehen, verkaufen, verkommen, verlaufen, verspielt, Versuch
vor-	Vorfahrt, Vorfall, vorgehen, vorgeholt, vorkommen, vorgespielt, vorgemacht
über-	überfahren, Überfall, übergehen, überholen, übermalen, überspielen

End-morphem	Zusammengesetzte Wörter
-lich	häuslich, männlich, mütterlich, väterlich, täglich, kleinlich, gefährlich, fraglich, verkäuflich
-ung	Erfahrung, Erholung, Bemalung, Versuchung, Haltung, Befragung, Ballung, Tagung
-chen	Häuschen, Türchen, Männchen, Bällchen, Kindchen, Mütterchen, Väterchen

Eine schöne Abwechslung kann man bei Kindern, die schon ordentlich lesen können, mit **Lückentexten** erzielen. Am besten schreibt man den Text mit einer definierten Wortzahl (anfangs 30–40 Worte, in der vierten Klasse bis 150 Worte) mit einem PC-Textprogramm und druckt ihn aus. Dann löscht man in einigen Worten eine bestimmte Zahl von Buchstaben oder Signalgruppen (möglichst an diejenigen Stellen, die häufig falsch geschrieben werden: ein bis zwei Lücken pro zehn Worte). Als Platzhalter kann man Striche oder unsignierte Lücken lassen. Danach wird der Lückentext ausgedruckt und dem Kind zum Ausfüllen vorgelegt. Wenn die Selbständigkeit des Kindes es erlaubt, kann man ihm den vollständigen Text zum Vergleich und zur Eigenkorrektur vorlegen.

Ähnlich kann der Ablauf bei **Fehlertexten** gehen: Ein Text wird frei erstellt oder aus einem Buch abgeschrieben und ausgedruckt. An bestimmten Worten werden dann Fehler eingesetzt und der fehlerhafte Text wird ausgedruckt und dem Kind gegeben. Anfangs ist es sinnvoll, dem Kind die Fehlerzahl zu sagen, damit es eine Richtschnur hat. In dem Fehlertext kann es dann die gefundenen Fehlerstellen markieren und sie korrigieren.

Zu Hause sollten die Eltern von Kindern mit Legasthenie unbedingt ein Büchlein mit einem **Grundwortschatz** besitzen. Der neue Grundwortschatz von Heiko Balhorn (1993) (Bezugsquelle siehe Kapitel 14.) hat sich hervorragend bewährt. Ein Grundwortschatz hilft uns bei der Einschätzung der erlernten Wortmenge, gibt Ideen zu neuen Wörtern und Hinweise über die Häufigkeit der Anwendung. Für Therapeuten und Lehrer empfiehlt sich Naumanns (1990) Liste der „Rechtschreibwörter". Sie enthält u.a. Angaben über die Häufigkeit der Stichwörter insgesamt, über ihre Häufigkeit in der Kindersprache und in der Erwachsenensprache und sie enthält Angaben über potentielle Rechtschreibprobleme in den Wörtern. Am Ende finden sich Wortlisten mit Abweichungen von der einfachen Laut-Buchstaben-Zuordnung, mit besonderen Buchstabenfolgen, langem „i", Konsonanten-Dopplungen, Regelungen zur Vokallänge usw. In der Aufgabenbeschreibung dieses Buches wird die Frage „warum arbeite ich mit einem Grundwortschatz?" u.a. so beantwortet:

- Der Grundwortschatz begrenzt die Menge der Wörter, deren Schriftbild die Kinder beherrschen müssen, auf ein für alle erreichbares Maß.
- Die Wörter des Grundwortschatzes sind Gegenstand intensiver Übung und ständiger Wiederholung.

Trainingsprogramme, die den Grundwortschatz bewußt verwenden und die visuell attraktiv arbeiten, finden wir in den „Wortlisten" (Balhorn, 1994) (Bezugsquelle siehe Kapitel 14.).

In der Schule wäre die Einrichtung einer Klassenbücherei, einer Buch-Tauschbörse oder einer Leseecke zu erwägen, um das Lesen zu fördern. Zur Förderung der Lesemotivation bei Kindern mit Leserechtschreibstörung ist es nicht wichtig, die Kinder zum Lesen „guter" Bücher zu animieren. Auch das Lesen von Comics kann wertvoll sein, wenn das Kind nur liest. Jedes Lesen stellt einen Akt der Wiederholung und der unbewußten Neuentdeckung von Signalgruppen und Wörtern dar. Lesen fördert die visuelle Wiederholung von Wortbildern. Bei leseschwachen Kindern können Eltern dem Kind auch anbieten, abwechselnd vorzulesen. Das Kind kann dabei gerne den Lesestoff bestimmen. Wenn die Eltern Einfluß nehmen, dann eher in der Weise, daß sie anfangs darauf achten, kurze und erlesbare Textabschnitte auszuwählen.

Wenn das Lernen zu Hause gut klappt und die Fehlerzahl schon deutlich gesunken ist, braucht das Kind in der Regel noch zwei bis vier Monate, bis es diese Leistungen in die Schule transferieren kann. Meistens führen der Zeitdruck im Diktat und die Aufregung vor der Klassenarbeit dazu, daß die bereits erlernten visuellen Strategien wie z.B. das „Aktivieren des Bildgedächtnis" noch nicht angewandt werden können und daß das Kind in die alten Lernformen zurückfällt. In dieser Phase resignieren Kind und Eltern häufig. Hier brauchen

Eltern und Lehrer Mut und Zuversicht, um das Trainingsprogramm geduldig fortzusetzen. Wenn es nicht grundlegende Konflikte des Kindes mit Lehrer/in oder Mitschülern/Mitschülerinnen gibt, wird mit großer Sicherheit ein **Transfer** gelingen.

Wenn neue Lernmethoden angewandt werden, ist es normal, daß es von Zeit zu Zeit zu Rückfällen kommt. Die alten, besser eingeübten Techniken bleiben noch über lange Zeit stabil. Es genügt, wenn Bezugspersonen erkennen, daß die alten Techniken wieder erwachen. Eine kritische Bemerkung dem Kind gegenüber ist überflüssig, wie überhaupt jede verbale Äußerung in dieser Situation unnötig wäre. Es liegt ja von Seiten des Kindes keine böse Absicht vor. Ein wortloses Wiedereinführen der neuen Technik reicht aus. Die Lerntheorien haben gezeigt, daß „Rückfälle" nicht den Erfolg der neuen Bemühungen gefährden. Sie können das Neue auch nicht löschen. Sie geben uns nur einen Hinweis darauf, daß die neue Technik noch nicht automatisiert ist und daß es dazu noch einiger Lerndurchgänge bedarf. Man muß damit rechnen, daß eine Veränderung im Zentralnervensystem 2000–3000mal geübt worden sein muß, um stabil zu haften und um die alten Prozesse zu überlernen. Bei lernschwachen Kindern muß man mit einer Verdopplung dieser Zahl rechnen. Andererseits kann man Lernprozesse, die im Sekundenbereich ablaufen, leicht zehnmal täglich üben, sodaß sie bereits nach einem ½ bis ¾ Jahr stabil wären.

Das Üben bei Legasthenie ist sehr anstengend. **Übungszeiten** pro Übungseinheit von 10 bis höchstens 15 Minuten dürfen nicht überschritten werden. Anfangs empfiehlt sich sogar eine Übungsdauer von nur fünf Minuten. Wie oben schon beschrieben, sollen die Lernepisoden durch mehrfache Wiederholung an Effizienz gewinnen. Die Lernzeit kann gut mit dem Kind vereinbart werden. Am besten trägt man die festgelegten Übungszeiten in den Stundenplan ein. Zur Selbstkontrolle und zur Überprüfbarkeit der Abmachung kann man eine Küchenuhr oder einen Wecker aufstellen. An die vereinbarte Zeit müssen sich alle an der Übung Beteiligten halten. Auch die Erwachsenen.

8.9. Belohnung und Widerstand

In der täglichen Praxis äußern viele Eltern die Ansicht, die mangelhaften Schreibleseleistungen ihres Kindes seien durch Faulheit oder Konzentrationsschwäche bedingt. Eher bei Außenstehenden begegnen wir dem Vorurteil, das Kind sei nicht ausreichend intelligent. Die lange Zeit der gemeinsamen Mißerfolge scheint es manchen Eltern unmöglich zu machen, die ehrlichen Bemühungen und Leistungen ihrer Kinder zu sehen und zu würdigen. Oft sehen sie dann in der diagnostischen Situation, daß das Kind durchaus bei der Sache ist, sich nicht ablenken läßt und sein Bestes gibt. Alle Ablenkmanöver zu Hause, die Unlust, mit den Hausaufgaben zu beginnen, das unerklärlich rasche Vergessen, das Hinschauen „ohne zu sehen", das Lesen „ohne zu hören" und die ewig langen Hausaufgabenstrecken können nur dann verstanden werden, wenn die Schwäche des Kindes akzeptiert und sein Bemühen respektiert wird. Die Kinder selbst leben in dem Zwiespalt, die eigene Intelligenz zu kennen, an ihr endlich jedoch bei all den Mißerfolgen im Schreibleseerwerb zu zweifeln. Schließlich geraten sie in einen Zustand von Unsicherheit und mangelndem Selbstbewußtsein. Ungeduld der Eltern („nun mach doch endlich weiter", „begreif das doch mal") oder verärgertes „aufmerksam machen" („siehst du das denn nicht?") häufen sich so innerhalb weniger Wochen und Monate zu einem Berg von Schuldzuweisungen und Strafreizen.

Der Erfolg beim Üben hängt wesentlich davon ab, wie sehr sich das betroffene Kind selbst motivieren kann, wie sehr es sich motivieren läßt und welche Fähigkeiten die Übungspartner darin gewinnen, Lob und Ermutigung auszudrücken. Dem Kind Lob und Ermutigung zu geben, ist jedoch nicht jedermanns Sache, besonders dann nicht, wenn der erwachsene Übungspartner enttäuscht ist über den geringen Lernzuwachs des Kindes, über seine kurze Aufmerksamkeitsspanne und über seine Unlust beim Lernen. Dann schaukelt sich schnell eine Negativspirale auf, die auch von der Enttäuschung des Kindes über seine schlechten Lernleistungen unterhalten wird. Loben und Motivieren ist auch Erwachsenen nicht oft natürlich gegeben sondern will gelernt sein. Je schwerer die Legasthenie des Kindes ist und je länger sie unbehandelt blieb, umso stärker muß das Lob sein.

> Lob ist am stärksten, wenn es „echt" ist, – also von Herzen kommt – und wenn es unmittelbar nach einem Erfolg des Kindes ausgedrückt wird.

„Unmittelbar" heißt: innerhalb einer Sekunde. Das Lob kann darin bestehen, daß man sich dem Kind zuwendet, es anschaut und deutlich „gut", „prima", „toll" oder „super" sagt, je nach persönlichem Geschmack und Neigung. Nur stark genug muß es sein. So stark, daß das Kind es spürt, und so stark, wie es der Leistung angemessen ist. Auch ein bestätigendes Kopfnicken und ein anerkennend gebrummtes „mhh" oder „ja" kann ausreichen. Manche Kinder mögen es gern, wenn man sie freundlich am Arm oder der Hand berührt, sie streichelt oder herzlich drückt. Anderen Kindern sind Berührungen unangenehm. Hier muß man sich diskret und vorsichtig herantasten. Eltern kennen die Vorlieben ihrer Kinder am besten.

Belohnungen im Sinne von Versprechungen oder materiellen Zuwendungen sind dann sinnvoll, wenn das Kind schon erste Anfangserfolge erzielt hat, und wenn es darum geht, Langzeiterfolge zu stabilisieren. Hier gilt jedoch ebenfalls, daß der zeitliche Abstand zwischen der Bemühung des Kindes und dem Erhalten der Belohnung möglichst kurz sein sollte, damit die direkte Beziehung zwischen der Bemühung und der Belohnung erhalten bleibt.

> Grundsätzlich sollen natürlich nicht nur erfolgreiche Leistungen belohnt werden sondern auch die ernsthaften Bemühungen.

Kinder im Grundschulalter können bewußt nur einen Zeitraum bis zu einer Woche überblicken. Es hat daher wenig Sinn, mit einem „Fahrrad zu Weihnachten" zu winken. Eine ausgesetzte Belohnung muß für das Kind sowohl von der Leistung als auch vom Zeitraum her erreichbar bleiben. Zu hoch aufgehängte Würste entmutigen eher, als daß sie locken. Bei materiellen Belohnungen ist auch an die Angemessenheit des Geschenks zu denken, da sonst eine Inflation der Geschenke oder ein enttäuschtes Beenden der Belohnungen durch die Eltern droht. Immaterielle Belohnungen (Schwimmbad-Besuch, Vorlesen abends, gemeinsame Spiele, Basteln usw.) sind für Kinder eigentlich attraktiver und emotional ergiebiger, selbst wenn sie auf einer oberflächlichen Ebene lieber die Erfüllung materieller Wünsche erhoffen. Um nicht während der Lernzeit in Diskussionen über die Höhe der Belohnung zu geraten, sollen Belohnungen außerhalb der eigentlichen Lernphasen angeboten und festgelegt werden: z.B. kann man Punkte sammeln lassen, die bei Erreichen einer Gesamtpunktzahl von etwa 10 zu einer bestimmten Vergünstigung führen (Tokenprogramm), oder: nach jedem Ende einer Lern- oder Lesephase erhält das Kind ein Klebebildchen, eine Papierblume oder ähnliches. Belohnungssymbole (Token) haben den Vorteil, daß sie auch nach kleineren Lernetappen ausgegeben werden können. Somit kann man eine Sammelleidenschaft verstärken und die Motivation kontinuierlich aufrecht erhalten. Eine vereinbarte Tokenmenge wird dann jeweils in ein echtes Geschenk umgetauscht.

Kinder, deren Motivation bei Auftreten von Leistungsstörungen mit Verstärkern unterstützt wird, erreichen signifikant bessere Leistungen und halten ihre Aufmerksamkeit über längere Zeit hinweg auf einem hohen Niveau. Läßt man die Belohnungen nach einiger Zeit weg, so sinken Aufmerksamkeit und Leistungsbereitschaft oft rasch wieder ab, wenn die Kinder in dieser Zeit das Problem nicht beseitigt haben (Gibson, 1989). Da das Problem „Legasthenie" immer nur vorübergehend zu entschärfen ist, im Grunde genommen aber immer „bleibt", wenngleich auch auf immer neuem Schwierigkeitsgrad, droht auch ein Versagen der „extrinsischen Verstärker". Der stärkste Verstärker bleibt immer ein intrinsischer: gewonnenes Verständnis, Einsicht, Erkennen, Minderung von Ungewißheit, Gewinn an Sicherheit, Erkennen einer Ordnung oder eines Musters und das Erkennen einer übergeordneten Struktur oder einer Regel. Die Kinder zu ermutigen und ihnen die Chance zu geben, solche selbstgenerierten Verstärker zu entwickeln, muß also unser höchstes Ziel sein.

Oft bewährt es sich, die gegenseitige Verläßlichkeit zu festigen. Das schriftliche Fixieren eines Stunden- oder Minutenplans für die Übungszeiten als Anhang an den schulischen Stundenplan macht allen Beteiligten die konsequente Einhaltung der Übungsphasen leichter. Übungszeiten von täglich zehn Minuten sollten anfangs unter keinen Umständen überschritten werden. Dabei können die Kinder ausdrücklich aufgefordert werden, auch die Eltern in der Einhaltung der Übungszeiten zu kontrollieren. Ein „Überziehen" der vereinbarten Zeiten ist auch dann, „wenn es gerade so gut läuft", nicht sinnvoll. Es stellt die Verläßlichkeit einer getroffenen Vereinbarung in Frage. Auch für die Wochenenden und für Ferientage sollte eine gemeinsame Regelung getroffen werden. Sicher steht auch den Kindern eine Ruhe- und Erholungszeit zu. Andererseits wirft eine längere Unterbrechung manche Kinder derart zurück, daß ein Neubeginn auf einem niedrigeren Lernniveau zu Enttäuschung und Entmutigung führen kann.

Ein vereinbartes und schriftlich festgelegtes Punkteprogramm mit Belohnungen für erfolgreiches Lernen und Üben trägt viel zur Motivation bei. Als „erfolgreich" ist in diesem Sinne besonders zu werten, wenn das Kind sich gut bemüht hat und im vereinbarten Zeitraum bei der Sache geblieben ist.

Erfahrungsgemäß läßt auch nach längerer gemeinsamer und erfolgreicher Übungszeit mit Eltern die Lust an der Zusammenarbeit bei vielen Kindern nach, besonders häufig in einer Altersstufe von zehn bis zwölf Jahren. Diese Kinder sind einfach überdrüssig, sich von ihren Eltern ständig geführt und gedrängt zu fühlen. Nicht zufällig geschieht dies in einer Altersstufe, die nach vermehrter Selbständigkeit und Übernahme von Eigenverantwortung ruft. Hier gilt es, sich einfühlig dem veränderten Entwicklungsstand des Kindes anzupassen und ihm mehr **Eigenverantwortung** zuzugestehen:

- Mitwirkung am Zeitplan oder Übernahme von selbständigen Lernphasen ohne Begleitung eines Erwachsenen.
- Angebot eines Rollentausches: „Heute bist Du einmal die Lehrerin/der Lehrer und ich bin deine Schülerin/dein Schüler. Du gibst mir die Aufgaben und fragst mich ab. Wenn ich einen Fehler mache, sag es mir bitte sofort und achte darauf, daß ich ihn nicht noch einmal mache. Wiederhole die schwierigen Worte ruhig mehrmals, damit ich sie dann gut behalte. Zeige mir auch ruhig die Wortkarte."
- Lückentexte und Fehlerdiktate (s.o.) können auch ohne die Anwesenheit des Kindes vorbereitet werden. Man kann dem Kind den Text aushändigen mit der Bitte, ihn selbstständig zu korrigieren/auszufüllen. Danach erhält das Kind das Blatt mit der richtigen Lösung. Beide Arbeitsblätter sollen miteinander verglichen und verbessert werden. Bei Fragen steht ein Elternteil zur Verfügung. Es bleibt dem Kind überlassen, ob es den Eltern die ermittelte Fehlerzahl mitteilen möchte.

- Zeitlich voneinander unabhängig zu sein, gibt allen Beteiligten neu gewonnene Freiheit. Ein selbständiges Kind kann z.B. bei Leseübungen laut lesen und einen Kasettenrekorder mitlaufen lassen. Die bespielte Kasette können die Eltern dann zu einem anderen Zeitpunkt abspielen lassen und sich über die Lesequalität, Ausdauer, Artikulation usw. informieren.
- Ein Elternteil kann abends kleine Diktate auf eine Tonbandkasette sprechen und dem Kind die Kasette später geben. Das Kind spielt sie ab, schreibt, kann bestimmte Stellen beliebig oft wiederholen und Unterbrechungen und Dauer der Vorleseabschnitte mit der Pause-Taste selbst bestimmen.
- Wenn Eltern und Kind zeitversetzt unabhängig arbeiten, hat auch ein berufstätiger Elternteil gute Möglichkeiten mitzumachen. Leider „müssen" doch in den meisten Familien die Mütter noch den größten Teil der Übungsarbeit übernehmen. Eine Einbeziehung der Väter entlastet nicht nur die Mütter sondern gibt auch den Vätern eine Chance, sich für ihr Kind einzusetzen. Sie gibt dem Kind die Gewissheit, daß ihr Vater sich engagiert, und sie bietet eine willkommene Gelegenheit zur Abwechslung im Lernstil. Erfahrungsgemäß gelingt eine Einbeziehung der Väter oft erst dann, wenn es um Lernmethoden mit technischem Anreiz geht: Lernen mit Computer-Programmen, Hörtraining o.ä.

Viele Eltern möchten es vermeiden, bei der Bewältigung von Leistungsstörungen „Druck" auf die Kinder auszuüben. Sie denken dann oft daran, daß es ihren Kindern schaden könnte, sie vor zu hohe Anforderungen zu stellen und sie mit Arbeit zu überfordern. Diese Gefahr kann ja, wie wir gesehen haben, vermieden werden, wenn man den Schwierigkeitsgrad der Anforderung angemessen ausrichtet, d.h. wenn man für die Kinder im sicher zu bewältigenden Bereich bleibt und adäquate Zeitvorgaben macht. Dann brauchen Eltern kein schlechtes Gewissen mehr haben. Schließlich können jüngere Kinder auch noch nicht beurteilen, wie wichtig ihre positive Haltung langfristig gesehen für die Lernsituation und für ihr weiters Leben ist. Stark ablehnende Reaktionen eines Kindes, die dann trotzdem noch auftreten, sollten nicht in ein Wortgefecht einmünden. Klagen der Eltern über „Konzentrationsmängel" oder „Unlust" oder „Faulheit" wirken bei den Kindern wie Strafreize. Oft geben sie auch willkommenen Anlaß zu Debatten, die vom Lernen ablenken. Sachlich begründete Diskussionen sollen nicht unterdrückt werden, jedoch: „Ermahnen, Tadel, Schimpfen erzeugt Abwehr" (Innerhofer, 1990).

Manche Kinder verweigern die Zusammenarbeit jedoch auch bei Einhaltung aller positiver Spielregeln. Dann kommt man nur über den Entzug von Vergünstigungen zum Ziel. Jansen und Streit (1992) geben dafür ein gutes Beispiel:

Zuerst erklärt die Mutter ihrem Kind ausführlich das folgende Vorgehen. Dann legt sie ein Blatt Papier gut sichtbar vor das Kind hin. Auf diesem Blatt sind

15 numerierte Kästchen eingezeichnet. Neben dem Blatt liegt ein Gegenstand, z.B. eine Spielfigur oder ein kleines Gummibärchen. ... Nun beginnt das gemeinsame Lernen. In dem Moment, in dem das Kind sich zum ersten Mal nicht auf das Lernen einläßt, setzt die Mutter den Gegenstand auf das erste Feld. Sie erklärt ihrem Kind knapp, warum sie die Figur versetzt hat. Zum Beispiel sagt sie: „Du hast mir jetzt nicht zugehört" oder „Du bist mit deinen Gedanken woanders". Bei jedem weiteren Aussteigen des Kindes wandert der Gegenstand um ein Kästchen weiter. Wenn die vereinbarte Lernzeit abgelaufen ist, bekommt das Kind die versprochene Belohnung. Erreicht der Gegenstand noch vor Ende der Lernzeit das letzte Kästchen, so wird das gemeinsame Lernen in diesem Ausgenblick abgebrochen. Die Belohnung entfällt dann für einen Tag.

Kapitel 9

Computer-Programme

Computer-Programme können eine Legasthenie-Therapie sehr wirkungsvoll unterstützen. Sie beeinflussen folgende Faktoren:

1. Starke **Förderung des visuellen Lernens** durch eindeutige Fixierung der Aufmerksamkeit auf visuelle Strategien. Wir sahen immer wieder, wie die Kinder beim Schreiben am Computer und beim Buchstabieren eines kurzzeitig aufleuchtenden Wortbilds nach und nach auditive Strategien abbauten, z.B. das leise Mitsprechen reduzierten. Gerade bei Blitzwort- und Stroboskop-Techniken wiederholen die Kinder die Buchstaben, indem sie das auf dem Monitor bereits erloschene Wort im Kurzzeit-Bildgedächtnis aktivieren. Sie schauen dabei auf den Monitor, als ob das Wort dort noch projiziert wäre.

2. Starke **Förderung der Selbstkontrolle**. Wir konnten beobachten, wie Kinder durch den ständigen Vergleich mit dem Monitorbild und durch die Fehlerrückmeldungen des Computer-Programms sich nicht wie bei Äußerungen von Erwachsenen zu unrecht kritisiert fühlten sondern die Fehlermeldungen gelassener akzeptierten.

3. **Blitzwort**-Techniken können mit dem Computer genau auf bestimmte Projektionszeiten eingestellt werden. Stroboskopische Methoden erleichtern das Lernen im visuellen Kurzzeitgedächtnis enorm. Eltern und Kinder sind immer wieder überrascht über die Fähigkeiten, die die Kinder bei solch kurzzeitig dargebotenen Worten entwickeln. Reicher konnte schon 1969 zeigen, daß tachistoskopisch präsentierte ganze Wörter das Gedächtnis geringer beanspruchen und rascher verarbeitet werden (Klicpera, 1995). Dieser Wortüberlegenheitseffekt gegenüber Buchstabenfolgen besteht auch bei aussprechbaren aber sinnlosen Buchstabenfolgen (Pseudowörtern).

4. **Gleitzeil- und Spiegelschrift**-Techniken kommen den speziellen pathophysiologischen Gegebenheiten bei Legasthenikern entgegen. Sie fördern das Lernen mit sich bewegenden Wortbildern und helfen bei visuellen Lateralisationsschwierigkeiten. So können etwa 20–30% aller Kinder mit Legasthenie schneller und fehlerärmer in Spiegelschrift dargebotene Wörter lesen. Den Eltern macht das oft auch ein bißchen Angst, weil sie fürchten, ihr Kind sei „falsch gepolt" und werde es nie lernen, von links nach rechts zu lesen. Dieser Befürchtung kann man entgegnen, daß gerade mit dem Subprogramm „Spiegelschrift" aus UNIWORT diese Umkehr des Wortes in die richtige Leserichtung stattfindet, wenn das Wort korrekt eingegeben wurde.

5. Computer-Programme erlauben meist das Ablesen, das Buchstabieren und das selbstständige Eingeben der Wörter mit der Tastatur. Beim selbstständigen Schreiben lernt das Kind die Beherrschung einer **Tastatur** und den visuellen Vergleich der „gedachten" Buchstaben mit denen der Tastatur. Gerade bei Kindern mit gravierenden graphomotorischen Störungen stellt das Schreiben mit der Tastatur eine große Erleichterung dar. Man umgeht die doppelte Belastung: einerseits das Wortgedächtnis zu beanspruchen und sich andererseits auf die visuomotorische Steuerung konzentrieren zu müssen.

6. Das Schreiben mit **Computer-Textprogrammen** macht die Kinder stolz. Sie dürfen schreiben wie die Großen. Sie können Fehler korrigieren, ohne daß man später die Spuren der Korrektur auf dem Papier sieht. Wenn die Lehrerin/ der Lehrer einverstanden ist, dürfen Kinder mit Legasthenie ihre Hausaufgaben zeitweise auch in ausgedruckter Form mitbringen.

7. Gute Lernprogramme und Textprogramme erlauben die **Einstellung der Schriftgröße** auf dem Monitor. So wird es möglich, bei Kindern mit schwerer Legasthenie die Buchstaben sehr groß und fett wiederzugeben und damit den visuellen Eindruck zu verstärken.

8. Mit Textprogrammen lassen sich auch leicht quadratische **Buchstabenkarten** für Kinder herstellen, die in der ersten und zweiten Klasse noch ein Buchstabentraining brauchen. Dabei sollte man nur serifenfreie Schriftzeichen verwenden (Helvetica light, Avalon) und eine Zeichengröße von 24 Punkten und mehr wählen. Am Anfang arbeitet man mit großen Druckbuchstaben, später kann man Karten mit gleichen Buchstaben in bis zu vier Gestaltvariationen anwenden.

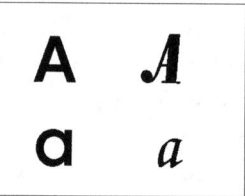

9. Zur Verbesserung der **visuellen Wahrnehmung von Buchstaben** eignen sich alle Textprogamme, die eine Veränderung von Zeichensätzen und von Schriftgröße leicht ermöglichen. So geht das Trainingsprogramm von Bakker davon aus, das schnell aber fehlerhaft lesende Kinder, die er dem L-Typ zuordnet (siehe Kapitel 2. und 7.3.), eine Verstärkung der Wahrnehmung durch Flash-Technik von unterschiedlichen Buchstabentypen im linken Gesichtsfeld brauchen. Leider gibt es das entsprechende Computer-Programm „Hastext" (Bezugsquelle s. Kapitel 14.) nur in einer englischen Version, in der man allerdings deutsche Wörter „scrambeln" kann. Man könnte es dadurch imitieren, daß man Wörter aus Buchstaben mit verschie-

denen Zeichensätzen eines Textprogramms zusammensetzt, ersatzweise auch, indem man Buchstaben aus Zeitungen herausschneidet und in einen Text einklebt. Oder man bleibt beim gleichen Zeichensatz und verändert den Schriftgrad von klein nach groß.

H A u§   W i N T E R

e s w a r e i n m a l

Es tanzt ein Bi - Ba - Butzemann

in unserm Kreis herum

bi-debum

In ähnlicher Weise gelingt es, wie oben beim Wortkartentraining beschrieben, in Wörtern diejenigen Buchstaben zu markieren, die häufig falsch geschrieben werden.

N A G E L   k o m m t

Auch Wörterschlangen (HoseHafenHaseHunde) oder Wortpyramiden mit Signalgruppen oder gleichen Silben lassen sich mit einem Texprogramm sehr schön erstellen.

B	ein	
k	ein	er
Schr	ein	er
w	ein	erlich
Kieselst	ein	
Schw	ein	ehirt

Gute Lernprogramme enthalten **Wortlisten und Lernbeispiele**, z.B. den Grundwortschatz, Wortlisten in verschiedenen Wortlängen oder Schwierigkeitsstufen, Wortlisten mit Wortstämmen oder Signalgruppen oder vorgegebene Diktate. Diese Listen sind als Unterdateien zu bestimmten Schwierigkeitsstufen oder Fehlergruppen geordnet und können bei Bedarf ausgedruckt werden. Sie geben den Eltern dann Material und Ideen zur Anregung und zur Erstellung eigener Dateien.

Auf wundersame Weise erscheinen beim Lernen mit Computer-Programmen plötzlich die **Väter** auf der Bildfläche. Wenn sie vorher immer arbeiten mußten und keine Therapiestunde ihres Kindes begleiten konnten, gelingt es mit Computer-Programmen leicht, die Väter zu kooperativen Helfern zu machen. Dies entlastet die Mütter, signalisiert dem Kind das Engagement des Vaters und schafft eine Umverteilung der Gewichte im Familiensystem, selbst wenn damit die Rollenverteilung zementiert wird, daß der Vater für die technischen Dinge verantwortlich ist.

Folgende Anforderungen sind an ein gutes Lernprogramm zu stellen:

- Leichte Bedienbarkeit: wenige Funktionsknöpfe mit immer gleichen Funktionen.
- Sinnvolle Verstärkung des visuellen Lernens, guter Animationsgrad, hoher Motivationsgrad.
- Gute Übersichtlichkeit der graphischen Oberfläche: hoher Kontrast der Farben (gelbe Buchstaben auf blauem Untergrund haben sich bei uns besonders bewährt), äußerst knappe und prägnante Bedienungsanweisungen, die auch ein Kind mit Legasthenie rasch lesen kann. Das zu lernende Wort oder der Satz müssen sich in Größe, Schriftbild und Kontrast deutlich von den Bedienungselementen der graphischen Oberfläche abheben und im Zentrum des Bildschirms stehen. Die Schriftzeichen der Anweisung oder der Hilfestellung müssen deutlich kleiner und schwächer markiert sein als die Aufgabenstellung. Diesen Anforderungen sind leider viele Shareware-Programme nicht gewachsen (das zu lernende Wort wird zu klein dargestellt, erscheint in der Monitorperipherie oder setzt sich in der Größe nicht von den Anweisungen ab), hingegen haben manche teure „Profi"-Programme oft eine unüberschaubare Vielfalt von graphischen Schnörkeln im Hauptblickfeld, die vordergründig attraktiv sein sollen, im Lernprozeß jedoch nur ablenken.
- übersichtliche und ernst zu nehmende Fehlermeldung.
- Veränderbarkeit von Zeichengröße und Zeichensatz.
- Abstufung in den Schwierigkeitsgraden.
- Wortschatzdateien sollten in großer Zahl mitgeliefert werden. Sie sollten wesentliche Teile des Grundwortschatzes enthalten und nach Schwierigkeitsgrad und Wortlänge geliedert sein. Zum systematischen Aufbau gibt es für Traeger-Programme zusätzlich zu den schon mitgelieferten Dateien die große Wortschatzsammlung von Edgar Gerbig. Besonders für Schulen und Therapeuten sind diese in 189 Wortschätze gegliederte Sammlungen eine reiche Fundstätte.
- Editionsfunktion, Eingabemöglichkeit eigener Wort- oder Textdateien, Speicherbarkeit der eigenen Dateien mit Wiederholungsfunktion.

- Ausgabemöglichkeit für die gelernte Datei, Ausdruck von zu wiederholenden Worten, Ausdruck geübter Datein („Zeugnisausdruck").
- Anleitung, Handbuch.
- akzeptabler Preis (70,– bis max. 120,– DM).

Leider glauben viele Eltern, sie könnten ihr Kind mit dem Computer allein lassen. Sie hoffen dadurch auf Entlastung und auf Entkrampfung in festgefahrenen Konfliktsituationen. Durch den Kauf eines Computers bringen sie ein großes finanzielles Opfer. Viele Eltern vertrauen auch auf die Computer-Erfahrung, die ihre Kinder durch Computerspiele bei Mitschülern erworben haben. Sie vertrauen auch den sicherlich ganz ernst gemeinten Zusagen ihrer Kinder, einen Computer nicht zum Spielen sondern fast nur zum Lernen benutzen zu wollen. Und sie vertrauen der werbenden Verheißung von Lernprogramm-Herstellern, mit dem Computer könnten die Kinder spielend leicht Wissen erwerben.

Die Ernüchterung nach solchen Fehleinschätzungen ist groß. Sebstverständlich erfordert die Arbeit mit Lernprogrammen eine ausreichende Grunderfahrung der Eltern im Umgang mit EDV und ein aktives Einarbeiten in das Lernprogramm. Nichts ist schlimmer, als wenn die Eltern während der Lernsituation die Beherrschung des Programms erwerben wollen und damit den Fortgang des Lernens verzögern, weil sie von der Beobachtung des Kindes abgelenkt sind und den Spaß am Arbeiten mit dem Computer durch Dilettantismus verderben. Einmal eingearbeitet, erleichtert ein Lernprogramm jedoch den Lernprozeß. Man kann Wortdateien oder Texte vorbereiten, spezielle Lektionen vorbereiten, Lückentexte erfinden, den Schwierigkeitsgrad festlegen und zwischen mehreren Unterprogrammen wählen. Dadurch entstehen vielfältige Variationsmöglichkeiten. Die Abwechslung bereitet allen Beteiligten Spaß und ermutigt sie. Bei Einführung von geeigneten Lernprogrammen erleben wir stets neue Motivationsschübe, die oft über mehrere Monate anhalten. Später verlieren die Lernprogramme wieder an Attraktivität, werden von manchen Kindern aber immer wieder neu gesucht, um aktuelle Anforderungen in der Schule mit Hilfe der Programme zu bewältigen.

Einige Schulen verfügen bereits über EDV-Arbeitsplätze. Mit geringen Mitteln kann man solche Arbeitsplätze auch schaffen, wenn man gebrauchte PC's „second hand" oder von der Industrie erwirbt oder aus Spendenmitteln beschafft. Für die meisten Lernprogramme reicht ein 486-PC mit Farbmonitor, Maus und einfachem Drucker. Förderstunden von Kindern mit Legasthenie könnten in der Schule auch mit Computer-Lernprogrammen durchgeführt werden. Reicht das Stunden-Deputat dazu nicht aus, wäre immerhin eine Einführung der Eltern in das Lernprogramm innerhalb von zwei Stunden möglich.

In den letzten Jahren beobachten wir eine rasche Zunahme von Angeboten neuer Lernprogramme auf dem Markt. Selbst für die Therapeuten wird es zunehmend schwerer, einen Überblick zu gewinnen. Die wohl vollständigste „Marktübersicht" erhält man durch die Publikationen des „Landesinstituts für Schule und Weiterbildung" (SODIS) in Soest (Landesinstitut für Schule und Weiterbildung, Projekt SODIS, Paradieser Weg 64, 59494 Soest, Tel.: 02921-683200). Man kann dort gegen ein Entgelt Nachweislisten mit Bewertungen und Erfahrungsberichten u.a. zu folgenden Themen erhalten:

- Interaktive Medien für das Fach Deutsch
- Interaktive Medien in der Sonderpädagogik für Lernbehinderte und Erziehungsschwierige
- Interaktive Medien in der Sonderpädagogik für Sprachbehinderte

Preise werden in der schriftlichen Version nicht mitgeteilt und man erhält keine Information darüber, ob der Programm-Hersteller Demo-Versionen anbietet.

In unserer Arbeit haben sich besonders die Lernprogramme von Eugen Traeger (Adresse siehe Kapitel 14.) bewährt. Sie erfüllen alle oben aufgeführten Anforderungen in ausgezeichneter Weise. Die graphische Oberfläche ist einfach und klar strukturiert und stellt das Lernziel in den Mittelpunkt. Der Editor ist für Erwachsene einfach zu bedienen und die Auswahl der Optionen (Schriftgröße und -art, Farbe, Motivationshilfen, Darbietungsgeschwindigkeit, Wörter können umrahmt werden) erlaubt eine individuelle Anpassung an die Bedürfnisse eines jeden Kindes im Grund- und Sonderschulbereich.

Subprogramme im „Universellen Worttraining" (UNIWORT)
Blitzwort
Fehlbuchstabe
Lesen/Abschreiben
Spiegelschrift
Diktat
Halbschrift
Tachistoskop

Bezeichnungen von anderen Lernprogrammen und von Textprogrammen, die auch Kinder beherrschen können, finden sich im Kapitel 14.

Dem Lehrer oder dem Legasthenietherapeuten kann das Text- und Grafikprogramm „Primtext" eine gewisse Hilfe sein. Damit lassen sich Lückentexte und Arbeitsblätter mit verschiedenen Lineaturen erstellen und Purzelwörter und Reimwörter erzeugen. Bitmap-Grafiken können importiert werden.

Kapitel 10 _____

Optische Hilfen bei Legasthenie

Häufiger als bei anderen Kindern stellt man sich bei Legasthenikern die Frage, ob nicht zumindest ein Teil der Leseprobleme durch Fehlsichtigkeit verursacht sei. Gerade dann, wenn sich Verlesungen häufen, wenn das Kind bei Zeilenwechsel Schwierigkeiten hat, wenn die Augen scheinbar orientierungslos über das Buch streifen und wenn das Kind über Kopfschmerzen beim Lesen klagt, glauben viele Erwachsene, daß zuerst einmal eine gründliche augenärztliche Untersuchung angebracht sei. Umso größer ist dann die Enttäuschung, wenn das Resultat dieser Untersuchung einen Normalbefund erbringt oder häufiger noch die Auskunft, das Sehvermögen sei fast normal, keineswegs aber durch eine Brille korrekturbedürftig. Legasthenie könne man auch nicht durch eine Brille heilen.

Kinder und Erwachsene können in der Regel leichte Sehfehler beschwerdefrei kompensieren. Kinder mit Legasthenie unterliegen bei der Lese- und Schreibtätigkeit jedoch solchen Sehbelastungen, daß auch minimale Abweichungen von der Norm zu Sehbeschwerden führen können. Solche Zeichen von übermäßiger Ermüdung und Belastung nennt man in der Augenheilkunde **Asthenopie**. Es muß also unser Ziel sein, Kindern mit Legasthenie, die Sehbeschwerden haben, zu einem möglichst guten Sehvermögen zu verhelfen, um die Gesamtbelastung zu reduzieren. Dabei spielt es keine Rolle, ob das Kind vielleicht in anderen Alltagssituationen und besonders beim Sehen im Fernbereich ein völlig intaktes Sehvermögen zu haben scheint.

Eine genaue Untersuchung beim Augenarzt und eine orthoptische Untersuchung ist also bei allen Kindern mit Legasthenie wichtig. Orthoptistinnen sind medizinische Assistentinnen in der Sehschule eines Augenarztes oder bei speziell ausgebildeten Augenärzten und Optikern, die bei der Erkennung und Behandlung von Fehlsichtigkeit mitwirken. An Universitäten gibt es spezielle Abteilungen für Strabismologie (Schielerkrankungen), Neuroophthalmologie und **Orthoptik** (griechisch: ortho = gerade und opsis = sehen). Dabei ist nicht nur der augenärztliche Untersuchungsbefund wichtig, u.a. auch mit erweiterter Pupille, sondern gerade auch die Untersuchung der Sehfähigkeit und die Untersuchung der Lesefähigkeit bei anhaltender Beanspruchung des beidäugigen Sehens.

Im Kapitel über die neuropsychologischen Grundlagen wurde dargestellt, daß Kinder mit Legasthenie besonders häufig Störungen der sakkadischen Blickfolgebewegungen und wahrscheinlich auch der Figur-Hintergrund-Maskierung haben, daß bei einigen von ihnen leichte Störungen im Farbsehen vorliegen, und daß sich bei ihnen auch leichtere Störungen im Nahsehbereich besonders nachteilig auswirken. Die Befunde weisen ferner auf eine Schwäche des beidäugigen Sehens in der Verschmelzung beider Augenbilder im Gehirn hin (Störung der „**binokularen Fusion**") und auf sehr kleine Gesichtsfeldausfälle („**partielle funktionelle Skotome**"). Im Alltagsleben werden die betroffenen Kinder von diesen Störungen nicht beeinflußt und mit den routinemäßigen augenärztlichen Untersuchungsmethoden sind diese Störungen schwer auszumachen. Die Kinder werden ja auch erst bei der hohen Anforderung des Lesens mit diesen Problemen konfrontiert.

Dann jedoch kann es zu erheblichen Beeinträchtigungen kommen, die für sich genommen bereits Krankheitswert besitzen. Wir können bei Legasthenikern häufig beobachten, daß sie beim Lesen den Kopf schief halten, wie wenn sie ein Auge beim Lesen „ausblenden" oder schonen würden, daß sie nach kurzer Lesedauer zunehmend mehr Buchstabenverwechslungen oder -weglassungen machen, daß der Augen-Papierabstand wechselt, daß sie auffallend lange brauchen, um vom Fernbereich auf den Nahsehbereich zu wechseln und daß nach kurzer Zeit die Augen tränen oder gerötet sind. Gerade bei Kindern mit starker Kopfschiefhaltung kann man feststellen, daß sie besser lesen können, wenn man das abgewandte Auge verdeckt, z.B. mit der Hand oder mit einer Augenklappe. Selten haben mir Kinder mit Legasthenie spontan von ihren Augenbeschwerden berichtet, oft haben auch die Eltern nichts davon gewußt. Nur wenn sie gezielt gefragt wurden oder nach Korrektur durch geeignete Sehhilfen waren sie in der Lage, von diesen Belastungen zu sprechen und sie zu schildern.

Als Beschwerden im Sinne von Augenbelastungszeichen (Asthenopie) kann man folgende Schilderungen und Beobachtungen werten: nach längerer Lesedauer werden die Buchstaben unscharf, sie verschwimmen miteinander, auf dem Papier bilden sich schwarze Flecken, die sich vergrößern können oder konfluieren, weiße Flüsse oder unscharfe Zonen entstehen zwischen den Buchstaben, Wortteile werden schief oder rotieren, es bilden sich Kreisphänomene oder Auslöschungen, der Zeilenabstand schwankt, die Augen schmerzen oder es entsteht ein Druckgefühl hinter den Augen, im Kopf oder im Nacken, die Buchstaben verlieren an Schwärze oder entwickeln farbige Ränder.

Buchs tabenoder Wortte ilewerden schiefundr otieren es bild ensichKrei sphän omeneode rAuslösch ungen,der Zeilen abstandsch wankt, die Augen schmerze noderes entste htein Druck gefühl hinterdenA ugen,imK opfoderim

---
Augenbelastungszeichen bei Legasthenikern

- Kopfschmerzen beim/ nach dem Lesen
- Druckgefühl in oder hinter den Augen
- gerötete oder tränende Augen beim Lesen oder bei Naharbeit
- Umstellungsschwierigkeiten vom Nah- auf den Fernbereich
- starke Wechsel im Augen-Buch-Abstand
- Lichtempfindlichkeit (Photophobie)
- Doppelsehen beim Lesen
- rasche Ermüdbarkeit beim Lesen
- sich bewegende, wackelnde oder flimmernde Buchstaben beim Lesen
- beim Lesen Entstehen von „schwarzen Flächen" auf dem Papier
- häufige Fehler beim Zeilenwechsel
- Verwechslung von formähnlichen Buchstaben
- Auslassen von Buchstaben

In unserem Erstuntersuchungsprotokoll für Legastheniker ist daher ein Screening-Programm für den Nahsehbereich enthalten. Kinder, die dabei Auffälligkeiten aufweisen, müssen nochmals gründlich augenärztlich und orthoptisch untersucht werden. Folgende Untersuchungen geben besonders hilfreiche Hinweise:

1. Test für räumliches Sehen (Stereo-Test: TNO-Test). Dabei wird den Kindern eine Rotgrün-Brille aufgesetzt und es werden ihnen Muster (virtuell dreidimensionale Stimuli) in rotgrüner Random-Dot-Technik gezeigt, die bei intaktem räumlichen Sehen zu erkennen sind. Dabei ist eine halbquantitative Abschätzung der Beeinträchtigung möglich (Erkennen von 480 bis 60 Bogensekunden).

2. Die Überprüfung der Augenfolgebewegungen. Ein kleines Objekt wie z.B. die Spitze eines Bleistifts wird dabei in horizontaler und vertikaler Bewegung an den Augen vorbeigeführt. Das Kind soll dem Objekt mit den Augen folgen, ohne dabei den Kopf zu bewegen. Wir sehen häufig überschießende oder sich schwer einstellende Sakkaden, bei manchen Kindern bleibt ein Auge plötzlich stehen oder eilt voraus. Manche Kinder haben bereits beim Fixieren der unbewegten, in einer Entfernung von 40 cm gehaltenen Bleistiftspitze Mühe, das Objekt länger als zehn Sekunden zu fixieren.

3. Ein Test für das Farbsehen (Ishihara-Test): Kinder mit Legasthenie zeigen überproportional häufig Schwächen in der Farbdifferenzierung und Unsicherheiten in der Formdifferenzierung, nicht jedoch in einem solchen Schweregrad, wie er der klassischen Farbblindheit (z.B. der Rot-Grün-Blindheit) entspricht.

4. Die Überprüfung des Nahsehbereichs bei einäugigem und beidäugigem Sehen (Bestimmung des minimalen Leseabstands). Wir gehen dabei so vor, daß wir dem Kind einzelne Worte aus dem Zürcher Lesetest in einem Abstand von etwa 30 cm zeigen und warten, ob das Kind diese Worte gut fixieren und klar und deutlich erkennen kann. Danach wird der Papier-

Augen-Abstand variiert und zwar zunächst so lange von den Augen/dem Auge entfernt, bis das Kind angibt, daß das Wort undeutlich oder unscharf wird. Danach werden die Worte den Augen genähert und das Kind wiederum gebeten, Veränderungen in der Wortgestalt oder der Darstellungsdeutlichkeit anzugeben. Im Nahbereich ist es normal, wenn man die dargebotenen Worte bis auf 12–14 cm an die Augen nähern kann, ohne daß sie dem Kind unscharf erscheinen, verschwimmen oder ihre Gestalt verändern. Sehr häufig findet man dabei Hinweise für ein- oder beidäugige Weitsichtigkeit oder für eine eingeschränkte Fusionsbreite, d.h., daß das Kind Wörter z.B. erst bei einem Abstand von 20 cm deutlich erkennt, die Wörter bereits bei einem Abstand von 28 cm wieder unscharf erscheinen.

Screeningtest für Sehstörungen im Nahbereich
• Pupillenreaktionen, Beobachtung unterschiedlicher Pupillenweite (Anisokorie)
• Blickfolgebewegungen, Bulbusmotilität
• Convergenzreaktion
• Cover-Test
• Stereotest (TNO)
• Ishihara-Test
• minimaler Leseabstand (beidäugig, einäugig)

Beim Cover-Test wird jeweils ein Auge kurz abgedeckt und es werden mögliche Einstellbewegungen des anderen Auges beobachtet, die auf ein Schielen hinweisen könnten. Bei der Konvergenzreaktion handelt es sich um Einstellbewegungen der Augen bei einem sich nähernden Objekt. Augenmuskelschwächen oder Koordinationsschwächen im Nahsehbereich können dabei deutlich werden. Bei sehr vielen Kindern mit Legasthenie ist die Konvergenzreaktion mangelhaft, manchmal nur von einem Auge.

Weitergehende Untersuchungen muß der Augenarzt durchführen. Dazu zählt eine Untersuchung auf latentes Schielen (Heterophorieprüfung bei aufgehobener Fusion) und die Untersuchung eines Zentralskotoms. Bei einem Zentralskotom handelt es sich um eine Wahrnehmungshemmung der Netzhautmitte bei nicht punktgenauer Einstellung der Fixation auf ein Sehobjekt. Zentralskotome können physiologisch vorkommen. Dann sind sie jedoch meist einseitig. Bei Legasthenikern wechselt es von einem Auge zum anderen oder bleibt persistierend beidseitig. Augenärzte und besonders ausgebildete Optiker prüfen diese Funktionen mit der Feststellung von Richtung und Ausmaß des latenten Schielwinkels, mit dem 30-Prismen-Test, mit dem Polatest und mit dem Synoptophor.

Die in dem Kapitel über die neurophysiologischen Störung der visuellen Verarbeitung beschriebenen Forschungsergebnisse legen den Gedanken nahe, daß eine gute optische Korrektur leichter Sehfehler Kindern mit Legasthenie helfen kann. Tatsächlich zeigt auch unsere Erfahrung, daß exakt bestimmte **Brillengläser** in 30% aller leseschwachen Kinder zu einer Verbesserung der Lesegeschwindigkeit, zu einer Verminderung von Verlesungen, zu einer Verminderung der asthenopischen Beschwerden oder zu einer deutlichen Verbesserung des Schriftbildes führt. Schäfer (1995) fand bei der Untersuchung von 341 Schülern in 31% ein unbefriedigendes Sehvermögen. Davon lag in 82% eine behandlungsbedürftige Weitsichtigkeit und in 75% ein latentes Schielen vor. Bei unseren Untersuchungen mit dem oben geschilderten Screening-Programm zeigen sich Auffälligkeiten bei etwa 70% aller legasthenen Kinder. Bei genauen orthoptischen Untersuchungen erhielten die meisten dieser Kinder eine Brille, seltener nur als Lesebrille, meist jedoch als ganztags zu tragende Brille. Oft verschwinden die asthenopischen Beschwerden danach schlagartig.

Leider gibt es bis heute keine genaue Untersuchung über die Qualität und über den Grad der Verbesserungen, und es gibt keine Untersuchung über die optimale Brillenversorgung. Wir sehen in der klinischen Erfahrung deutliche Verbesserungen bei Kindern, die in speziellen augenärztlichen Universitätsabteilungen orthoptisch untersucht und behandelt wurden und bei Kindern, die eine sogenannte Prismenbrille erhalten haben. Beide Behandlungsmethoden sind in der augenärztlichen Schulmedizin heftig umstritten. Bei der orthoptischen Therapie werden auch sehr geringe Abweichungen von der Norm unter den Bedingungen des anstrengenden Sehens und Lesens korrigiert mit dem Ziel, eine weitgehend normale binokulare Fusion zu erreichen (Rabetge, 1982). Prismenbrillen sind Brillengläser, die keilförmig geschliffen sind, um die Lichtstrahlen vor dem Einfall in das Auge abzulenken. Dadurch müssen die Augen bei geringen Winkelfehlsichtigkeiten keine anstrengenden Einstellbewegungen mehr machen (Pestalozzi, 1986). Die Untersuchung auf Winkelfehlsichtigkeit wird mit dem sogenannten Pola-Test von speziell ausgebildeten Optikern und Augenärzten durchgeführt. Ein unauffälliger augenärztlicher Befund ist natürlich Vorraussetzung für eine Behandlung mit Prismengläsern.

Die **Prismenbrillen** sind sehr umstritten. Man kann den Befürwortern vorwerfen, daß die Prismenbehandlung sehr teuer und aufwendig ist. Die Untersuchung dauert lange, sie gibt in erfahrenen Händen aber genaue Auskunft über das Vorliegen von Sehstörungen. Prismenbrillen sind sehr teuer und die Kosten werden nicht immer reibungslos von den Krankenkassen übernommen. Wenn die Augen lange Zeit an eine Winkelfehlsichtigkeit gewöhnt waren, geben sie ihre eigenen Korrekturbewegungen auch nicht gleich auf. Deshalb muß manchmal nach drei bis zwölf Monaten eine neue Korrekturstärke verordnet werden. Besonders wird den Vertretern der Prismenbrillentherapie jedoch vorgeworfen, daß 3–5% der behandelten Kinder in ein manifestes Schielen „therapiert" werden, so daß gelegentlich nach einiger Therapiedauer eine Schieloperation nötig wird. Dieses Risiko ist sicher sehr ernst zu nehmen. Von den mir bekannten etwa 70 Kindern, die mit Prismengläsern behandelt worden sind, hat es bei vier Kindern die Situation gegeben, daß ein zunehmendes Schielen zu beobachten war. Eine Schieloperation konnte bei zwei Kindern nicht vermieden werden. Bei den beiden anderen Kindern war der Schielbefund nach Beendigung der Prismenbehandlung vollständig reversibel. Schäfer (1995) hält eine Prismenbrille vor allem bei Höhenabweichungen der Augen und bei latentem Außenschielen für indiziert. Über gute Erfolge mit der Behandlung geringer Fehlsichtigkeiten und von latentem Außenschielen (Exophorie) mit Prismengläsern hat neben Prof. Schäfer (Universitäts-Augenklinik Würzburg) auch Hilke Oberländer (Orthoptistin, Hamburg) schon auf dem Legasthenie-Kongreß 1988 berichtet.

Wir haben drei Gruppen von jeweils 30 Eltern von Legasthenikern mit einem ausführlichen Fragebogen über den Verlauf und über Augenbelastungszeichen befragt. Alle Kinder sind primär von einem Augenarzt untersucht worden. Die Kinder der ersten Gruppe hatten keine Brille oder aber eine vorbestehende Brillenverordnung, die unverändert beibehalten wurde. Ihre Beobachtung diente als Vergleichsgruppe. Die Kinder der zweiten Gruppe waren augenärztlich als normal/unauffällig befundet worden. Bei einer Nachuntersuchung durch einen anderen Augenarzt oder einen Optiker mit dem Pola-Test war die Indikation für eine Brillenkorrektur mit einer Prismenbrille gestellt worden. Die Kinder der dritten Gruppe wurden erneut augenärztlich in einer Spezialabteilung für Orthoptik untersucht. Sie erhielten eine Brillenkorrektur mit einer sehr exakt bestimmten Messung wegen einer Störung der binokularen Fusion.

Erwartungsgemäß berichteten die Eltern der Kinder aus der ersten Gruppe im Verlauf eines halben Jahres, daß sie keine Veränderungen beobachtet hätten. In den beiden anderen Gruppen berichteten dagegen 2/3 aller Eltern über leichte bis hervorragende Verbesserungen. In der Elternbeurteilung zeigte sich also, daß eine exakte Brillenkorrektur hilfreich sein kann. Deutliche Erfolgsunterschiede zwischen einer Korrektur mit normalen Brillen oder mit Prismenbrillen waren hingegen nicht abzulesen. Leider liegen noch keine kontrollierten Studien über den möglichen Grad von Verbesserungen durch Brillen vor. Auch ein exakter Vergleich der Effizienz zwischen normalen Brillenverordnungen und Prismenbrillen steht noch aus. Im weiteren Verlauf zeigt sich bei einigen der von uns beobachteten Kinder, die von einer Brillenbehandlung profitiert hatten, daß sie später (nach ein bis drei Jahren) auf das Tragen einer Brille verzichten konnten. Bei diesen Kindern hat die Brille eine Anfangserleichterung gebracht, die sich als eine vorübergehende Hilfestellung erwies. Wir nehmen an, daß diese Kinder aufgrund von Reifungs- und Lernprozessen einen Teil der Symptome verloren haben oder andere Strategien der Symptombewältigung entwickelten. Es bleibt sehr zu hoffen, daß sich die augenärztliche Forschung in den nächsten Jahren dieses Themas annimmt und uns zuverlässige Daten und differenzierte Behandlungsmethoden an die Hand gibt. Es ist sehr wichtig, die Eltern darauf

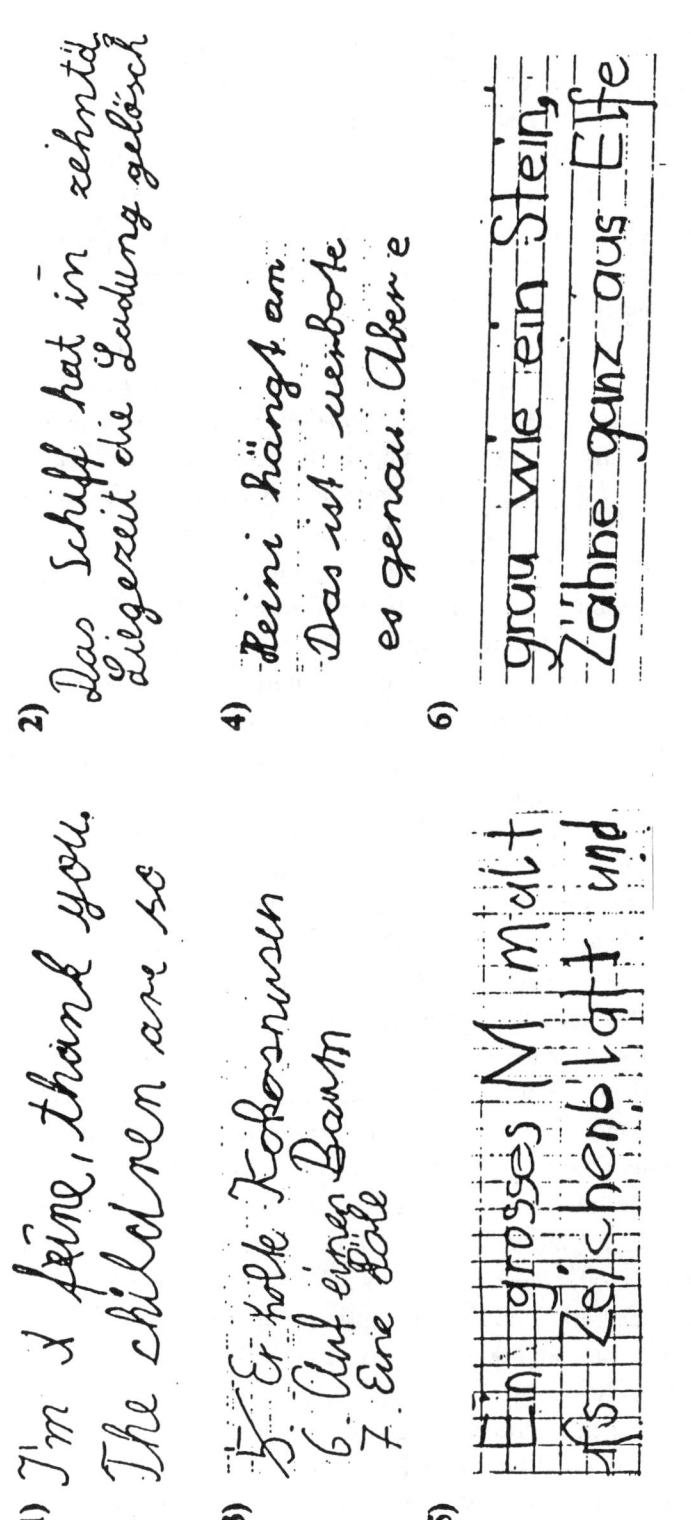

Handschriftproben vor und nach Korrektur mit Prismen: (1) 10jähriger Knabe vor und (2) 10 Wochen nach Prismenkorrektion; (3) 10jähriges Mädchen vor und (4) 3 Monate nach Korrektion; (5) 9jähriger Junge vor und (6) 2 Monate nach Korrektion (Beispiele von Dr. Pestalozzi, Olten)

hinzuweisen, daß eine Brillenverordnung nicht die Legasthenie heilen oder beseitigen kann, sondern daß es sich um eine Hilfsmaßnahme handelt, die bei vielen Legasthenikern Teilsymptome lindern kann und Erleichterung bringen kann.

Bei besonders instabilem Binokularsehen mit wechselndem Zentralskotom und ohne gesicherte Dominanz kann der Augenarzt auch für 4–6 Wochen veranlassen, abwechselnd ein Auge tagsüber für mehrere Stunde mit einem speziellen Pflaster abzukleben oder -wenn bereits eine Brille getragen wird- ein Brillenglas mit einer Folie zu bekleben (**Okklusion**). Dabei wird die wechselseitige Konkurrenz um die Dominanz zwischen den beiden Augen vorübergehend aufgehoben. Auch durch eine Übungsbehandlung an einem Apparat in der Sehschule (Synoptophor) oder zu Hause mit Akkomodationsübungen kann das Zentralskotom behandelt werden. Eine Verbesserung des beidäugigen Sehens soll das Behandlungsziel sein. In diesem Zusammenhang kann darauf hingewiesen werden, daß auch die Therapie mit der „Lega-Brille", die im Kapitel über das Hörtraining beschrieben wird, eine ähnliche Behandlungsform darstellt.

Sehr gute Erfahrungen kann man mit **Lesefenstern** machen. Man nimmt dazu ein kartonstarkes Stück Papier etwa im DIN-A-6-Format und schneidet mit einem scharfen Messer oder einer kleinen Schere einen horizontalen Schlitz von 4 cm Länge und der Höhe des jeweils zu lesenden Zeilenabstandes ein. Diese Karte wird dann langsam über die zu lesende Zeile gezogen. Im Tempo paßt man sich dem spontanen Lesetempo des Kindes an, merkt jedoch meist rasch, daß das Kind im Lesen etwas schneller wird. Den Effekt des Lesefensters kann man sich wohl über das Ausschalten störender visueller Hintergrundeinflüsse erklären und über die Ausschaltung überschießender und hemmender Sakkaden. Natürlich wird man über schwer zu lesende Worte nicht mit einem gleichbleibenden Tempo ziehen sondern halten, besser noch: zum Wortanfang zurückkehren und nur die nächsten zwei, drei Buchstaben oder die nächste Silbe „aufblenden" und dann langsam mit dem Fenster weiterziehen. Der Vorteil der Methode liegt auch darin, daß man sich bei der gezielten Steuerung des Lesefensters jeglicher Kommentare oder Kritiken enthalten kann, da ein Zögern, Innehalten oder Zurückfahren des Fensters dem Kind bereits nonverbal einen Lesefehler signalisiert. Die Methode des Lesefensters ähnelt sehr dem Übungseffekt, den man mit dem Computerprogramm „Gleitzeile" erzielen kann. Leider übernehmen viele Kinder die Lesefenstertechnik nur sehr ungern oder legen sie rasch wieder ab, wenn man nicht recht viel Motivationsarbeit macht. Manche Kinder empfinden die Einengung auf einen Zeilenabschnitt auch als lästig und störend. Hier kann man gelegentlich durch Vergrößerung des Fensters Abhilfe schaffen.

Breitmeyer (1992) führt die verminderten Erkennungsleistungen von LRS-Kindern in einem Random Dot Test wie dem TNO-Test und im Ishihara-Test auf eine Störung der phasischen Kanäle der neuronalen Übertragung retinaler Reize zurück. Er fand, daß der Kontrast visueller Reize verstärkt wird, wenn sie

> Gerbig (persönliche Mitteilung) überwindet diesen Nachteil des Lesefensters, indem er kleine rechteckige Acrylglasscheiben oben
>
> und unten mit einem schmalen Streifen einer transparenten
>
> Haftfolie beklebt, sodaß nur ein langes mittleres Lesefeld von 1 cm Höhe übrigbleibt, durch das das Kind die zu lesende Zeile sehen kann.
>
> Modifiziertes Lesefenster nach Gerbig

gegen einen blauen Hintergrund statt einem roten oder grünen dargeboten werden. Dies ist vielleicht der theoretische Hintergrund für die positiven Erfahrungen, die man bei einigen LRS-Kindern mit farbigen Folien machen kann. Eine fundierte Untersuchung über die alltägliche Belastung mit verschiedenen Lichtquellen, über die Auslösung von Kopfschmerzen und Krampfanfällen durch Licht und über den Einsatz von farbigen Brillengläsern und Farbfolien gibt Wilkins (1995) in seinem Buch „Visual Stress". Praktische Berichte über die Anwendung von Farbfolien sind noch selten (Schroth, 1997). Sicher bei 20% aller betroffenen Kinder kann man nämlich eine Verbesserung der Lesegeschwindigkeit und des Leseflusses erreichen, wenn man eine sehr transparente **Farbfolie** auf das zu lesende Buch legt. Am häufigsten sind wir mit blauen Lesefolien erfolgreich, seltener mit gelben und noch seltener mit grünen Folien. Es gibt bislang keine Vorhersagemöglichkeit und keine Untersuchungsmethoden, welche Farbfolie für ein bestimmtes Kind hilfreich sein wird. Wir müssen jede Farbe einzeln ausprobieren, wobei ich immer mit der Farbe beginne, die mir das Kind als Lieblingsfarbe benennt. Die Umstellung während des Lesens geht rasch: innerhalb weniger Sekunden haben die Kinder sich an den veränderten Leseeindruck gewöhnt und können angeben, ob die Schrift schwärzer, stabiler oder kontrastreicher erscheint. Zur Testung kann man sich eine Mappe mit 12 verschiedenfarbigen Folien bestellen. Wenn ein Kind vom Lesen mit Farbfolien profitiert, teilen wir eine Folie: je eine Hälfte für die Schule und eine Hälfte für zu Hause.

Farbige Brillengläser wurden erstmals durch Helen Irlen (1991) eingeführt. Leider hilft ihr Buch wenig zum theoretischen Verständnis und zum konkreten diagnostischen Vorgehen. Sie hatte bei ihren Untersuchungen mit erwachsenen Dyslektikern die Erfahrung gemacht, daß farbige Gläser zum Teil ganz überraschende Erfolge bringen konnten. Sie arbeitet seither mit einem differenzierten Arsenal verschiedener, fein abgestimmter Farbgläser. In Europa wird diese Methode von Ann Wright (Irlen Centre East, 4 Park Farm Business Centre, Fornham St. Genevieve, Bury St. Edmonds, Suffolk IP286TS) gelehrt. In Deutschland ist die Anwendung farbiger Gläser verboten. Farbfolien dürfen als Lesehilfe jedoch uneingeschränkt benutzt werden. Leider gibt es nicht viele Hersteller wirklich transparenter Folien. Farbige Schutzfolien aus dem Schreibbedarf eignen sich nicht. Farbkopien von Tonpapier auf Tageslichtprojektor-Folien werden mit den meisten Farbkopiergeräten nicht ausreichend gleichmäßig. Ein Sortiment hochwertiger Folien kann man bei Firma Lambert oder bei Optik Service Wolfenweiler (Adresse siehe Kapitel 14.) beziehen.

Die Vergrößerung von Schriftzeichen erleichtert den Leseprozeß. Große Buchstaben unterstützen die Stabilisierung des visuellen Eindrucks und die Erleichterung der sakkadischen Augenbewegungen. Schreibt man einen Text mit einem **Computer-Textprogramm** und läßt legasthene Kinder diesen Text lesen, wird man rasch finden,

- daß die Lesegeschwindigkeit und die Lesequalität von der Schriftart und vom Schriftgrad (Größe der Buchstaben) abhängt. Man kann dann für jedes Kind die optimale Schriftgröße geradezu titrieren. Als Schriftart haben sich **Futura** und **Avalon** besonders bewährt. Als Anfangsschriftgröße ist etwa 26 für die Textpräsentation an einem 14-Zoll-Monitor geeignet.
- daß es wichtig ist, einen größeren Zeilenabstand (zweifach) zu wählen.
- daß schwierig zu lernende Buchstaben, Silben oder Signalgruppen leichter gespeichert werden können, wenn man sie markiert: durch Fettdruck, durch eine größere Schriftgröße, durch einen anderen Zeichensatz oder durch unterstreichen.

Nun kann man Übungstexte nicht beliebig oft in ein Textprogramm tippen und die Schriftzeichengröße variieren. Für den täglichen Gebrauch bietet sich zur Schriftvergrößerung eher ein **Lesestab** (Bezugsquelle siehe Kapitel 14.) an. Es handelt sich dabei um ein etwa 25 cm langes Lineal mit einer stark gewölbten Oberfläche, die wie eine Lupe wirkt. Der Lesestab mit integrierter roter Führungslinie wird einfach auf den Text gelegt und Zeile für Zeile mitgeschoben. Er vergrößert den Text um das 1,5fache oder das 2,5fache und verstärkt zudem noch den Hell-Dunkel-Kontrast zwischen den Buchstaben und dem Papier-Hintergrund. Noch größere Verstärkungen könnte man nur mit Leselupen erreichen (z.B. Handleselupe mit klappbaren Metallfüßen für einen konstanten Abstand zum Papier). Leselupen haben allerdings den Nachteil, daß sie nicht so breit sind, daß sie eine Buchzeile erfassen könnten. Sie müssen daher stets verschoben werden. Dabei gerät der unscharfe Randbereich zu oft in das Leseblickfeld.

1. Sehstörungen sollen bei jedem Legastheniker durch eine augenärztliche und orthoptische Untersuchung ausgeschlossen werden.
2. Die Korrektur auch leichter Sehstörungen ist bei Legasthenikern wichtig.
3. Die Korrektur einer Sehstörung „heilt" die Legasthenie nicht, kann aber die Behandlung und die Bewältigung erleichtern.
4. Optische Hilfsmittel können den Schreib- und Leseerwerb und die visuellen Lernstrategien unterstützen.

Kapitel 11

Lautdiskriminations- und Lautsynthesetraining

Aus der Beschreibung der Pathophysiologie der Legasthenie und aus den Erkenntnissen des Neurolinguistischen Programmierens wurde deutlich, das das visualisierende Lernen der „Königsweg" ist, der schnellste und sicherste Weg ins Gedächtnis und der fehlerärmste Weg aus dem Gedächtnis heraus in den Schreibleseprozeß, und daß er in der Lerninteraktion die besten Vorraussetzungen für eine positive Kommunikation bietet. Tatsächlich benutzen aber fast alle leicht lernenden Kinder auch auditive und taktil-kinästhetische Lernmodi parallel zum visualisierenden Lernen. In der Förderung und Therapie von Kindern mit Legasthenie kommt man in 80% durch Einführung und Intensivierung visueller Lernstrategien zu raschen Erfolgen. Bei der weitaus kleineren Gruppe derjenigen Kinder, die auf diesem Weg nicht anzusprechen sind, wird man über auditive und/oder taktil-kinästhetische Lernstrategien einsteigen müssen, immer aber mit dem Ziel, frühestmöglich eine Verbindung mit visuellen Verfahren zu suchen. Ein ausschließlich auditiv ausgerichtetes Trainingsprogramm widerspricht den eingangs referierten Erkenntnissen der neuroanatomischen und neuropsychologischen Forschung und erweist sich rasch als ineffektiv.

Die Forschungsergebnisse zeigen uns, daß diejenigen Kinder, bei denen der auditive Anteil der Legasthenie stark im Vordergrund steht, Teilleistungsstörungen in einzelnen Bereichen der perzeptiven Sprachentwicklung bestehen:

- Lautdiskrimination
- phonematische Aufmerksamkeit und Bewußtheit (Lautsynthese und -analyse, Segmentation)
- auditiv-rhythmische Differenzierung
- sequentielle Speicherschwächen
- seltener: Schwächen im beidohrigen Hören, Hörüberempfindlichkeit

Nicht so selten hören wir von diesen Kindern, daß sie eine verspätete Sprachentwicklung gehabt haben, und wir finden in der Untersuchung bei ihnen gehäuft leichte Sprachauffälligkeiten. Am häufigsten sind leichte Redeflußstörungen oder ein leichter Dysgrammatismus, der dann fast immer mit einer partiellen Dyslalie (Stammelfehler) gekoppelt ist. Natürlich sind diejenigen

Legastheniker in ihrer sprachlichen Entwicklung am stärksten beeinträchtigt, die wir in einer Sonderschule für Sprachbehinderte treffen. Bei ihnen sind die auditiven Perzeptionsstörungen naturgemäß am stärksten ausgeprägt. Am schwächsten und daher am schwierigsten zu diagnostizieren sind die Kinder mit Legasthenie, bei denen keine Störungen der expressiven Sprachentwicklung vorliegen, und die lediglich auditive Perzeptionsstörungen oder eine zentrale Fehlhörigkeit haben.

Als hilfreich für eine frühe Erkennung und Behandlung von Lesestörungen fanden Stanovich (1978) und Perfetti (1988) die Fähigkeit zur phonemischen Segmentation. In vielen Studien wurden solche Fähigkeiten als Teil der normalen Sprachentwicklung erachtet und sogar als Grundvorraussetzung für einen ungestörten Leseerwerb gesehen. Dem widerspricht jedoch allein die Tatsache, daß die Analyse phonemischer Segmente schwieriger zu sein scheint als der Leseprozeß allein, und daß sogar Fortschritte in der Fähigkeit zur phonematischen Analyse an den Leseerwerb gebunden erscheinen (Marx, 1994). Insofern verwundert es auch nicht, wenn Übungsstrategien, die stark auf phonologische Sementierungen aufgebaut sind („Silbenboote", Silbenketten, Nachsprechübungen) nur für einen Teil der Kinder mit Leseschwächen hilfreich ist, meist den älteren und bereits fortgeschrittenen. Dabei scheinen gerade diejenigen Übungsverfahren erfolgreich zu sein, die neben der Silbensegmentation rhythmische Schwungübungen einbeziehen (Buschmann-Methode: Silbenklatschen, Silbenschreiten, Schreiben von Silbenbögen). So gibt es auch aus der Früherkennungsforschung Hinweise, daß Übungsmethoden

- mit Lautsynthesen („Laute verbinden" bei Silben oder Nonsense-Silben),
- mit Geräuschkategorisierung nach Art, Lautstärke und Richtung,
- mit Reimbildung und
- mit auditiver Rhythmisierung

der Entstehung von Legasthenie vorbeugen oder den Verlauf abschwächen können.

11.1. Lautdifferenzierungsübungen

Grundvoraussetzung für jedes Übungsprogramm ist, daß bei dem Kind ein normales Hörvermögen besteht. Ein Hörtest beim Kinderarzt oder HNO-Arzt muß zwingend bei allen legasthenen Kindern durchgeführt werden.

Lautdifferenzierungsübungen als Trainingsmaterial stehen in großer Zahl zur Verfügung:

- Werscherberger Übungsbilder zur Lautdifferenzierung. Bestelladresse: siehe Kapitel 14.

- Ravensburger Spiele: „Hör-was ist das", „Sprich genau – Hör genau", „Sehen – Hören – Sprechen";
- Therapiematerial zur Behandlung phonematischer Störungen von Fechtelpeter (1995).
- Verhaltenstherapeutisches Trainingsprogramm für fehlhörige Kinder von Cramer (1990)
- Das „Handbuch der Leseübungen" von Blumenstock (1995) gibt überaus praktische und reichhaltige Übungen für den Erstleseunterricht an.

In den meisten Übungsanleitungen wird mit Bildkarten und lautähnlichen Begriffen gearbeitet. In einer ersten Übungsstufe werden dem Kind Bildkarten gezeigt, die stark unterschiedliche Lautcharakteristika aufweisen. Danach werden Bilder gezeigt, die nur in einem Phonem übereinstimmen. Daran schließen sich Übungen mit Wörtern an, die sich in nur einem Konsonantenphonem („Tanne" – „Kanne") unterscheiden. In einem weiteren Schritt sollen die Kinder bestimmen, an welcher Stelle des Wortes (Anfang, Mitte, Ende) sich die Wortpaare unterscheiden (z.B. „Fisch" – „Tisch", „Mappe" – „Matte", „Zahn" – „Zahl").

Beim Üben mit Minimalpaaren stellt sich immer wieder die Frage, ob die Kinder den zu bildenden Laut (Ziellaut) richtig verstehen. Besonders dann, wenn die Kinder Variationen des Ersatzlauts bilden, haben wir den Eindruck, daß sie den Ziellaut zumindestens intern richtig repräsentieren, ihn lediglich motorisch nicht korrekt bilden können. Es gibt jedoch auch Kinder, die Ziel- und Ersatzlaut weder verstehen noch bilden können, und Kinder, die rezeptiv nicht zwischen Ziel- und Ersatzlaut unterscheiden können, gelegentlich aber den Ziellaut korrekt produzieren (Mayer, 1995). In jedem Fall müssen die Kinder während des Trainings mit Minimalpaaren ausreichend häufig Gelegenheit haben, die korrekte Aussprache zu hören, um die „interne Repräsentation des Ziellautes aufzubauen". Dieses Ziel erreichen wir am besten, wenn wir den Ziellaut in verschiedenen Varianten sehr häufig präsentieren und ihn in der Lautstärke stark verstärken und vor Störschall schützen. Das gelingt am leichtesten, indem man die Lautdifferenzierungsübungen mit dem Hörtraining verknüpft (siehe Kapitel 12.). Dabei erhalten Kind und Übungspartner Kopfhörer und getrennte Mikrophone. Die gesprochenen Worte werden dann sofort verstärkt zurückgegeben, eventuell auch verändert durch Lateralisation oder Hochtonfilterung.

Sobald im Hörtraining mit Minimalpaaren erste stabile Erfolge zu verzeichnen sind (in der Regel nach 4–6 Wochen) kann man die Bedingungen für die Lautdiskrimination verschärfen, indem man der Reihe nach andere Geräusche beimischt: zuerst wird der Sprache leise Musik unterlegt, dann wird die Lautstärke der gesprochenen Sprache reduziert, schließlich kann man der Musik weißes Rauschen in steigender Lautstärke beimischen. Die Anforderungen an die phonematische Bewußtheit und Aufmerksamkeit lassen sich so in wohl dosierten Schritten steigern.

Sinnvoll ist auch die Erstellung von Anlauttabellen

So können im ersten Grundschuljahr Aufgaben zur Analyse des Anlauts Teil des alphabetischen Schreibens sein und mit folgenden Übungen verküpft werden (Scheerer-Neumann, 1996):

- Wörter zu einem vorgegebenen Phonem suchen:
    Bilder ausschneiden, „Anlautteller"
    Gegenstände zu einem Anlaut mitbringen
    „Ich sehe was, was du nicht siehst und das fängt mit ‚r' an"
- Den Anlaut isolieren: „Mit welchem Laut fängt das Wort „Katze" an?"
- Wort-zu-Wort-Vergleich: „Welche Wörter fangen mit dem gleichen Laut an? Bär, Puppe, Buch, Ball?"

Konsonantencluster sind in Anlauttabellen zu vermeiden („Brett", „Drachen"). Zu ergänzen sind Übungen zum Bestimmen von Anlauten und Endlauten in sinnlosen Silben und sinnvollen Wörtern und zur Angabe der Lautposition. Vor Übungen zur Bestimmung der Lautposition in Wortmitte muß allerdings gewarnt werden. Sie führen häufig zu Konfusion und gelingen nur bei gleichzeitiger Visualisierung des Wortbildes. Hier ist deutlich die Grenze einer überwiegend auditiven Lernmethode zu spüren.

Donczik (1995) berichtet über Verbesserungen der phonematischen Differenzierung durch Anwendung kinesiologischer Übungen aus dem Brain-Gym-Programm. Dabei wird die „Hörbalance" eingeführt, eine Abfolge von Übungen, die die Namen „Eule", „Elefant" und „Denkmütze" tragen. Sie sollen die Höraufmerksamkeit stimulieren und muskuläre Verspannungen im Schultergürtel- und Nackenbereich auflösen.

Vokale, Nasallaute (M,N), Reibelaute (S,F) und Zitterlaute (R) sind leicht einzuführen, Sie sind u.a. auditiv sehr einprägsam, sie kommen in vielen kurzen Worten vor und sie lassen sich in der Aussprache leicht dehnen. Die Plosivlaute (B–P, D–T, G–K) lassen sich jedoch nicht dehnen (s.o.) und sollten daher zunächst getrennt eingeführt werden und später Thema von Diskriminationsübungen in den angegebenen Paaren sein (siehe Blumenstock, 1995: Material zur Lautbildung).

Die Schwierigkeiten von Legasthenikern in der Lautdekodierung scheinen im wesentlichen ein Problem der Lautdifferenzierung über die Zeit zu sein. Der Unterschied zwischen den Konsonant-Vokal-Verbindungen /ba/ und /da/, deren Aussprache ca. 250 msek dauert, wird nur in den ersten 40 msek des Sprechens deutlich. Bei der Aussprache von /b/ und /p/ entscheidet sich innerhalb von 20 msek, welchen Laut wir wahrnehmen: wenn der Zeitpunkt, an dem die Stimmlippen zu schwingen beginnen („Voice-Onset"), dem Auslösen des Verschlußlautes vorangeht oder zugleich erfolgt, hören wir ein /b/; hinkt der Voice-Onset jedoch um mehr als 20 msek der Auslösung des Lautes hinterher, wird der Konsonant /p/ gehört (Miller, 1993). Paula Tallal (1993) konnte in zahlreichen Arbeiten zeigen, daß Legastheniker Konsonant-Vokal-Verbindungen und sogar Vokal-Konsonant-Verbindungen schlecht analysieren konnten, wenn die klangspektrographisch gesicherten Lautunterschiede in einem Zeitrahmen von 40–60 msek lagen. Waren die für die Lautunterscheidung wichtigen Klangphasen länger als 80 msek, konnten legasthene Versuchspersonen Konsonant-Vokal-Silben wieder gut unterscheiden. Im gleichen Sinne zeigte sich, daß Kinder mit Legasthenie und Kinder mit Sprachentwicklungsstörungen rasch aufeinander folgende Sprachstimuli nur dann exakt verstehen und die Sequenzen diskriminieren konnten, wenn der Abstand zwischen den Stimuli ausreichend lang war.

Die Zeitabhängigkeit solcher im Schläfenhirn ablaufenden Prozesse phonematischer Differenzierungsfähigkeit muß therapeutische Konsequenzen haben. Jeder in der Legasthenietherapie erfahrene Therapeut weiß, daß es darauf ankommt, mit dem betroffenen Kind langsam zu sprechen und die wichtigen Worte zu dehnen: lange und gedehnte Laute sind auditiv leichter zu differenzieren. Gedehnte Laute sollten anfangs mit Worten geübt werden, in denen sie am Wortanfang stehen. Nasallaute (/n/,/m/) sind recht leicht zu differenzieren und mit lautgetreuen Wörtern der Umgangssprache zu üben. Die häufig verwechselten Plosivlautpaare /p/-/b/, /d/-/t/, /g/-/k/ sind hingegen schwierig zu üben, gerade auch am Wortanfang, da ja der zur Unterscheidung nötige Zeitraum bei Plosivlauten nur schwer durch Dehnung erreicht werden kann. Die Stimmodulation und die Lautstärke ihrer Aussprache sollten Therapeuten besonders gut kontrollieren. Bei Kindern mit Sprachentwicklungsstörungen konnten Tallal und Mitarbeiter kürzlich zeigen, daß Trainingsprogramme, die mit gedehnten Lauten arbeiten, sehr effektiv sind. Mit Hilfe von Computer-Programmen, die schwierig zu diskriminierende Laute künstlich verlängerten, lernten die Kinder, die gedehnten Laute zu erkennen. In der Folgezeit wurden die gedehnten Worte dann nach und nach wieder verkürzt. Bei den Kindern resultierte eine deutliche Verbesserung der Lautdiskrimination, der Sprachverarbeitung und sogar des grammatikalischen Verständnisses (Merzenich, 1996, Tallal, 1996).

11.2. Buchstaben- und Lautsynthesetraining

Bei Kindern mit größeren Schwächen in der zentralen Hörverarbeitung liegt das zweite große Übungsfeld im Buchstaben- und Lautsynthesetraining. Auch dabei sollte die phonematische Übung immer mit dem Bild der Buchstaben, Silben und Wörter gekoppelt werden. Schon bei der Übung des lautverbindenden Lesens von K-V-Verbindungen sollten die Buchstabenkarten benutzt werden: zunächst werden die beiden Buchstaben in einem gewissen Abstand zueinander vor das Kind gelegt. Wenn die Buchstaben benannt worden sind, werden die Karten angenähert und nebeneinander gelegt. Der Finger des Kindes sollte dann die beiden Kärtchen von links nach rechts beim Lesen mit einer Bogenbewegung verbinden. Wie oben schon erwähnt, sollen erst einzelne K-V-Verbindungen zusammenschleifend geübt werden und weitere Verbindungen erst bei Beherrschung der vorherigen drei Buchstabenpaare angegangen werden. Lautähnliche Konsonanten dürfen anfangs nicht in einer Übungsphase vorkommen. Plosivlaute sollten nicht am Beginn der Übung stehen.

Eine sehr gute Auflistung von Übungswörtern zum Synthesetraining findet sich bei Müller (1993):

Buchstaben	Synthese zu Silben und Wörtern
n, a	na, an / An na
l, ei	la, al, lei, eil, ein / nein, lein / al lein
s, e	se, es, sei, eis, As, sa / eins, sein / Na se, lei se, Lei ne, E sel, al le, le se, Le na
r, i	ri, ra, rei, in, er / rein / Rei se, ra se, Li na
0, f	so / los, reif, fein / So fa, Ro se, O fen, Sei fe, Rei fen
m, h	im, am / hin, her, heim, mir, mein / Ha se, Ha fen, Ho se, ho len, se hen, Ma ler, na he, Ei mer, ma len, A mei se
k, b	kam, bar, bin, Bein / Ha ken, Ka mel, Ki no, Be sen, Ra be, Eil, Ka ro, rei ben, lo ben, Ne bel
t, u	Tor, Tal, rot, Not, Ton, Mut, Hut, Huf, Bus / Mo tor, Ta fel, Ho tel, Sa lat, Lei ter, Ka nu, Tu be, Ru te, U hu, U fer
g, au	Gas, gar, gab, mag, log, Gaul, Maul, aus, Sau, Maus, Baum, faul / Se gel, Ku gel, Na gel, Bo gen, fe gen, Ti ger, Gei ge, Ho nig, ge ben, Re gen, Ga bel, ge hen, Mau er, Au ge, Au to, Tau be, schau en, ge nau, Hau fen, kau fen
d, ä	Bär, dein, der, da, du, Rad / Kä se, Mä hen, Sä ge, Kä fer, nä hen, Na del, Ru der, Ra dio, ba den, La den, a de, Dau men, Fe der, Nu del, Da me, Do se
sch, ü	schon, Busch, rasch, Fisch, für, Tür / Schu le, Scha le, Sche re, Asche, Mü he, Schau fel, Schei be, schä men, schei nen, Schu he, hu schen, Tü te, Kü he, Dü ne, Kü ken
ch, ie	ich / mich, reich / Eiche, Becher, Sichel, sicher, Eichel. ach / noch, Bauch, Buch / Taucher, Kuchen, suchen, Ra che, lachen, nie, sie / fiel, lief, schief, rief, tief, Tier, Bier, hier/ Schiene, Biene, sieben, Riese, Kiefer, Liebe, schieben
P, eu	Po / Paul, Pech / Pudel, Pauke, Raupe, Paket, Puder, Pause, Lupe / Heu, Scheu, neu, euch / Eule, heulen, Teufel, Feuer, Euter, teuer, euer, keuchen, Scheune, Leute, beugen
w, z	wo, wie, wer, was, wie / Wal, weinen, Wade, Wagen, Wiese, Zoo, Zeit, Zaun, Zug, Kauz / Zehen, Ziege, Zauber, Zeiger

11.3. Akustische Umgebungsbedingungen

Im Rahmen der Möglichkeiten sollten auch die akustischen Umgebungsbedingungen für Kinder mit zentraler Fehlhörigkeit verbessert werden. Dazu gehört vor allem eine Verbesserung der Schallbedingungen in Klassenräumen. Gerade in großen und hohen Räumen mit großen Schallreflexionsflächen und wenig schalldämmenden Materialien wirken sich der Störschall und die Verlängerung der Schalldauer bei Kindern mit auditiven Perzeptionsstörungen negativ aus. Das Verhältnis zwischen „primärem Schall" (z.B. der Lehrerstimme) und Hintergrundgeräusch ist für die Diskrimination entscheidend. Während normal hörende und normal wahrnehmende Kinder für die Sprachverarbeitung einen Primärschall/Störschall-Unterschied von +6 dB brauchen, benötigen Kinder mit Fehlhörigkeit gar eine Differenz von +20 dB. Hintergrundgeräusche, Nachhall und Veränderungen der Lehrerposition im Raum bringen unstabile Schallverhältnisse mit sich und lassen die Differenz auf weniger als +4 dB schwinden (Flexer, 1995). In der Konsequenz sollten Störgeräusche und Nachhalleffekte möglichst gering gehalten werden. Dazu gehören schalldämmende Maßnahmen wie das Anbringen von Gardinen, Wandpanelen oder Steckbrettern aus Kork oder das Aufhängen von Stoffen. Ventilgeräusche oder Umwälzgeräusche der Heizung sollten vermieden werden. Über Wasserleitungen, die durch den Raum laufen, oder über Lüftungsschächte können Geräusche aus fernen Räumen übertragen werden und zu Störungen empfindlicher Kinder führen. Auch Lüftungsaggregate und Klimaanlagen bringen gelegentlich Störschall mit sich. Schultische oder Stühle, die keine dämpfenden Bodenauflagen haben, erzeugen Störgeräusche. In all diesen Fällen sollte Abhilfe geschaffen werden. Häufig müssen Heizungsmonteure oder Fachleute für Klimaanlagen hinzugezogen werden.

Fehlhörige Kinder sollten „nicht mit dem Rücken zu den Mitschülern oder zum Fenster sitzen, um Störgeräusche zu vermeiden. Das Kind wird sonst ständig dazu angeregt, sich umzudrehen. Ein fehlhöriges Kind sollte in der Klasse eher seitlich sitzen. Da bei vielen Fehlhörigen das Mundablesen das Sprachverstehen stützt, ist es für das Kind günstig, das Mundbild des Lehrers und nach Möglichkeit auch der Mitschüler im Blickfeld zu haben." (Esser, 1994)

Kapitel 12

Hörtraining

An Bemühungen, musiktherapeutische und musikpädagogische Methoden in die Legasthenietherapie zu übernehmen, hat es nie gemangelt. Sie sind auch nach wie vor aktuell. Rhythmus, Melodie und Klang sind ja verbindende Ausdrucksweisen in Musik und Sprache (Buck, 1995). Die Fähigkeit zur Unterscheidung verschiedener Klangwahrnehmungen (laut-leise, kurz-lang, hoch-tief, schnell-langsam) ist in beiden Bereichen wichtig. Es gilt daher, den Klang in den Texten zu suchen, ihn stimmlich und in der Stimmung nachzuvollziehen und den Rhythmus auf die Schreibbewegungen zu übertragen. In all diesen Teilbereichen gibt es bei Legasthenikern auch häufig Probleme.

Das Hörtraining (synonym wird auch häufig der Begriff Klangtherapie gebraucht, in den USA Auditory Integration Training) stellt eine neue Form der Behandlung auditiver Wahrnehmungsstörungen dar. Im Ursprung geht die Methodik auf die Forschungsarbeiten aus dem Jahre 1957 von Alfred Tomatis (Leupold, 1996; Tomatis, 1996) und Guy Bérard zurück. Beide sind französische HNO-Ärzte, und sie arbeiteten zeitweise in Paris zusammen. In der Folge trennten sich ihre Wege, und sie wurden Wegbereiter unterschiedlicher Formen des Hörtrainings.

Bérard fand einen eigenen Weg zur Diagnose und Behandlung von Kindern und Erwachsenen mit einem Hörtraining, das er vor allem bei Patienten mit Hörüberempfindlichkeit (Hyperakusis), Innenohrschwerhörigkeit, Autismus und verschiedenen psychischen Erkrankungen einsetzte. Die Prinzipien seiner Arbeitsweise legte er in dem nicht immer leicht verständlichen Buch „Audition égale comportement" 1982 vor. Aus der Grundlagenforschung über basale Prozesse der Hörverarbeitung und aus empirischen Arbeiten der letzten Jahre haben sich nun zusätzlich neuere Formen des Hörtrainings erarbeiten lassen.

„Hörtraining" und „Klangtherapie" stellen Begriffe für eine Behandlungsform dar, die über technisch veränderte Musik und Sprache, die dem Patienten über Kopfhörer angeboten werden, Einfluß auf das Hören und auf die Hörwahrnehmung nehmen. Anwendungsbereiche sind perzeptive Sprachentwicklungsstörungen, vor allem diejenigen, die mit Lautdiskriminationsstörungen einhergehen, Hörüberempfindlichkeit (Hyperakusis) verschiedener Ursachen, Störungen der auditiven Aufmerksamkeit und Stimm- und Sprachstörungen infolge von Hörstörungen.

Indikationen für Hörtraining

1. **Lautdiskriminationsstörungen**
- Sprachentwicklungsstörungen,
    - besonders Artikulationsstörungen,
    - besonders bei Zustand nach frühkindlichen Hörstörungen,
    - nach mehrfacher Mittelohrentzündung oder nach wiederholten Mittelohrergüssen
- Sprachstörungen bei angeborenen oder erworbenen Hörstörungen
- Sprachanbahnung bei Sprachentwicklungsverzögerung
- auditive Anteile von Legasthenie

2. **Hyperakusis**
- familiäre auditive Hypersensibilität
- Hyperakusis bei Autismus-Syndrom
- Hyperakusis beim Hyperaktivitätssyndrom
- Hyperakusis nach erworbenen Hirnschädigungen
- (Traumafolge, spastische Cerebralparese, apallisches Syndrom)

Die ursprüngliche Form des Hörtrainings nach Bérard wurde zwischenzeitlich weiterentwickelt. Als Grundlage fungieren Musikstücke (vornehmlich klassische Musik, aber auch Kinderlieder, Walzer, Volksmusik, Soft-Pop-Musik) von kommerziell erhältlichen CD's, die durch eine elektronisch gesteuerte Anlage Bruchteile von Sekunden lang verzerrt werden. Die Veränderungen bestehen hauptsächlich aus Filterung und Veränderungen im Frequenzspektrum und in der Lautstärke. Sie werden entweder über einen Zufallsgenerator gesteuert (sind somit für den Patienten nicht vorhersehbar) oder können rhythmussynchron oder bei raschen Zunahmen der Klangdynamik eingestreut werden. Sie sind für den Hörer gerade noch wahrnehmbar und beim Hören über einen längeren Zeitraum durchaus anstrengend. Lautstärke, Darbietungsintensität und -häufigkeit sowie das Frequenzspektrum sind variable Größen, die individuell auf den Patienten eingestellt werden.

Das Hörtraining hat sich ganz besonders in der Behandlung basaler Störungen der auditiven Perzeption bewährt. Dies läßt sich besonders gut an den Behandlungserfolgen von Kindern und Jugendlichen mit Autismus-Syndrom ablesen. Vor allem die extreme auditive Hypersensibilität und die Störungen der auditiven Aufmerksamkeit und Filterfähigkeit bei diesen Patienten erweisen sich als gut zu bessernde Symptome. Sekundär ergeben sich bei der Mehrheit der behandelten Kinder auch Verbesserungen im Sprachverständnis, in der expressiven Sprache und im Sozialverhalten. Manche Kinder mit Autismus können nach der Behandlung erstmals über die Hörsensationen sprechen, unter denen sie gelitten hatten. Sie berichten über die gehörten und ganztägig erlittenen Körperinnengeräusche, auch über das weiße Rauschen, das sie irritiert, über die Geräusche, die durch Haushaltsgeräte, durch Wasserleitungen, durch Heizkörperventile, durch den Leitton des Fernsehers und durch Maschinen verursacht werden. Sie berichten auch, wie genau sie Unterhaltungen in großer Entfernung oder in benachbarten Zimmern verfolgen konnten und sie berichten, daß sie sich nach dem Hörtraining teils erleichtert fühlen, daß ihnen aber auch eine Fähigkeit genommen ist, die als reizvoll und lustvoll erlebt wurde.

Hörtraining und Klangtherapie können auf wichtige Kenngrößen der Schallverarbeitung im Innenohr und im olivovestibulocochleären System des Stammhirns Einfluß nehmen (Rosenkötter, 1995/1996).

Das Hörtraining beeinflußt primär

- die auditorische Aufmerksamkeit
- die Lautdiskriminationsfähigkeit
- die auditive Figur-Grund-Unterscheidung
- das räumliche Hören
- den Schutz vor Überlastung, Hörüberempfindlichkeit
- die Geschwindigkeit der primären Schallverarbeitung

Wir gehen heute davon aus, daß das Hörtraining durch stimulierende auditive Eigenschaften Regelkreise auf mehreren hirnphysiologischen Ebenen aktiviert: Der Regelkreis zwischen Innenohr, Stapedius-Reflex und Tensor-tympani-Reflex, der Regelkreis zwischen äußeren Haarzellen im Innenohr und den Olivenkernen (Zellkernzentrum Nucleus olivaris) des gegenseitigen Stammhirns, der Regelkreis zwischen Innenohr und aufsteigender Hörbahn, der Regelkreis zwischen Hörbahn und Hör- und Sprachzentren und der Regelkreis zwischen den primären, sekundären und tertiären Sprachzentren einer Großhirnhemisphäre und dem interhemisphärischen Austausch. Bei Einbeziehung von Sprache werden ja auch höhere Regelkreise beeinflußt. So sehen wir auch Veränderungen der Artikulation und der Stimmlage. Bei Einbeziehung der neu erworbenen Fähigkeiten oder nach Minderung von Störfaktoren (auditive Hypersensibilität) können sekundär auch andere Verbesserungen der expressiven Sprache und Veränderungen im Sozialverhalten beobachtet werden.

Das Hörtraining kann sekundär verbessern

- Artikulation
- Stimmlage und Stimmlautstärke
- Konzentrations- und auditive Merkfähigkeit
- soziale Bezüge
- Aufmerksamkeit und motorische Unruhe

Aus den Darstellungen der basalen Sinnesphysiologie des Hörens wird auch verständlich,

- daß Hörtraining und Klangtherapie mit den Mitteln der Lateralisation, der Hochtondynamisierung, der wechselnden Lautstärke und der wechselnden Dynamik schon in die Regulation der Innenohrperzeption und in die Regelkreise im Stammhirn eingreifen.
- daß sich Veränderungen des olivocochleären Feedbacks in der Audiometrie widerspiegeln können.
- daß Störungen der auditiven Perzeption und Hochtonverluste nach frühkindlichen Mittelohrerkrankungen teilweise beeinflußbar sind, wenn sie als Veränderungen im Niveau eines Regelkreises verstanden werden.
- daß Hörtraining und Klangtherapie selbst bei zellulären und funktionellen Störungen im olivocerebellären System als symptomatische Therapie erfolgreich sein kann. Hier lassen sich die Verbesserungen der Hör- und Sprachentwicklung von Kindern mit Autismus-Syndrom und erste kasuistische Erfahrungen mit schwerhörigen Kindern beispielhaft anführen.

Worin liegt jetzt die Bedeutung des Hörtrainings für die Legasthenietherapie? Die Indikation für die neueren Formen des Hörtrainings und der Klangtherapie stellt sich bei Störungen der auditiven Aufmerksamkeit und der Lautdiskrimination, bei auditiver Hypersensibilität und bei Störungen der expressiven Sprache, die durch Sprachwahrnehmungsstörungen wesentlich mitbedingt sind. Wir bemühen uns um eine differenzierte Eingangs- und Verlaufsdiagnostik, die zur Zeit nach einem standardisierten Protokoll abläuft, stets aber neuen Erkenntnissen der diagnostischen Relevanz angepaßt werden muß.

Bei Hörüberempfindlichkeit und bei auditiver Aufmerksamkeitsstörung von Legasthenikern hat sich bei uns das regelmäßige Hören einer hochtonbetonten und lateralisierten Musik bewährt. Es handelt sich dabei um besonders hochwertig aufgenommene klassische Musik, die durch Hüllkurvenmodulation und High-Extension verändert wurde und als CD vorliegt. Lateralisation bedeutet in diesem Zusammenhang, daß beim Hören der Musik mit einem Kopfhörer Teile des Frequenzspektrums der Musik in einem langsamen Rhythmus von einem Ohr zum anderen wandern. Die CDs können mit jedem herkömmlichen CD-Spieler und guten Kopfhörern abgespielt werden. Da dem Hochton- und Obertonbereich eine besondere Bedeutung zukommt, ist es wichtig, als Übertragungsmedium die CD und den Kopfhörer zu wählen, da sonst ein ausreichend hoher Frequenzgang nicht gewährleistet ist. Von Ärzten und Therapeuten können diese CDs (SAMONAS Lateral-CD, Stufe IV) vom Klangstudio Lambdoma (Adresse siehe Kapitel 14.) bezogen werden. Die behandelten Kinder sollen diese Musik in entspannter Atmosphäre und ruhiger Umgebung zu Hause täglich 20–45 Minuten lang hören. Die Dauer einer Behandlungsphase beträgt zwei Monate. In einer Eingewöhnungsphase kann man die Hördauer auf zwei- bis dreimal täglich zehn Minuten aufteilen. Während des Hörens dürfen die Kinder lesen, malen und spielen, jedoch nicht fernsehen oder mit einem Gameboy oder einem Computer spielen. Der Vorteil dieser Methode liegt in den geringen Anschaffungskosten für die CD (zur Zeit etwa DM 90.–) und in der Möglichkeit, die Therapie zu Hause durchzuführen. Nachteile ergeben sich dadurch, daß die Hochfrequenzverstärkung und die Lateralisation der Musik beim Hören von einer CD nicht individuell variabel sind und daß das Hören der immer gleichen Musik manchen Kindern rasch langweilig wird. Nach Beendigung des Hörtrainings durchlaufen manche Kinder eine Phase von Übererregtheit und Hyperaktivität. Wir deuten dies als ein Umstellungsphänomen, bei dem die Kinder lernen müssen, die veränderten Hörerlebnisse zu verarbeiten und in ihren Alltag zu integrieren. Danach erst entscheidet sich oft, welche Veränderungen das Hörtraining auf das kommunikative und soziale Verhalten hat.

In unserer Arbeit mit Legasthenikern hat es sich bewährt, zusätzliche Stimulationen der Hörwahrnehmung einzuführen und die Eigenwahrnehmung von Sprache in die Klangtheraie einzubeziehen. Dies gelingt mit Hilfe eines „Lateraltrainers" (LVR 13, Fa. Audiva, Adresse siehe Kapitel 14.), der vor einigen Jahren von F. Warnke (1993) entwickelt wurde. Es handelt sich dabei um ein kleines Gerät, das zwischen CD-Player und Kopfhörer geschaltet wird, und das die Einstellung verschiedener Arten und Intensitäten von Lateralisation erlaubt. Es kann damit bestimmt werden, wieviele Sekunden die Musik auf einem Ohr bleiben soll und mit welcher Geschwindigkeit sie dann zum anderen Ohr hinüberwandert, um dort ebenfalls einige Zeit zu verbleiben. Das gleiche Gerät hat zusätzlich Ein- und Ausgangsbuchsen für andere Schallquellen und für Kopfhörer. Dadurch ist es möglich, daß Patient und Therapeuten/Elternteil nicht nur der lateralisierten Musik zuhören, sondern daß sie auch gleichzeitig über Mikrofone und Kopfhörer miteinander sprechen. Die Lautstärken der Mikrofone und Kopfhörer sind getrennt einstellbar. Die direkte akustische Rückkopplung der eigenen Sprache zusammen mit der unterlegten lateralisierten Musik führt zu einer raschen Verbesserung der auditiven Aufmerksamkeit, der Lautdiskrimination und der beidohrigen Perzeption.

In der Therapiestunde gehen wir so vor, daß Therapeut oder begleitender Elternteil die Aufgabe haben, das Kind zum spontanen Sprechen und zum Lesen zu motivieren und daß dabei anfangs die Mikrofonlautstärke relativ hoch eingestellt wird, damit sich das Kind deutlich selbst hört und eine verstärkte Eigenwahrnehmung erhält. Die unterlegte und langsam lateralisierte Musik wird leise eingespielt, um den Ablenkungseffekt duch das musikalische Hintergrundgeräusch gering zu halten. Im Laufe der Therapie wird dann die Mikrofonlautstärke langsam reduziert, die unterlegte Musik wird immer lauter eingestellt und die Lateralisationsgeschwindigkeit wird stetig erhöht. Mit steigendem Anforderungsgrad steigt auch die Anstrengung des Kindes, die Aufgaben der Lautdiskrimination zu erfüllen. Auf den Lateralisationseffekt reagieren die Kinder sehr unterschiedlich. In Abhängigkeit von der Lateralisationsgeschwindigkeit, der Verweildauer auf einem Ohr und der psychischen Ausgangssituation des Kindes sind Veränderungen der Aktivität und der Aufmerksamkeit zwischen Entspannung und Agitiertheit möglich. Bei zu kurz gewählter Lateralisationszeit können Schwindel und Erschöpfung die Folge sein.

Der Lateraltrainer LVR13 ermöglicht zusätzlich das Einspielen von „weißem Rauschen", einem diffusen Geräusch, das aus allen Frequenzen zusammengesetzt ist und das dem Geräusch von strömendem Regen ähnelt. Leise eingespieltes weißes Rauschen kann nach tierexperimentellen Forschungen geeignet sein, die Lautunterscheidung im leisen Hörbereich zu verbessern. Bei lauterer Präsentation etwa von 40 dB stellt das weiße Rauschen ein Störgeräusch dar, das diagnostisch zur Aufdeckung von auditiven Figur-Hintergrund-Wahrnehmungsschwächen genutzt werden kann. Therapeutisch stellt die Einblendung von weißem Rauschen erhöhte Anforderungen an die auditive Konzentration des Kindes.

Der Lateraltrainer LVR13 bietet auch die Möglichkeit, sogenannte Volf-Töne einzugeben. Volf war ein dänischer Physiker, der die Erfahrung gemacht hatte, daß das regelmäßige Hören von zwei umeinander schwingenden, in der Amplitude und Frequenz variablen Sinustönen Legasthenikern bei der Verbesserung der auditiven Aufmerksamkeit und Lautunterscheidung helfen kann. Die ursprüngliche Volf-Therapie kann nur mit den von Volf selbst entwickelten Tonbändern durchgeführt werden (Henkel, 1994). Die mit einem Zufallsgenerator gesteuerten und in Lautstärke, Variabilität und Amplitude regulierbaren Sinustöne des Lateraltrainers ahmen die Volf-Tonbänder nach. Diesen Tönen zu lauschen, ist wirklich überaus anstrengend und schwierig, sodaß wir die „Volf-Töne" lediglich der normalen Musik untermischen. Leider gibt es bislang keine Untersuchung, die sich der Frage widmet, welchen Stellenwert die „Volf-Töne" in der Legastenietherapie haben können. Möglicherweise wirken sie vor allem durch ihre hochfrequenten Tonanteile.

Schließlich kann man an den Lateraltrainer eine „Lega-Brille" anschließen, die das Kind beim Übungslesen aufsetzt. Es handelt sich dabei um eine Brille, deren Gläser mit Photozellen verdunkelt werden können. Man kann das Gerät so einstellen, daß jeweils ein Auge verdunkelt wird, und zwar synchron zu der Lateralisation der Sprache und der Musik. Das bedeutet dann, daß zu dem Zeitpunkt, an dem Musik und Sprache auf dem rechten Kopfhörer liegen, auch das rechte Brillenglas transparent ist und daß gleichzeitig das linke Brillenglas abgedunkelt wird. Beim Überwechseln der Musik auf das andere Ohr kann man auch ein gleichzeitiges Aufblenden beider Brillengläser einschalten oder wahlweise ein plötzliches Überwechseln des freien Sehens auf das andere Auge. Man muß dann bei der Lateralisation eine langsame Wandergeschwindigkeit und eine lange Haltedauer auf den Ohren einstellen, da sonst die Beanspruchung der Augen zu groß wird. Die Kombination einer auditiven mit einer visuellen Stimulation stellt höchste Anforderungen an die Aufmerksamkeit eines Kindes mit Legasthenie.

> Eine optimale Wirkung erreicht das Hörtraining bei Kindern mit zentraler Fehlhörigkeit dann, wenn es mit Lautdifferenzierungs-Übungen gekoppelt wird.

Bei Kindern mit ausgeprägten Lautunterscheidungsschwächen kombinieren wir das Lautdiskriminationstraining mit dem Hörtraining, indem die Lautunterscheidungsübungen dann mit Hilfe des Lateraltrainers durchgeführt werden.

Patient und Therapeut haben dann beide ihr eigenes Mikrofon und ihren eigenen Kopfhörer und machen dann die Sprachübungen mit Verstärkung der Lautstärke und mit Lateralisation durch das Trainingsgerät. Später wird zur Steigerung der Schwierigkeit und zur Intensivierung der Stimulation lateralisierte Musik unterlegt oder leises weißes Rauschen. Die Übungen sollten mindestens zweimal wöchentlich durchgeführt werden. An den übrigen Tagen könnte das Kind dann zu Hause eine Samonas-Lateral-CD hören.

Wenn die Eltern sich zum Kauf oder zum Leasing eines Lateraltrainers entschließen, haben sie den Vorteil, beliebig häufig und zu Hause mit dem Kind die auditive Wahrnehmung zu üben. Ein weiterer Vorteil liegt darin, daß man mit jeder beliebigen CD arbeiten kann und so den Musikgeschmack des Kindes berücksichtigen kann und mehr Abwechslung hat. Allerdings kann man auch nicht ganz wahllos mit der Musik umgehen. Die Musik sollte reich an hohen Frequenzen sein (z.B. eignen sich klassische Flöten-, Violin- und Oboenkonzerte besonders gut), und die Dynamik der Musik sollte nicht zu anstrengend sein. Brahms, Rachmaninoff und Bartok sowie die meisten Klavierkonzerte stellen zu hohe Anforderungen. Zeitgenössische Pop- und Rockmusik sind ebenfalls wenig geeignet. Als optimal haben sich Orchesterwerke und Kammermusik der Barockzeit und vor allem Mozarts Musik erwiesen. Aus rhytmische und dynamischen Überlegungen heraus sind auch Ländler, Polkas und Walzer sehr schön. Wenn die Abwechslung es gebietet, verwehre ich jedoch keinem Kind, auch einmal seine Lieblingsmusik mit dem Lateraltrainer zu hören, welches sie auch immer sei.

Die Musiklautstärke sollte anfangs niedrig eingestellt werden, damit die Kinder eher lauschen. Wichtig ist auch, für ein ruhiges und entspanntes Umfeld zu sorgen, die anfänliche Hörtrainingszeit von 10 Minuten langsam auf 15, später 30 Minuten zu steigern und mit der Familie geeignete Tageszeiten auszumachen (z.B. abends, wenn die familiären Hauptaktivitäten vorbei sind, oder mittags, wenn kleine Geschwisterkinder gerade schlafen) und dafür zu sorgen, daß visuell stark beanspruchende Medien (Fernsehen, Gameboy) nicht eingeschaltet sind oder in der Nähe stehen.

Die Nachteile der Arbeit mit einem Lateraltrainer liegen eigentlich nur in den relativ hohen Anschaffungskosten, die nicht von der Krankenkasse übernommen werden. Ein Kompromiß könnte dann die Anschaffung eines „Heimtrainers" darstellen, der deutlich billiger ist (ca. DM 250,–), aber auch nur die Möglichkeit der Lateralisation bietet und nur einen Mikrofon- und einen Kopfhöreranschluß für das Kind selbst hat. Wir glauben allerdings nicht, daß die alleinige Anwendung eines Lateraltrainers eine wirksame Legasthenie-Behandlung darstellt und sehen dieses Konzept wie auch Klipcera (1996) in einer neueren Arbeit kritisch. Ein weiterer Nachteil des Lateraltrainers ist, daß er eine wichtige Stimulationsmethode unberücksichtigt läßt, von der viele Kinder außerordentlich profitieren: der Hochfrequenzstimulation. Wir gleichen diesen Nachteil durch Einschaltung eines speziellen Hochtontrainingsgerätes aus, von dem wiederum eine vereinfachte und kostengünstigere Version für das Heimtraining existiert.

Ein Hochtontrainer „schneidet" aus einer Musik oder aus einer aufgenommenen Sprache hochfrequente Anteile kurzzeitig heraus und verstärkt sie. Dadurch entsteht für wenige Sekunden subjektiv der Eindruck eines Rauschens oder eines „Fehlers auf der Platte" trotz erhaltener Verständlichkeit der Sprache. Man kann an dem Gerät einstellen, welche Frequenzbereiche verstärkt werden sollen und wie oft diese Einwürfe erscheinen. Wir wählen im allgemeinen den Frequenzbereich über 6000 Herz, wenn nicht in der Audiometrie eine gewisse Hörschwäche in niedrigeren Frequenzbereichen sichtbar wird, die dann in den zu verstärkenden Bereich einbezogen wird. Die Häufigkeit, mit der die Hochtonbetonung eintritt, wird über die Lautstärkedynamik der Musik und der Sprache geregelt. Das heißt, daß die Hochtondynamisierung umso häufiger und andau-

Einstellung von Lateral- und Hochtontrainer			
Haltedauer = hold (5): 10 Sek., innerhalb von 2–4 Wochen reduzieren auf 3–4 Sek.	**Aktivierung:** nur Hören von Musik: tgl. 10–20 Min.	3–5 Tage	
	Sprachintegration: Sprechen und Vorlesen über Mikrofon: tägl. 15 Min.	8 Wochen	
Wandergeschwindigkeit = speed (4): 10 (–14) Sek., innerhalb 2–4 Wochen reduzieren auf 3–4 Sek.	**Aktivierung:** nur Hören von Musik: tgl. 10–20 Min.	3–5 Tage	
	Sprachintegration: Sprechen und Vorlesen über Mikrofon: tägl. 15 Min.	8 Wochen	
Eckfrequenz	3 kHz, auf 6–9 kHz steigern	2 Wochen 6 Wochen	
Hochtonfilterung = auto-mix (3) : anfangs schwach einstellen: max. 2 kurze Filterphasen/Min., steigern auf 4–5 Phasen	**Aktivierung:** nur Hören von Musik: tgl. 10–20 Min.	3–5 Tage	
	Sprachintegration: Sprechen und Vorlesen über Mikrofon: tägl. 15 Min.	8 Wochen	
Lautstärke Musik (am CD-Player)	sehr leise beginnen, innerhalb von 1 Woche steigern auf subjektiv noch angenehme Lautstärke, bei Sprechen und Lesen soweit reduzieren, daß die Artikulation noch deutlich differenziert ist		
Lautstärke Mikrofon (2)	in den ersten zwei Wochen der Sprachintegration laut stellen, damit die akustische Rückkopplung intensiv bleibt. Mit steigender Musiklautstärke soll die Mikrofonlautstärke vermindert werden, um die Lautdiskrimination zu verbessern		

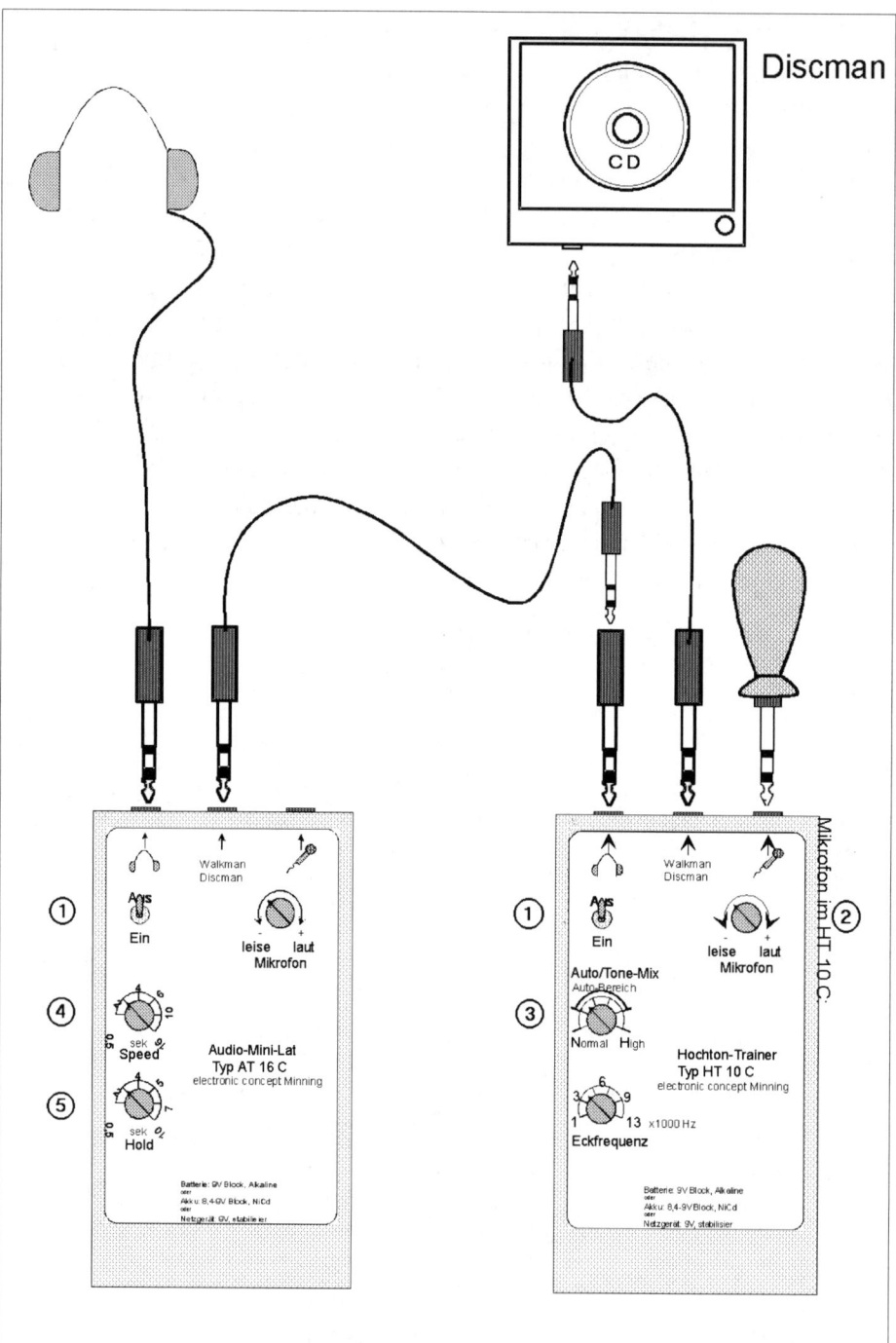

(1) Einschaltknöpfe, (2) Auto-Mix: regelt die Intensität und Häufigkeit der Hochtonfilterung, Eckfrequenz: oberhalb dieser Frequenz wird gefiltert, (3) Lautstärke-Regler für Mikrofon, (4) Geschwindigkeit der Lateralisation, (5) Haltezeit der Musik und der Sprache auf einem Ohr

ernder einsetzt, je stärker die Lautstärke der Musik anschwillt und auf größerer Lautstärke verweilt. Die Sensibilität, mit der das Gerät anspricht -und damit die Intensität der Hochtonbetonung- kann am Gerät eingestellt werden. Es scheint mir, daß dieses diskontinuierliche und oft überraschende Einsetzen der Hochtonbetonung einen stärkeren Stimulationseffekt auf die phonematische Wachheit des Kindes hat als die eher sanft und kontinuierlicher eintretende Hochtondynamisierung der Samonas-CDs. Leider gibt es auch hier noch keine kontrollierten Vergleichsstudien.

Der in meinen Augen zur Zeit optimale Kompromiß zwischen hoher Effektivität im Legasthenietraining und ökonomischer Machbarkeit liegt zur Zeit in der Anschaffung eines kleinen Lateraltrainers und eines kleinen Hochtontrainers, die in Reihe zwischen CD-Player und Kopfhörer geschaltet werden können. Der Anschaffungspreis liegt bei DM 550,–. Er kann leichter getragen werden, wenn sich zwei oder drei Familien eine solche Therapieeinheit zusammen kaufen und alle drei Monate untereinander tauschen. Eine genaue Einführung in den Gebrauch sollten erfahrene Therapeuten geben. Später wäre auch gut denkbar, daß sich Elterngruppen von Kindern mit Legasthenie mindestens eine Therapieeinheit zulegen und sie gegen Leihgebühren ausleihen. Therapeuten und Lehrer in Schulen sollten jedoch auf die Spezialistengeräte zurückgreifen, die ihnen therapeutisch größere Möglichkeiten bieten.

Die akustische Differenziertheit läßt sich auch durch **Tonbandaufnahmen der eigenen Stimme** verbessern: beim Lesen soll fünf Minuten lang ein Casettenrecorder mit gutem Mikrofon mitlaufen. Das Kind soll die Aufnahme direkt danach abhören und den Text noch einmal mitlesen. Tonbandaufnahmen der eigenen Stimme können auch als Quelle von Selbstdiktaten dienen. Tonbandaufnahmen von Texten, vom Therapeuten oder einem Elternteil gesprochen, kann das Kind auch zu einer selbstgewählten Zeit abhören und als Diktatvorlage nutzen. Zudem ergibt sich die Möglichkeit zum Wiederholen durch Zurückspulen oder zu einem langsamen Diktat durch Bedienen der Pause-Taste. So kann das Kind unabhängiger vom Übungspartner werden.

Kapitel 13

Taktil-kinästhetische Methoden

Bei Kindern mit Hyperaktivität, bei Kindern mit Aufmerksamkeitsstörungen und bei Kindern mit allgemeinen Lernschwächen/Lernbehinderungen finden wir häufig, daß man über visuelle oder auditive Lernstrategien schwer Zuggang findet, daß diese Kinder andererseits aber taktil-kinästhetisch besonders sensibel sind. Sie beziehen aus dem taktil-kinästhetischen Bereich auch ihre Lern- und Bewältigungsstrategien. Das heißt, daß sie dazu tendieren, über Spüren, über Fühlen und über Bewegungen zu lernen und daß sie sich über diese Modalitäten ausdrücken. Sie unterstreichen Äußerungen mit Bewegungen, ersetzen gar Worte durch Bewegung (mit Ausnahme mancher Kinder, die verbal „hyperaktiv" sind). Sie sind schwer dazu zu bringen, Handlungsabläufe zu automatisieren, sie zu planen und zu ordnen (visuelle Strategien) oder Handlungsimpulse in verbale Form zu kleiden oder Überbegriffe zu bilden (auditive Strategien). Selbst bei guter Grundintelligenz gefährdet die verkürzte Aufmerksamkeitsdauer bei vielen von ihnen die Konstanz der Lernprozesse.

Sie sind hingegen körperbewußt, suchen Körperkontakt, bewegen sich viel und berühren oft Mitschüler und Gegenstände. Sie lernen gerne im Gehen oder mit bewegtem Körper, mit rhythmisch sich bewegenden Händen, durch Ausprobieren, sie reagieren spontan und unmittelbar, emotional und voller Phantasien, sie schreiben und überprüfen Buchstaben mit Gefühl. Die Handschrift ist oft groß und unstet in der Richtung, und das Schriftbild und die angestrengten Finger zeigen einen wechselnden Muskeltonus. Die schwankende Aufmerksamkeit und die erhöhte Ablenkbarkeit führen zu Zuständen des „Verträumtseins" und des Nicht-Beachtens der vorgegebenen Regeln. Aufmerksamkeit kann oft nur durch persönliche Zuwendung wiederhergestellt werden.

Auch Kinder mit generellen Lernschwächen und Lernbehinderungen haben erfahrungsgemäß große Schwierigkeiten, mit ausschließlich visuellen Lernstrategien zum Lernerfolg zu kommen. Man wird bei diesen Kindern größeren Lernerfolg mit den unten beschriebenen taktil-kinästhetischen Lernstrategien haben. Ich bin daher nicht der Ansicht, daß die Anwendung unterschiedlicher Lernmethoden nur in den Anfangsklassen Einfluß auf den Lernerfolg hat und daß die Legastheniebehandlung bei jedem Intelligenzgrad die gleiche Lernstrategie erfordert (vgl. Zielinski, 1995).

Gelegentlich ist es hilfreich, durch Beobachtung und Befragung der Eltern differenzierte Informationen über den bevorzugten Sinneskanal zu erhalten.

Je ausgeprägter Aufmerksamkeitsstörungen, motorische Unruhe und allgemeine Lernschwächen die spezifischen Lernleistungen hemmen, umso eher sollten sensorisch betonte und körperzentrierte Lernmethoden in die Schreib- und Lesedidaktik integriert werden.

Viele hyperaktive und aufmerksamkeitsgestörte Kinder sind auch visuell und auditiv übersensibel. In diesen Fällen muß eine Vermeidung von Lärm und Hintergrundgeräuschen und von Bewegungsunruhe in der Umgebung des Kindes angestrebt werden. Zu Hause sollen die Geschwisterkinder in anderen Räumen spielen und arbeiten. Musik, Radio und Fernsehen sind auszuschalten. Blendende Sonnen- oder Lichteinstrahlung sind durch Abblenden mit Vorhängen zu vermindern, und geräuscherzeugende Haushaltsgeräte müssen abgeschaltet werden. In der Schule muß der Klassenlärm minimiert werden, durch Vorhänge kann der Schallpegel und der Nachhall im Raum gedämmt werden, und das Kind kann an einen geeigneteren Sitzplatz versetzt werden.

In der Handlungssteuerung wenden hyperkinetische Kinder mehrgliedrige und hierarchisch strukturierte Lernanweisungen ungern an. Aufträge müssen bis zur Übernahme gut abgesichert sein; schrittweise Lösungswege sind für das Kind leichter zu realisieren. Einmal im Handlungs- und Redefluß finden hyperkinetische Kinder oft nicht die situationsadäquate Intensität und Dauer und brauchen eine begleitende Limitierung, Führung und Hinweise für den Anfang und das Ende einer Handlung. Von außen hinzukommende Reize sprechen die sensible Sensorik und Verarbeitung dann in überschießender Weise an. Das Zurückbringen auf die Schiene und den roten Faden und das Eindämmen der motorischen Aktivität erfordern von Eltern und Pädagogen eine hohe Konzentration.

In der Lernstrategie kommt es im Wesentlichen darauf an, die nicht vermeidbaren motorischen Aktivitäten und das Vorherrschen der taktilen Sensibilität zu nutzen und mit den erwünschten auditiven und visuellen Lernstrategien zu koppeln. Wenn die Hyperkinetik stärker ist als die unten beschriebenen Lernmethoden, bietet es sich an, die Energie der Hyperkinetik in den Lernprozess einzubinden.

Als wichtigste und erfolgreichste Methode, die alle drei Sinneskanäle anspricht und Bewegung und Gestik stark einbezieht, hat sich bei uns die **Lautgebärdensprache** nach Dummer-Smoch erwiesen (Dummer-Smoch, 1988, 1994; Klein, 1996). Dabei werden den Kindern ähnlich wie in der Taubstummensprache Gebärden für jeden einzelnen Buchstaben beigebracht, und das Buchstabieren der Wörter wird vom Lehrer und den Kindern mit diesen Gebärden begleitet, oder die Kinder lesen von den Gebärden. „Die Gebärden werden in Gesichtshöhe ausgeführt, so daß sie nicht nur als Bewegung wahrgenommen, sondern nach Möglichkeit auch mit den Augen verfolgt werden können."

Mit dem Lautgebärdensystem ist eine stufenweise Einführung der Laut-Buchstabenverbindungen möglich. Es eignet sich für den Einsatz in der ganzen Klasse im Unterricht der 1. und 2. Grundschulklasse und in der Einzel- und Gruppentherapie von Legasthenikern (z.B. im Rahmen von Gruppen-Intensivmaßnahmen nach dem Kieler Leseaufbau) (Hackethal, 1994). Vielen mag der Einsatz dieser Methode mühselig und beschwerlich erscheinen und oft wird eingewandt, daß der Unterricht sich dadurch unnötig verzögere. Richtig ist auch, daß beim Einsatz der Lautgebärden in einer Klasse der Schreibleseerwerb zunächst langsamer fortschreitet. Die Erfahrung in der Anwendung in Schleswig-Holstein zeigt jedoch, daß sich dieser Einsatz reichlich lohnt, wenn dadurch die Zahl der schreibleseschwachen Schüler drastisch reduziert werden kann und in der Folgezeit dadurch Zeit eingespart werden kann.

Wir haben die Lautgebärdensprache in der Legasthenietherapie vor allem bei lernschwachen Kindern und bei Kindern eingesetzt, bei denen visuelle und auditive Strategien innerhalb weniger Wochen nicht den nötigen Fortschritt der Lernleistungen gebracht haben. Wir waren immer wieder überrascht, welch gute Akzeptanz das Lautgebärdensystem bei diesen Kindern hatte, wie rasch sie die Lautgebärden gelernt haben und spontan und ohne weitere Motivation in ihr Lernsystem integriert haben. Nachteilig erweist sich das Lautgebärdensystem bei nicht-lautgetreuen Worten. Aber auch dann bleibt es immerhin hilfreich, da wir dann den Kindern über einzelne Gebärden gezielt Hinweise auf die zu erwartenden Schwierigkeiten in einem Wort geben können.

Andere Lernstrategien, die wir dem taktil-kinästhetischen Bereich zuschreiben, sind:

- Rhytmisches Sprechen und Buchstabieren, Klatschen und Singen der Wörter oder der Silbensegmente, Auf-und-ab-Gehen im Raum mit Sprechen oder Buchstabieren im Schrittempo, Worte oder Buchstaben auf dem Boden nachgehen.
- In-die-Luft-Schreiben von Buchstaben und Wörtern mit großen Armbewegungen („Luftmalen"), Schwungübungen an der Tafel oder an Papierstreifen (Makulaturpapier, Malerabdeckpapier), die mit Tesakrepp auf die Wand oder die Wandzeitung geklebt wurden.
- Buchstaben und Wörter fühlen und ertasten: große Schaumstoff- oder Holzbuchstaben, Buchstaben aus Knetgummi formen.
- Rhythmisches Zeichnen oder „Sprechzeichnen": gleichzeitiges Aufsagen von Versen und rhythmisches Zeichnen von einfachen Graphoelementen (Hertig, 1996).
- Buchstaben auf die Hand oder den Rücken schreiben.
- vorgeführte oder gespielte Worte, mit eindeutiger Mimik und starker Gestik.

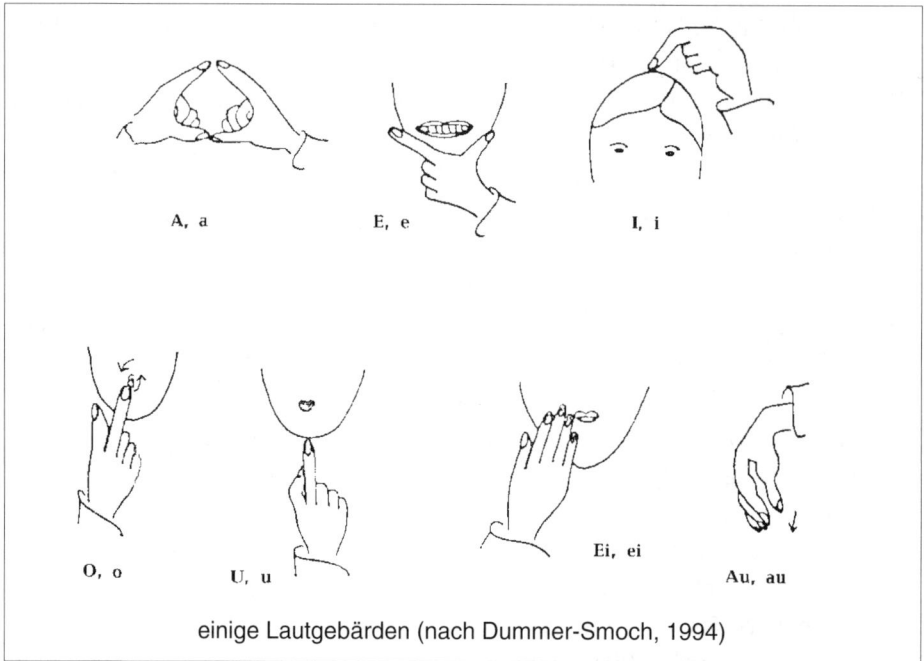

einige Lautgebärden (nach Dummer-Smoch, 1994)

- Suchdiktat: Wortkarten werden im Raum verteilt, dann eingesammelt, hochgehalten und in der richtigen Reihenfolge auf einen Tisch gelegt oder auf einer Schnur mit Wäscheklammern aufgehängt.
- korrespondierende Gesten und Körperbewegungen des Lehrers/Therapeuten, möglichst mit Verknüpfung an den visuellen Bereich (Gestik in Augenhöhe).

Eine Verbindung zwischen Bewegung und multisensorischem („ganzheitlichen") Lernen versucht die **Kinesiologie** zu schaffen. Vor allem Kinder mit Lateralitäts- und Aufmerksamkeitsstörungen können mit den Übungen der Kinesiologie leichter lernen. Die Kinesiologie hat sich aus Techniken der Chiropraktik und der Akupressur entwickelt. Die theoretischen Grundlagen muten unter neurophysiologischen Gesichtspunkten etwas abenteuerlich an, und kontrollierte Studien über die Effektivität liegen, wie übrigens auch bei anderen Methoden in der Legasthenietherapie, nicht vor. Die Erfahrung vieler Anwender spricht jedoch für eine gewisse Wirksamkeit in der Legasthenietherapie (Codoni, 1995).

Mehrere Einzelübungen mit festgelegten Bewegungsmustern und mit Massage von Druckpunkten ergeben eine Palette von Stimulationsmöglichkeiten, die vor oder während der Lern- und Unterrichtsphasen eingesetzt werden können. Viele LehrerInnen setzen kinesiologische Übungen an den Anfang und das Ende einer Unterrichtseinheit und berichten über Verbesserung der Aufmerksamkeit, Verringerung von motorischer Unruhe und Abnahme von hypotonen

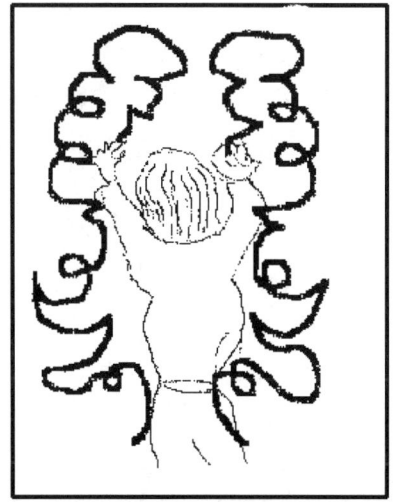

Liegende Acht	**Simultanzeichen**
Das Zeichen von liegenden Achten	Bilaterales Zeichen rechts und links
in die Luft, mit voller Reichweite der	der Mittellinie, am besten so groß,
Arme, mit einer Hand oder beiden	daß Ellenbogen- und Schultergelenke
Händen zugleich	mit einbezogen

(nach: P.E. Dennison und G. Dennison)

Haltungs- und Bewegungsstörungen. Gut beschriebene Handbücher und Aufsätze über die praktische Durchführung der Übungen sind erhältlich (Dennison, 1996, 1997; Donczik, 1995; Brucker, 1996).

In unserer Arbeit bewährten sich Bewegungsmuster aus der Kinesiologie, die die Körpermittellinie überschreiten: die „liegende Acht" oder ihre visualisierende Form, „der Elefant", das „Simultanzeichnen", das „Nackenrollen". Zur Verbesserung der Aufmerksamkeit berührt oder massiert das Kind seine „positiven Punkte" und die „Gehirnknöpfe". Bei den „positiven Punkten" berührt man mit den Fingerspitzen beider Hände die Stirnbeinhöcker; bei den „Gehirnknöpfen" wird mit Daumen und Mittelfinger einer Hand der Raum unter den Schlüsselbeinen, der in einer Mulde an das Brustbein grenzt, massiert, während die andere Hand den Bauchnabel hält.

Eine andere, wirklich *handwerk*liche Unterstützung des Schreiberwerbs stellt die **Druckerei** dar, entweder als Schuldruckerei oder als Druckereikasten zu Hause (Bezugsquelle siehe Kapitel 14.). Die individuelle Art des Buchstaben-Suchens, -Betrachtens und -Setzens, das Setzen in Spiegelschrift, der größere Bewegungsumfang und das hohe Maß an Kreativität und Imagination verbinden die sensorischen Ein-Drücke und den Aus-Druck. Den „Griff in den Setzkasten" und die damit verbundenen wunderschönen Erlebnisse im Anfangsunterricht hat Helene Bialk (1989) beschrieben.

Kapitel 14

Adressen und Material

Adressen

Bundesverband Legasthenie	Königstr. 32 (teilt die Adressen der Landesverbände mit)	30175	Hannover	05 11-31 87 38
Landesverband Legasthenie Baden-Württemberg	Adolf-Keller-Weg 4	79111	Freiburg	07641-4 83 24
Sonas Media I. Steinbach	Markgrafenufer 9	59071	Hamm	02381-98 30 35
AUDIVA, Sabine Minning: Materialien und Geräte zum Hörtraining, CD „Dyslexie und Hör-Lateralität", dichotische Hörtests	Gartenstr. 15	79541	Lörrach-Hauingen	07621-94 91 72 Fax: 94 91 73
Beltz-Test-Gesellschaft	Rohnsweg 25	37085	Göttingen	0551-49609-0
Testzentrale	Robert-Bosch-Breite 25	37079	Göttingen	0551-50688-14 Fax: 50688-24

Bücher

Bundesverband Legasthenie	Legasthenie: Definition mit Erläuterungen und Empfehlungen, Schulische und außerschulische Förderung. Bei den Landesverbänden: Literaturlisten für Eltern, Literaturlisten für Lehrer und Therapeuten, Arbeitsmaterialien zur Fremdsprachen-Legasthenie, Listen mit Arbeitsmaterialien für Eltern und Lehrer, Stand der aktuellen Rechtssprechung (BSHG, KJHG)	Bundesverband Legasthenie (Adresse s.o.)	
I. Niedersteberg	Aufbau eines Grundwortschatzes: Klasse 1 und 2	Scriptor Verlag	1986
L. Dummer-Smoch	Mit Phantasie und Fehlerpflaster	Verlag E. Reinhardt	1994
J. Klein	Gebärden für Laute und ein Baukasten für Wörter	Lesen und Schreiben, Große Bergstr. 261, 22767 Hamburg	1996
M. Firnhaber	Legasthenie und andere Wahrnehmungsstörungen	Fischer-Ratgeber	1996
H. Stehn	Hilfe für das schreibauffällige Kind (Feinmotorische Übungen zur Verbesserung graphomotorischer Fähigkeiten)	Buchner & Partner	1993
L. Blumenstock	Handbuch der Leseübungen	Beltz praxis	1995
H.Breuninger, D.Betz	Jedes Kind kann schreiben lernen	Beltz Grüne Reihe	1996
F. Jansen, U. Streit	Eltern als Therapeuten	Springer-Verlag	1992
E.-M. Soremba	Legasthenie muß kein Schicksal sein	Herder Spektrum	1995

Hilfsmittel

Material	Bezug	Anschrift	PLZ / Ort	Telefon
Dreieckige Schreibhilfen	Heptner Lehrmittel	Homburgstr. 9 a	88212 Ravensburg	
H. Balhorn: Grundwortschatz Grundschule	Verlag vpm	Unnastr. 19	20253 Hamburg	
Wortlisten wlt, je eine für 1. bis 6. Schuljahr	Verlag vpm	Unnastr. 19	20253 Hamburg	
ABC-Spiel, Erstes Lesen, Lese-Memory	Ravensburger Spiele	Bezug über Spielwarengeschäft oder Ravensburger Spiele		
Lernspiele Deutsch: 3./4.Klasse, 5./6.Klasse	Westermann-Verlag	Bezug über Spielwarengeschäft oder Bertelsmann-Verlag		
Lauster : Aufsatzspiele 1–3 (1./2., 3./4. und 5./6.Klasse)	Ensslin-Verlag			
144 Bunte ABC-Bilder mit Wortkarten	Buchhandlung Elke Diek	Postfach 1240	5138 Heinsberg	
Lük-Lernspiele: Bilder-Buchstaben-Wörter, Übungen für Legastheniker, Erstes Lesen, Rechtschreibung 1,2	Westermann-Lernspiele	Postfach 4929	38108 Braunschweig	
Werscherberger Übungsbilder zur Lautdifferenzierung	AWOS Produktions- und Vertriebs- GmbH	Fürstenauer Weg 220	49090 Osnabrück	05407-860000
Farbige Lesefolien (Screening Testmappe mit 24 verschiedenfarbige Folien)	Optic Service Wolfenweiler	Brandhof 4	79227 Schallstadt	07664-8811 Fax: 600619
Farbfolien (4 Kopierfolien Typ 215)	Lambert Päsentationstechnik	Rosenweg 25	74358 Ilsfeld	
Lesestab 2606 (2,5fach), Leselupe Combi-Plus 2031	Fa. Eschenbach	im Optikergeschäft erhältlich		
Stempelkasten, Legosystem	Lehrmittel Späth	Ditzenbacher Str. 26	73342 Bad Ditzenbach-Auendorf	
Vers und Form (Das Rhytmische Zeichnen oder Sprechzeichnen)	SCHUBI-Lehrmittel	Zeppelinstr. 8	78244 Gottmadingen	07731-7018
ABC-Box ABC-Bilder	SCHUBI-Lehrmittel	Zeppelinstr. 8	78244 Gottmadingen	07731-7018
Moosgummi ABC (magnetisch), Holzbuchstaben, Buchstaben zum Anfassen	SCHUBI-Lehrmittel	Zeppelinstr. 8	78244 Gottmadingen	07731-7018
Stempelkasten, MAXI-Druckerei	Verlag Persen	Postfach 260	21637 Horneburg	04163-814040

Computerprogramme

Eugen Traeger	Alphabet, Uniwort, Lesen und Schreiben lernen, Diktattrainer	Hoher Esch 52	49504 Lotte	0 54 04-7 18 58 (Tel. u. Fax)
Cornelsen Software	Comles (7 eigenständige Programme) Meisterdetektive jagen Lork (für 3. und 4. Klasse, CD-ROM)	Postfach 330109	14171 Berlin	030-89 78 54 34
Budenberg Lernsoftware Klara Emmig	Deutsch 1–3 (Disketten mit je 6 Programmen, Shareware)	An den Wielermaar 74	51143 Köln	
Mikrosoft Home	Creative Writer (Textverarbeitung für Kinder ab 8)	Mikrosoft Direkt, Postfach 1199	33410 Verl	01 80-5 25 11 99
CIG	Hastext, Hemstim	Marconistraat 4	NL-2804 LZ Gouda	01 82-55 02 03
Jansen Grundschulsoftware	PC-Programm Gleitzeile	Talstr. 13	41844 Wegberg-Merbeck	0 24 34-12 36
Heureka Klett Software	Primtext	Postfach 1170	71398 Korb	07 11-66 72-13 33 Fax: 66 72-20 80

Literaturverzeichnis

Angermaier, M. J. W.: Psycholinguistischer Entwicklungstest (PET), Beltz, Weinheim, 1977

Arcia, E., Roberts, J. E.: Otitis media in early childhood and its association with sustained attention in structured situations, Dev. Behav. Ped. 14 (1993) 181

Aster, M. G., Göbel, D.: Kinder mit umschriebener Rechenschwäche in einer Inanspruchnahmepopulation, Z. Kinder-Jugendpsychiat. 18 (1990) 23

Bakker, D. J., Bouma, A., Gardien, C. J.: Hemisphere-Specific Treatment of Dyslexia Subtypes: A Field Experiment., J. Learning Disabilities 23 (1990) 433

Bakker, D. J., Licht, R., Kappers, E. J.: Hemispheric Stimulation Techniques in Children with Dyslexia, in: Tramontana, M. G., Hooper, S. R. (Eds.): Advances in Child Neuropsychology, Springer, New York, 1995

Balhorn, H. et al.: Wortlisten für 1. bis 6. Klassen (wlt 1–6), verlag für pädagogische medien, Hamburg, 1994

Balhorn, H., Vieluf, U.: Fehleranalysen – ortografisch, Diskussion Deutsch 81 (1985) 52

Balhorn, H.: Nicht regeln, sondern operationen, in: Ontogenese, Entwicklungsprozeß und Störungen beim Schriftspracherwerb, Heidelberger Verlagsanstalt, Heidelberg, 1989

Balhorn, H.: Diagnose und förderung in der rechtschreibung, Diskussion Deutsch, Heft 132 (1993) 307

Balhorn, H.: Grundwortschatz – das Wörterbuch für die Grundschule, verlag für pädagogische medien, Hamburg, 1993

Bandler, R. , Grinder, J.: Neue Wege zur Kurzzeit-Therapie, Junfermann, Paderborn, 1992

Barkley, R. A.: A Critique of Current Diagnostic Criteria for Attention Deficit Disorder: Clinical and Research Implications, Dev. Beh. Ped. 11 (1990) 343

Bauer, A.: Minimale cerebrale Dysfunktion und/oder Hyperaktivität im Kindesalter, Springer, Berlin, 1986

Benson, D. F.: The alexias, in: Kirshner, H. S., Fremon, F. R.: The neurology of aphasia, 1982

Berninger, V. W.: Relationship of finger function to beginning writing: application to diagnosis of writing disabilities, Dev. Med. Child Neur. 34 (1992) 198

Bialk, H.: Die Druckerei im Anfangsunterricht, in: K.-B. Günther, Ontogenese, Entwicklungsprozess und Störungen beim Schriftspracherwerb, Heidelberger Verlagsanstalt, Heidelberg, 1989

Biesalski, P., Frank, F.: Phoniatrie – Pädaudiologie, Stuttgart, Thieme, 1994

Birkel, P.: Grundwortschatz Rechtschreib-Test für 4. und 5. Klassen (GRT 4+), Beltz, Weinheim, 1990

Biscaldi, M., Otto, P.: Legasthenie und Augenmotorik, in: Legasthenie, Bericht über den Fachkongress 1993, Bundesverband Legasthenie (Hrsg), Berlin, 1994

Blumenstock, L.: Handbuch der Leseübungen, Beltz, Weinheim, 1995

Böhm, O.: Ein Plädoyer für die optische Methode im Rechtschreibunterricht bei lernbehinderten Schülern, in: K.-B. Günther: Ontogenese, Entwicklungsprozeß und Störungen beim Schriftspracherwerb, Heidelberger Verlagsanstalt, Heidelberg, 1989

Bolanos, A. A. et al.: Comparison of stereognosis and two-point discrimination testing of the hands of children with cerebral palsy, Dev. Med. Child Neur. 31 (1989) 371

Bonato, B. et al.: De la liaison entre lecture, latéralisation et structuration spatiale chez les dyslexiques et les normolexiques de 10 à 12 ans, Neuropsychiatrie de l'enfance 38 (1990) 134

Breitmeyer, B. G.: A visually based deficit in specific reading disability, Irish J. Psy. 10 (1989) 534

Breitmeyer, B. G.: Die Rolle der tonischen und phasischen Kanäle beim Lesen und bei Lese-störungen, Schweiz. Z. Psy. 51 (1992) 43

Breitmeyer, B. G.: Sustained and transient channels in vision: a review and implications for reading, in: Willows, D. M., Kruk, R. S., Corcos, E.: Visual Processes in Reading and Reading Disabilities, Lawrence Erlbaum, Hillsdale,1993

Breitmeyer, B. G.: Forschungsergebnisse zur Rolle zweier Verarbeitungskanäle im Seh- und Hörsystem beim Lesen und bei Lesestörungen, in: Bundesverband Legasthenie (Hrsg), Legasthenie, Bericht über den Fachkongress 1995, Ostfriesische Beschützende Werkstätten, Emden, 1995

Breuer, H., Weuffen, M.: Lernschwierigkeiten am Schulanfang, Beltz, Weinheim, 1994

Breuninger, H., Betz, D.: Jedes Kind kann schreiben lernen, Beltz, Weinheim, 1996

Brodal, A.: Neurological Anatomy in Relation to Clinical Medecine, Oxford University Press, London, 1969

Brucker, M.: Kinesiologische Übungen im Unterricht, Grundschulmagazin, 10 (1996) 35

Buck, G.: Lesen- und Schreibenlernen und Musik, Lehren und Lernen, Heft 6 (1995) 27

Buck, S.: Grundfragen des Lesen- und Schreibenlernens: Lesemethoden und Schriftentschei-dungen, Lehren und Lernen, Heft 6 (1995) 3

Catell, R. B., Weiß, R. H., Osterland, J.: Grundintelligenztest Skala 1 (CFT 1), Westermann, Braunschweig, 1980

Catts, H. W.: Defining dyslexia as a developmental language disorder, Annals of Dyslexia 39 (1989) 50

Catts, H. W.: Early identifikation of dyslexia: evidence from a follow-up study of speech-language impaired children, Annals of Dyslexia 41 (1991) 163

Chase, C. H., Tallal, P.: Cognitive models of developmental reading disorders, in: Neuro-psychological Foundations of Learning Disabilities, Academic Press, San Diego, 1991

Codoni, S.: Bitte mit Fingerspitzengefühl – angewandte Kinesiologie in der logopädischen Praxis, Forum Logopädie 3 (1995) 12

Conners, C. K., et al.: Food additives and hyperkinesis: a controlled double blind experiment, Pediatrics 58 (1976) 154

Conners, C. K.: A teacher rating scale for use in drug studies with children, Am. J. Psychiatry 126 (1969) 484

Corballis, M. C. et al.: Orton revisited: Dyslexia, laterality, and left-right confusion, in: Willows, D. M., Kruk, R. S., Corcos, E.: Visual Processes in Reading and Reading Disabilities, Lawrence Erlbaum, Hillsdale, 1993

Cramer, B.: Verhaltenstherapeutisches Trainingsprogramm für fehlhörige Kinder, dgvt-Verlag, Tübingen, 1990

Crandell, C. C., Smaldino, J. J.: Classroom acoustics, in: Roeser, R. J., Downs, M. P.: Auditory Disorders in School Children, Thieme, Stuttgart, 1995

Davis, R. D.: Legasthenie als Talentsignal, Ariston, München, 1995

Dellatolas, G. et al.: An epidemiological reconsideration of the Geschwind-Galaburda theory of cerebral lateralization, Arch. Neurol. 47 (1990) 778

Dennison, P. E., Dennison, G.: Edu-Kinestetik für Kinder, VAK, Freiburg, 1996

Dennison, P. E., Dennison, G.: Brain Gym Lehrerhandbuch, VAK, Freiburg, 1997

Döpfner, M., Schürmann, S., Frölich, J.: Therapieprogramm für Kinder mit hyperkinetischem und oppositionellem Problemverhalten THOP, Beltz, Weinheim, 1997

Donczik, J.: „Er hat wieder nur mit einem Ohr hingehört!", Logos Interdisziplinär 3 (1995) 203

Dornheim, L.: Lateralität und familiäre Lese-Rechtschreibstörungen, Sozialpädiatrie 16 (1994) 434

Downs, M. P.: Contribution of mild hearing loss to auditory language learning problems, in: Roeser, R. J., Downs, M. P.: Auditory Disorders in School Children, Thieme, Stuttgart, 1995

Dummer-Smoch, L., Hackethal, R.: Handbuch zum Kieler Leseaufbau, Veris, Kiel, 1988

Dummer-Smoch, L.: Mit Phantasie und Fehlerpflaster, Reinhardt, München, 1994

Eden, G. F. et al.: Abnormal processing of visual motion in dyslexia revealed by functional brain imaging, Nature 382 (1996) 66

Elliott, J. M., Connolly, K. J.: A classification of manipulative hand movements, Dev. Med. Child Neur. 26 (1984) 283

Esser, G., Wurm-Dinse, U.: Fehlhörigkeit, Sprachwahrnehmungsstörungen und LRS-Zusammenhänge? In: Legasthenie, Bericht über den Fachkongress 1993, Bundesverband Legasthenie, Hannover, 1994

Fechtelpeter, A. u. a.: Therapiematerial zur Behandlung phonematischer Störungen, Fischer, Stuttgart, 1995

Fischer, B., Biscaldi; M.: Blicksprung legsthenischer Kinder bei nicht-kognitiven Aufgaben, in: Bundesverband Legasthenie (Hrsg), Legasthenie, Bericht über den Fachkongress 1995, Ostfriesische Beschützende Werkstätten, Emden, 1995

Flexer, C.: Classroom amplification systems, in: Roeser, R.J., Downs, M.P.: Auditory Disorders in School Children, Thieme, Stuttgart, 1995

Freund, E.: Sensible und sensomotorische Testverfahren, Ergotherapie & Rehabilitation (1994) 560

Frith, C., Frith, U.: A biological marker for dyslexia, Nature 382 (1996) 19

Frith, U.: A developmental framework for developmental dyslexia, Annals of Dyslexia 36 (1986) 69

Frith, U.: Beneath the surface of developmental dyslexia, in: Patterson, K. E., Marshall, J. C., Coltheart, M.: Surface Dyslexia, Neuropsychological and Cognitive Studies of Phonological Reading, London, 1985

Frostig, M.: Teilleistungsstörungen, Urban-Schwarzenberg, München, 1981

Frostig, M.: Frostigs Entwicklungstest der visuellen Wahrnehmung, Beltz, Weinheim, 1982

Frostig, M.: Auswahl und Adaptation von Lesemethoden, in: Lockowandt; O.: Frostig Integrative Therapie, Borgmann, Dortmund, 1994

Gäbe, I.: Schwere Legasthenie. Einzelbehandlung bei Kindern und Jugendlichen, Lambertus, Freiburg, 1990

Gaddes, W. H.: Learning disabilities and brain function, Springer, New York, 1985

Galaburda, A. M. et al.: Developmental dyslexia: Four consecutive patients with cortical anomalies, Annals of Neurology 18 (1985) 222

Galaburda, A. M.: Ordinary and extraordinary brain development: Anatomical variation in developmental dyslexia, Annals of Dyslexia 39 (1989 a) 67

Galaburda, A. M. et al.: The neural origin of developmental dyslexia, in: A. M. Galaburda: From Reading to Neurons, MIT Press, Cambridge, Massachusetts, 1989 b

Galaburda, A. M.: Neuroanatomic basis of developmental dyslexia, Behavioural Neurology 11 (1993) 161

Geschwind, N., Galaburda, A. M.: Cerebral lateralization, Arch. Neurol. 42 (1985) 428

Geuß, H., Schlevoigt, G.: Diagnostischer Lesetest (DLT 2/3), Beltz, Weinheim, 1978

Gibson, E. J., Levin, H.: Die Psychologie des Lesens, Fischer, Frankfurt, 1989

Glaser, W. R., Glaser, M. O.: Context effects in stroop-like word and picture processing J. Exp. Psychol. 118 (1989) 13

Gough, P. B., Ehri, L. C., Treiman, R.: Reading Acquisition, Erlbaum, Hillsdale NJ, 1992

Grimm, H., Schöler, H.: Heidelberger SprachEntwicklungsTest (HSET), Hogrefe, Göttingen, 1991

Grinder, M.: NLP für Lehrer, VAK, Freiburg, 1995

Grissemann, H.: Klinische Sonderpädagogik am Beispiel der psycholinguistischen Legasthenie-therapie, Huber, Bern, 1980

Grissemann, H.: Förderdiagnostik von Lernstörungen, Huber, Bern, 1990

Gross-Glenn, K. et al.: Positron emission tomography studies during serial word-reading by normal and dyslexic adults, J. Clin. Experimental Neuropsychology 13 (1991) 531

Grund, M., Haug, G., Naumann, C. L.: Diagnostischer Rechtschreibtest für 4. Klassen, Beltz, Weinheim, 1994

Grund, M., Haug, G., Naumann, C. L.: Diagnostischer Rechtschreibtest für 5. Klassen, Beltz, Weinheim, 1995

Günther, K.-B.: Ontogenese, Entwicklungsprozeß und Störungen beim Schreibleseerwerb unter besonderer Berücksichtigung der Schwierigkeiten von lern- und sprachbehinderten Kindern, in: K.-B. Günther: Ontogenese, Entwicklungsprozeß und Störungen beim Spracherwerb, Heidelberger Verlagsanstalt, Heidelberg, 1989

Hackethal, R.: Lese-Intensivmaßnahmen in Kiel seit dem Schuljahr 1984/85, in: Legasthenie, Bericht über den Fachkongress 1993, Bundesverband Legasthenie, Berlin, 1994

Hauser, R. Anwendung otoakustischer Emissionen, Enke, Stuttgart, 1995

Henkel, B.: „Das Hörtraining" im Zusammenhang mit der Legasthenie und deren Behandlung nach Ch. A. Volf, in: Legasthenie, Bericht über den Fachkongress 1993, Bundesverband Legasthenie, Berlin, 1994

Herné, K.-L.: Der schmusige Elecktriger im Omibus tabde in einen fett Topf, Diskussion Deutsch, Heft 132 (1993) 318

Hertig, S.: Vers und Form, Schubi, Gottmadingen, 1996

Höch, J., Kiese-Himmel, C.: Entwicklungstestung der taktil-kinästhetischen Wahrnehmung, Frühförderung interdisziplinär 15 (1996) 110

Hugdahl, K. et al.: Immune and autoimmune diseases in dyslexic children, Neuropsychologia 28 (1990) 673

Hynd, G. W. et al.: Brain morphology in developmental dyslexia and attention deficit disorder/ hyperactivity, Arch. Neurol. 47 (1990) 919

Hynd, G. W.: Developmental dyslexia, neurolinguistic theory and deviations in brain morphology, Reading and writing 3 (1991) 345

Innerhofer, P.: Kleine Psychologie für Eltern, mvg-Verlag, 1990

Irlen, H.: Reading by the Colors, Avery, New York, 1991

Jacobs, A. et al.: Möglichkeiten einer experimentellen Dyslexieforschung auf der Basis der aktuellen Lesepsychologie, Schweiz. Z. Psy. 51 (1992) 26

Jansen, F., Streit, U.: Eltern als Therapeuten, Springer, Heidelberg, 1992

Johannes, S. et al.: Zerebrale Lateralisation bei konstitutioneller Dyslexie, Nervenarzt 65 (1994) 859

Johnson, L. M. et al.: Development of a clinical assessment of quality of movement for unilateral upper-limb function, Dev. Med. Child Neur. 36 (1994) 965

Kappers, J.: Neuropsychologische Behandlung der Dyslexie in der klinischen Praxis, in: Legasthenie, Bericht über den Fachkongress 1993, Bundesverband Legasthenie, Berlin, 1994

Kaufman, A. S., Kaufman, N. C.: Kaufman-Assessment Battery for Children (K-ABC), Deutschsprachige Fassung, Swets & Zeitlinger, Amsterdam, 1994

Keith, R. W.: Central auditory tests, in: Lass, N. J. et al.: Speech, Language and Hearing, Vol. III, Saunders, Philadelphia (1982)

Kershner, J. et al.: Cerebral laterality in dyslexic children: implications for phonological word decoding deficits, Reading and Writing 3 (1991) 395

Ketteniß, U., Naumann, C.-L.: Rechtschreibfehler verstehen, Grundschule 11 (1987) 24

Kiese, Chr., Henze, K.-H.: Umfassende Lateralitätsbestimmung in der phoniatrischen Klinik, Prax. Kinderpsychol. Kinderpsychiat. 37 (1988) 11

Kimmich, C.: Legasthenie, Ansätze zur Früherkennung, Wissenschaftliche Hausarbeit, PH Ludwigsburg, 1994

Kinsbourne, M. et al.: Neuropsychological deficits in adults with dyslexia, Dev. Med. Child Neur. 33 (1991) 763

Kinsbourne, M.: Testing models for attention deficit hyperactivity disorder in the behavioral laboratory, in: Conners, K., Kinsbourne, M.: Attention Deficit Hyperactivity Disorder, MMV, München, 1990

Klein, J., Gebärden für Laute und ein Baukasten für Wörter, Lesen und Schreiben, Hamburg, 1996

Klimesch, W.: Struktur und Aktivierung des menschlichen Gedächtnisses, Huber, Bern, 1988

Klipcera, C., Humer, R., Lugmayr, A., Gasteiger-Klipcera, B.: Vorhersage von Lese- und Rechtschreibschwierigkeiten zu Beginn der 1. Klasse, Frühförderung interdisziplinär 12 (1993) 176

Klipcera, C.: Psychologie der Lese- und Schreibschwierigkeiten, Psychologie Verlags Union, Weinheim, 1995

Klipcera, C., Gasteiger-Klipcera, B.: Auswirkungen einer Schulung des zentralen Hörvermögens nach edu-kinesiologischen Konzepten auf Kinder mit Lese- und Rechtschreibschwierigkeiten, Heilpädagogische Forschung, 12 (1996) 57

Knivsberg, A.-M.: Urine patterns, peptide levels and IgA/IgG antibodies to food proteins in children with dyslexia, Pediatric Rehabilitation, 1 (1997) 25

Krause, M. P., Schlack, H. G.: Teilleistungsstörungen und Familie – pathogenetische Faktoren bei verhaltensauffälligen Kindern, Z. Kinder-Jugendpsychiat. 20 (1992) 94

Lauth, G., Schlottke, P. F.: Training mit aufmerksamkeitsgestörten Kindern: Diagnostik und Therapie, Psychologie Verlags Union, Weinheim, 1993

Lempp, R.: Frühkindliche Hirnschädigung und Neurose, Huber, Bern, 1964

Lempp, R.: Teilleistungsstörungen im Kindesalter, Huber, Bern, 1979

Leupold, R.: Zentrale Hörwahrnehmungs-Störungen, verlag modernes lernen, Dortmund, 1996

Linder, M., Grissemann, H. Zürcher Lesetest (ZLT), Huber, Bern, 1996

Livingstone, M. S., Hubel, D.: Psychophysical evidence for separate channels for the perception of form, color, movement and depth, J. Neuroscience 7 (1987) 3416

Livingstone, M., Hubel, D.: Segregation of form, color, movement, and depth: Anatomy, physiology and perception, Science 240 (1988) 740

Löffler, I., Meyer-Schepers, U., Schmidt, H.: Sprachwissenschaftlich orientierte Fehleranalyse zur Diagnose einer Lese-Rechtschreibschwäche (LRS), Diskussion Deutsch 111 (1990) 4

Lovegrove, W., Slaghuis, W.: How reliably are visual differences found in dyslexics? Irish J. Psy. 10 (1989) 542

Maclean, M., Bryant, P., Bradley, L.: Rhymes, nursery rhymes, and reading in early childhood, in: Stanovich, K. E.: Children's Reading and the Development of Phonological Awareness, Wayne State University Press, Detroit, 1988

Maeland, A. F.: Handwriting and perceptual-motor skills in clumsy, dysgraphic, and in 'normal'children, Perc. Motor Skills 75 (1992) 1207

Mann, V.: Longitudinal prediction and prevention of early reading difficulty, Annals of Dyslexia 34 (1984) 117

Mannhaupt, G., Jansen, H.: Phonologische Bewußtheit: Aufgabenentwicklung und Leistungen im Vorschulalter, Heilpädagogische Forschung 15 (1989) 50

Marcel, T. et al.: Laterality and reading proficiency, Neuropsychologia 12 (1974) 131

Marcus, A. et al.: Entwicklungsbezogene Diagnostik bei zwei Kindern mit der seltenen „kombinierten Störung schulischer Fertigkeiten" gemäß ICD-10, F81.3, Z. Kinder-Jugendpsychiat. 19 (1991) 92

Margolis, R. H., Hunter, L. L., Rykken, J. R., Giebink, G. S.: Effects of otitis media on extended high-frequency hearing in children, Annals of Otology, Rhinology and Laryngology 102 (1993) 1

Marshall, J. C.: The description and interpretation of acquired and developmental reading disorders, in: Galaburda, A. M.: From Reading to Neurons, MIT Press, Cambridge, 1989

Martinius, J. W. et al.: Bilateral synchrony of occipital alpha waves, oculomotor activity and "attention" in children, Electroenceph. Clin. Neurophysiol. 32 (1972) 349

Marx, H.: Frühe Identifikation und Prädiktion von Lese-Rechtschreibschwierigkeiten, Z. Pädagog. Psychologie 6 (1992 a) 35

Marx, H.: Methodische und inhaltliche Argumente für und wider eine frühe Identifikation und Prädiktion von Lese-Rechtschreibschwierigkeiten, Diagnostica 38 (1992 b) 249

Marx, H., Jansen, H., Mannhaupt, G., Skowronek, H.: Prediction of difficulties in reading and spelling on the basis of the Bielefeld screening, in: H. Grimm, H. Skowronek: Language acquisition problems and reading disorders, De Gruyter, New York, 1994

Matschke, R. G.: Untersuchungen zur Reifung der menschlichen Hörbahn, Thieme, Stuttgart, 1993

May, P.: Hamburger Schreib Probe (HSP 1–9), vpm, Hamburg, 1995

Mayer, S.: Phonologische Prozesse und Störungen, Logos Interdisziplinär 3 (1995) 193

Meis, R.: Diagnostischer Rechtschreibtest 4–5, Beltz, Weinheim, 1970

Merzenich, M. M. et al.: Temporal processing deficits of language-learning impaired children ameliorated by training, Science 271 (1996) 77

Miller, G. A.: Wörter, Streifzüge durch die Psycholinguistik, Spektrum, Heidelberg, 1993

Moll, G. H.: Schwächen im Kommunikationssystem „Sprache", TW Pädiatrie 7 (1994) 287

Moore, R. M.: Effects of early auditory experience on the development of binaural pathways in the brain, Seminars in Perinatology, 14 (1990) 294

Morton, J.: An information processing account of reading acquisition, in: Galaburda, A. M.: From Reading to Neurons, MIT Press, Cambridge, 1989

Müller, R.: Diagnostischer Lesetest zur Frühdiagnose (DLF 1–2), Beltz, Weinheim, 1984

Müller, R.: Diagnostischer Rechtschreibtest für 1. Klassen (DRT 1), Beltz, Weinheim, 1990

Müller, R.: Diagnostischer Rechtschreibtest für 2. Klassen (DRT 2), Beltz, Weinheim, 1990

Müller, R.: Diagnostischer Rechtschreibtest für 3. Klassen (DRT 3), Beltz, Weinheim, 1991

Müller, R.: Frühbehandlung der Leseschwäche, Beltz, Weinheim, 1993

Münsterberg-Koppitz, E.: Der Bender-Gestalt-Test für Schulkinder, Hippokrates, Stuttgart, 1979

Naumann, C. L.: Rechtschreibwörter und Rechtschreibregelungen, Landesinstitut für Schule und Weiterbildung, Soester Verlagskontor, Soest, 1990

Niebergall, G.: Diagnostische Aspekte der Legasthenie, Mschr. Kinderheilk. 135 (1987) 297

Njokitktijien, C.: Pediatric Behavioural Neurology, Suyi, Amsterdam, 1988

Ober, J.: Zur Bedeutung der Untersuchung von Augenbewegungen in der Diagnostik von Störungen der Entwicklung der Lesefähigkeit bei Kindern, in: Bundesverband Legasthenie (Hrsg), Legasthenie, Bericht über den Fachkongress 1995, Ostfriesische Beschützende Werkstätten, Emden, 1995

Passolt, M.: Hyperaktive Kinder: Psychomotorische Therapie, Reinhardt, München, 1993

Patterson, K. E., Marshall, J. C., Coltheart, M.: Neuropsychological and cognitive studies of phonological reading, Lawrence Earlbaum, London, 1985

Pauli, S., Kisch, A.: Geschickte Hände, verlag modernes lernen, Dortmund, 1993

Pennington, B. F. et al.: Left-handedness and immune disorders in familial dyslexics, Arch. Neurol. 44 (1987) 634

Perfetti, C. A. et al.: Phonemic knowledge and learning to read are reciprocal: a longitudinal study of first grade children, in: Stanovich, K. E.: Children's Reading and the Development of Phonological Awareness, Wayne State University Press, Detroit, 1988

Pestalozzi, D.: Prismenbrillen – eine Hilfe für Legastheniker? N. Opt. J. 4 (1986) 8

Petermann, U.: Training mit sozial unsicheren Kindern, Psychologie Verlags Union, Weinheim, 1986

Petermann, F., Petermann, U.: Training mit aggressiven Kindern, Psychologie Verlags Union, Weinheim, 1988

Pirozzolo, F., Rayner, K.: Cerebral organisation and reading disability, Neuropsychologia 17 (1979) 485

Plath, P. (Hrsg.): Zentrale Hörstörungen, Schriftenreihe GEERS-Stiftung, Band 10, Postf. 164460, 45224 Essen, 1994

Popper, K. R., Eccles, J. C.: Das Ich und sein Gehirn, Piper, München, 1982

Provins, K. A.: Early infant motor asymmetries and handedness: a critical evaluation of the evidence. Dev. Neuropsy. 8 (1992) 325

Rabetge, G., Kraus-Mackiv, E.: Visuelle Störfaktoren bei der Legasthenie, pädiat. prax. 26 (1982) 27

Rahmann, H., Rahmann, M.: Das Gedächtnis, Bergmann, München, 1988

Rapin, I.: Children with brain dysfunction, Raven Press, New York, 1982

Rathenow, P.: Westermann Rechtschreibtest 4/5 (WRT 4/5), Westermann, Braunschweig, 1980

Rathenow, P., Vöge, J., Laupenmühlen, D.: Westermann Rechtschreibtest 6+ (WRT 6+), Westermann, Braunschweig,1980

Raven, J.: Coloured Progressive Matrices (CPM), Beltz, Weinheim, 1980

Remschmidt, H., Schmidt, M.: Multiaxiales Klassifikationsschema für psychiatrische Erkrankungen im Kindes- und Jugendalter, Huber, Bern, 1986

Remschmidt, H.: Was sind Teilleistungsschwächen?, Mschr. Kinderheilk. 135 (1987) 290

Remschmidt, H. et al.: Visual information processing and cerebral activation in dyslexic boys: quantittive EEG analysis during discrimination reading tasks, Eur. Child Adolesc. Psychiatry 1 (1992) 42

Rieder, O.: Rechtschreib-Test 6–7 (RST 6–7), Beltz, Weinheim, 1980

Ries, H.: Über den Handspreizreflex: Lateralität und Geschlechtsverhältnis, Mschr. Kinderheilk. 129 (1981) 160

Rosenkötter, H.: Neue Formen von Klangtherapie und Hörtraining, pädiat. prax. 50 (1995/96) 211

Roth, P.: Skriptum zur Einführung in die „Gestion Mentale" an der Pädagogischen Hochschule Ludwigsburg, 1992. Darin auch: ausführliche Literaturliste mit den Werken von A. de La Garanderie und anderen französischen Autoren der Gestion Mentale

Rothenberger, A.: Klassifikation und neurobiologischer Hintergrund des hyperkinetischen Syndroms, in: Franke, U.: Therapie aggressiver und hyperkinetischer Kinder, Fischer, Stuttgart, 1995

Rudolf, H.: Graphomotorische Testbatterie (GMT), Beltz, Weinheim, 1986

Ruf-Bächtiger, L.: Das frühkindliche psychoorganische Hirnsyndrom, Thieme, Stuttgart, 1987

Rumsey, J. M. et al.: Failure to activate the left temporoparietal cortex in dyslexia, Arch. Neurol. 49 (1992) 527

Saß, H., Wittchen, H. U., Zaudig, M.: Diagnostisches und Statistisches Manual Psychischer Störungen, DSM-IV, Hogrefe, Göttingen, 1996

Sanson, A., Prior, M., Smart, D.: Reading disabilities with and without behaviour problems at 7–8 years: prediction from longitudinal data from infancy to 6 years, J. Child Psychol. Psychiat. 37 (1996) 529

Schäfer, W. D.: Augenärztliche Hilfe bei Legasthenie, in: Bundesverband Legasthenie (Hrsg), Legasthenie, Bericht über den Fachkongress 1995, Ostfriesische Beschützende Werkstätten, Emden, 1995

Scheerer-Neumann, G.: Hörst du das [r] in »Koffer«?, Grundschulunterricht 43 (1996) 5

Schlange, H.: Göttinger Formreproduktions-Test (GFT), Hogrefe, Göttingen, 1977

Schlienger, I.: Elternbeteiligung an der Früherkennung von Behinderungen, Hogrefe, Göttingen, 1990

Schmidt, H.-D., Birth, K., Rothmaler, S.: Frühdiagnostik und Frühförderung von Lese- und Rechtschreibstörungen, Volk und Wissen, Berlin, 1990

Schmidt, M. H.: Das MCD-Konzept ist überholt, Dt. Ärzteblatt 6 (1992) 273

Schneider, W.: Möglichkeiten der frühen Vorhersage von Leseleistungen im Grundschulalter, Z. Pädagog. Psychologie 3 (1989) 157

Schneider, W.: Psychologie des Unterrichts und der Schule, in: Weinert, F. E.: Enzyklopädie der Psychologie, Serie I (Pädagogische Psychologie), Band 3, Hogrefe, Göttingen, 1997

Schroth, V.: Farbige Lesefolien, Der Augenoptiker, 4 (1997) 52 und 102

Schulte-Körne, G. et al.: Selektive visuelle Aufmerksamkeit und Daueraufmerksamkeit bei legasthenen Kindern, Z. Kinder-Jugendpsychiat. 19 (1991) 99

Smith, K. et al.: Defective lateralized attention for non-verbal sounds in developmental dyslexia, Neuropsychologia 25 (1987) 259

Soremba, E.-M.: Legasthenie muß kein Schicksal sein, Herder, Freiburg, 1995

Springer, S. P., Deutsch, G.: Linkes-rechtes Gehirn, Spektrum, Heidelberg, 1990

Stanovich, K. E., Bauer, D. W.: Experiments on the spelling-to-sound regularity effect in word recognition, Memory & Cognition 6 (1978) 410

Stehn, H.: Hilfe für das schreibauffällige Kind, Buchner, Raisdorf, 1993

Steinhausen, H.-Ch.: Hirnfunktionsstörungen und Teilleistungsschwächen, Springer, Berlin, 1992

Stoffers, J., Naumann, C. L.: Rechtschreib-Tests und -Fehlerschlüssel in der Orientierungsstufe, Diskussion Deutsch, Heft 132 (1993) 299

Stöhr, M., Dichgans, J., Diener, H. C., Buettner, U. W.: Evozierte Potentiale, Springer, Berlin, 1989

Tallal, P.: Neurobiological basis of speech: a case for the preeminence of temporal processing, in: Tallal, P. et al.: Temporal Information Processing in the Nervous System, New York Academy of Sciences, New York, 1993

Tallal, P. et al.: Language comprehension in language-learning impaired children improves with acoustically modified speech, Science 271 (1996) 81

Tamaoka, K.: Weniger lese- und rechtschreibschwache Kinder im Land der aufgehenden Sonne? In: Balhorn, H., Brügelmann, H.: Bedeutungen erfinden – im Kopf, mit der Schrift und miteinander, Faude, Konstanz, 1990

Tewes, U.: Hamburg-Wechsler-Intelligenztest für Kinder – Revision 1983 (HAWIK-R), Huber, Bern, 1985

Tharpe, A. M., Bess, F. H.: Identification and managment of children with minimal hearing loss, International Journal of Pediatric Otorhinolaryngology 21 (1991) 41

Thewalt, B.: Ist eine Prävention von Lese-Rechtschreibproblemen möglich? Lehren und Lernen 16 (1990) 71 und PW Heft 2 (1994) 63

Tomatis, L.: Die Tomatis-Methode, Sozialpädiatrie 18 (1996) 384

Tønnessen, F. E.: Testosterone and dyslexia, Pediatric Rehabilitation, 1 (1997) 51

Trott, G.-E.: Das hyperkinetische Syndrom und seine medikamentöse Behandlung, Barth, Leipzig, 1993

Updike, C., Thornburg, J.: Reading skills and auditory processing ability in children with chronic otitis media in early childhood, A.. Otol. Rhinol. Laryngol. 101 (1992) 530

Vellutino, F. R.: Toward an understanding of dyslexia: psychological factors in specific reading disability, in: Benton, A. L., Pearl, D.: Dyslexia Oxford University Press, New York, 1978

Vellutino, F. R.: Verbal vs non-verbal paired associates learning in poor and normal readers, Neuropsychologia 13 (1975) 75

Vellutino, F. R., Scanlon, D. M.: Phonological coding, phonological awareness, and reading ability: evidence from a longitudinal and experimental study, in: Stanovich, K. E.: Children's Reading and the Development of Phonological Awareness, Wayne State University Press, Detroit, 1988

Wallrabenstein, W., Balhorn, H., Conrady, P., Tymister, H. J.: Sprache im Anfangsunterricht, Urban & Schwarzenberg, München, 1981

Warnke, A.: Legasthenie und Hirnfunktion, Huber, Bern, 1990

Warnke, A.: Legasthenie, pädiat. prax. 42 (1991) 11

Warnke, F.: Der Takt des Gehirns, VAK, Freiburg, 1995

Warnke; F.: Was Hänschen nicht hört ..., VAK, Freiburg, 1993

Weiss, R. et al.: Attention-deficit disorder and thyroid function, J. Ped. 123 (1993) 539

Weiß, R. H.: Grundintelligenztest Skala 2 (CFT20) mit Wortschatztest und Zahlenfolgetest, Westermann, Braunschweig, 1987

Wilkins, A. J.: Visual Stress, Oxford University Press, Oxford, 1995

Willows, D. M., Kruk, R. S., Corcos, E.: Visual Processes in Reading and Reading Disabilities, Lawrence Erlbaum, Hillsdale, 1993

Wirth, G.: Sprachstörungen, Sprechstörungen, kindliche Hörstörungen, Deutscher Ärzte Verlag, Köln, 1994

Wittchen, H.-U.: Diagnostisches und Statistisches Manual Psychischer Störungen: DSM III-R, Beltz, Weinheim, 1987

Wolf, M.: Rapid alternating stimulus naming in the developmental dyslexias, Brain and Language 27 (1986) 60

Wolff, P. H. et al.: Rate and time precision of motor coordination in developmental dyslexia, Developmental Psychology 26 (1990) 349

Wood, F. et al.: Investigation of abnormal left temporal functioning in dyslexia through rCBF, auditory evoked potentials, and positron emission tomography, Reading and Writing 3 (1991) 379

Wurtz, R. H., et al.: Neuronale Grundlagen der visuellen Aufmerksamkeit, in: Ritter, M.: Wahrnehmung und visuelles System, Spektrum, Heidelberg, 1987

Zargi, M., Boltezar, I. H.: Effects of recurrent otitis media in infancy on auditory perception and speech, American Journal of Otolaryngology 13 (1992) 366

Zielinski, W.: Lernschwierigkeiten: Ursachen-Diagnostik-Intervention, Kohlhammer, Stuttgart, 1995

Eine umfassende, lebendige und zugleich verständliche Einführung in den faszinierenden Bereich des menschlichen Gedächtnisses

Wie funktioniert das menschliche Gedächtnis? Wie verändert es sich im Verlauf der Zeit? Was verbindet Gedächtnis und Bewußtsein? Wie lassen sich Gedächtnisstörungen erklären? Diese und andere Fragen beantwortet Alan Parkin in seinem einführenden Lehrbuch in die Gedächtnispsychologie.

Das Buch bietet eine lebendige und verständliche Einführung in theoretische und experimentelle Aspekte des menschlichen Gedächtnisses. Die wichtigen Gedächtnismodelle und eine Vielzahl faszinierender Gedächtnisphänomene werden beschrieben und unter Rückgriff auf experimentelle sowie neuropsychologische Befunde in einen umfassenden Kontext eingebunden. In zwei Kapiteln werden die Entwicklung des Gedächtnisses in Kindheit und Jugend sowie die Veränderungen im Alter beschrieben. Das Buch wendet sich an Studierende der Psychologie und Medizin sowie an Neuropsychologen, Neurologen und Psychiater.

Alan Parkin
Gedächtnis
Ein einführendes Lehrbuch
1996. 229 Seiten. Broschiert.
ISBN 3-621-27290-9

Psychologie Verlags Union

Postfach 100154, 69441 Weinheim
Telefon: 06201/60070, Telefax: 06201/17464

Neuropsychologische Rehabilitation

Eine Hirnschädigung stellt für Betroffene und Angehörige eine enorme psychische Belastung dar und ist mit schwerwiegenden Behinderungen sowie gravierenden Lebensveränderungen verbunden. Viele der motorischen, kognitiven und Verhaltensstörungen sind chronischer Natur, und die verlorengegangenen Fähigkeiten können nur teilweise wiederhergestellt werden.

Entscheidend für die schulisch-berufliche und soziale Reintegration ist deshalb die Verbesserung der Selbstwahrnehmung, der effektive Einsatz der verbliebenen Fähigkeiten, die Akzeptanz der Situation und der Erwerb von Kompensationsstrategien zum Ausgleich der Defizite.

Das hierfür notwendige Training wird in diesem verhaltenstherapeutisch orientierten Behandlungsprogramm praxisnah beschrieben. Es dient dem Erwerb von Kompensations- und Bewältigungsstrategien sowie der Verbesserung kognitiver und sozialer Fertigkeiten. Darüber hinaus vermittelt es den Patienten und deren Angehörigen grundlegende Informationen über die Hirnschädigung sowie deren Auswirkungen und Möglichkeiten der Behandlung.

Siegfried Gauggel/Kerstin Konrad/Anne-Katharina Wietasch
Neuropsychologische Rehabilitation
Ein Kompetenz- und Kompensationsprogramm
(Klinische Praxis und Rehabilitation)
1998. 213 Seiten. Broschiert.
ISBN 3-621-27406-5

Psychologie Verlags Union
Postfach 100154, 69441 Weinheim
Telefon: 06201/60070, Telefax: 06201/17464